# R을 이용한
# 데이터 분석

# R을 이용한 데이터 분석

Data Analysis with R

2023년 8월 20일 1판 1쇄 인쇄
2023년 8월 30일 1판 1쇄 발행

**지은이** | 배균섭
**펴낸이** | 김진환
**펴낸곳** | 학지사메디컬 HAKJISA MEDICAL
04031 서울특별시 마포구 양화로 15길 20 마인드월드빌딩
대표전화_ 02-330-5188 팩스_ 02-326-0338
**등 록** | 2010년 2월 8일 제313-2010-36호
**메 일** | hakjisamd@hakjisamd.co.kr
**홈페이지** | http://www.hakjisamd.co.kr

ISBN 979-11-92867-72-4 93510

**가 격** | 32,000원

# R을 이용한 데이터 분석

Data Analysis with R

배균섭 저

학지사메디컬
HAKJISA MEDICAL

# 저자 소개

**배균섭**(Bae Kyun-Seop)

서울대학교 의학과 졸업(1994)

서울대학교 의학박사(2002, 임상약리학전공)

**현** 울산대학교 의과대학, 서울아산병원 임상약리학과 교수

대한의학회 중앙임상시험심사위원회 심사위원

대한기관윤리심의기구협의회(KAIRB) 부회장

보건복지부 분야별 전문평가위원회 위원

식품의약품안전처 중앙약사심의위원회 위원

식품의약품안전평가원 의약품 심사자문단 위원

국가신약개발사업단 투자심의위원회 위원

**전** 미국 Pfizer Global Research and Development International Fellow

미국 University of Southern California 방문교수

# 머리말

이 책은 임상시험(clinical trial)과 신약개발(new drug development)에 수십 년간 종사했고, 또 대학원에서 오랫동안 강의해 온 저자의 경험을 바탕으로 쓴 것이다. 시중에는 많은 통계학 또는 자료 분석 책들이 나와 있지만, 통계전공자를 위한 대학교재 이외에는 대부분이 소프트웨어 사용법과 결과를 기계적으로 해석하는 방법만 담고 있다. 즉, 이론적 배경이나 자세한 계산과정은 이해하기 어려울 뿐 아니라, 불필요하다고 생각하는 것 같다. 하지만 저자의 의견은 다르다.

연구자(researcher) 또는 과학자(scientist)라면 자신의 자료(data)를 손수 분석(analysis)하고 해석(interpretation)할 수 있어야 한다. 현실에서는 많은 연구자의 자료 분석과 해석 능력이 충분하지 못하며, 특히 교육(education) 또는 수련(training) 기간에 잘 배워야 하는데, 그렇지 못한 경우가 대부분이다. 대부분의 연구에서는 연구 설계(design)부터 결과 해석까지 많은 문제(trouble)에 부딪히게 된다. 그런데 문제 극복(trouble shooting)을 위해서는 자료 분석 방법의 구체적인 계산과정까지 이해해야 하는 경우가 많다. 그렇지 않으면 아예 잘못된 설계를 하거나, 잘못된 계산결과를 인지하지 못하거나, 잘못된 해석을 하게 된다. 새로운 사실을 연구하면서, 이렇듯 자기가 모르는 방법을 블랙박스처럼 사용하면 자칫 큰 실수를 할 수 있다. 따라서 이 책은 결과 수치들이 구체적으로 어떻게 나왔는지 이해할 수 있도록 쓰였다. 대학원에서 자료 분석 강의를 수강하는 학생들은 대학원생이지만, 기초적인 통계 또는 자료 분석을 공부한 적이 없는 경우가 대부분이다. 이러한 상황에서 저자의 고민은 어떻게 한정된 시간에 유용한 내용을 최대한 효과적으로 전달하는가 하는 것이다. 그래서 이 책은 기초적인 내용도 최대한 간결하게 전하려고 노력하였으며, 분석 방법을 이해하는 데 도움이 되는 이론은 생략하지 않으려고 노력하였다. 부득이하게 생략된 부분들을 찾아보거나, 더 깊게 공부하고 싶은 분들을 위해 참고문헌을 제시하여 추가로 찾아볼 수 있도록 하였다.

이 책 이외에도 저자가 권하고 싶은 좋은 책들이 많지만, 대부분의 사람은 그것을 다 공부할 정도의 시간과 노력을 들일 수 없다. 그래서 의학이나 생명과학에서 자료를 제대로 분석하고자 하는 분들에게 꼭 추천할 만한 교재를 수준별로 제시하자면 다음과 같다.

### Level 1: 학부 1학년 수준

- 김호, 백도현, 이수현, 하종식 공역(2021). 통계학의 이해와 활용(2판)-생명과학, 보건학, 간호학, 의학을 중심으로. (주)바이오사이언스출판(접근법과 예제들이 매우 훌륭하다.)
- Wackerly D. D. et al. (2008). Mathematical Statistics with Applications. 7e. Thomson Brooks/Cole. (9장까지만 봐도 좋다.)

### Level 2: 학부 2~4학년 수준

- 강근석, 김충락(2013). SAS를 활용한 선형회귀분석. 교우사. (R을 활용한 것도 있다.)
- 박홍선, 배균섭(2023). R을 이용한 실험계획과 분산분석. 자유아카데미. (중요한 것만 간결하게 설명하여 얇지만 좋다.)
- 박태성, 이승연 공역(Agresti, A. 저) (2020). 범주형 자료분석 개론(제3판) 자유아카데미. (Agresti는 이 분야 최고 대가이다.)

### Level 3: 대학원 또는 그 이상 수준

- Kutner, M. H., Nachtsheim, C. J., Neter, J., & Li, W. (2005). Applied Linear Statistical Models 5e. McGraw-Hill. (수식은 어렵지 않으며, 많은 예제와 풍부한 경험에 따른 설명이 매우 훌륭하다.)
- Pinheiro, J. C., & Bates, D. M. (2000). Mixed-Effects Models in S and S-PLUS. Springer. (선형 혼합 효과 모형 부분만 보라. S-PLUS와 R에 기본적으로 포함되어 있는 nlme package의 저자가 같은 저자이다.)
- 강승호(2019). 신약개발에 필요한 임상통계학. 자유아카데미. (어렵지 않지만 학부에서 못 배운다.)
- SAS User's Guides and Technical Reports. (다른 곳에서 찾기 힘든 정보들이 있다. R

sasLM package의 reference이다.)

- 비선형 혼합 효과 모형의 대표적인 소프트웨어인 NONMEM의 User's Guide 등

위에서 제시한 한글 책들은 독학에도 적합하다. 연습문제를 풀지 않고 읽기만 하여도 도움이 되지만, 연습문제까지 풀어 본다면 실력이 공고해진다.

이번 1판에서는 비모수검정법(non-parametric test), meta-analysis, Bayesian analysis를 부록에서 예시로만 다루었다. 첫 술에 배부를 수 없듯이, 앞으로 많은 내용이 보완, 개선될 것이라 생각한다.

이 책은 기존의 통계학 교재와는 다른 부분이 꽤 있기 때문에, '통계학(statistics)'이라는 제목을 사용하지 않았다. 일부 내용은 학계와 실무진의 논의가 필요하다고 생각한다.

끝으로 원고 교정과 색인 작업에 수고해 주신 이문희, 윤석규, 정수민 선생님께 감사드린다.

2023년 한여름
서울 풍납동에서
저자 배균섭

## System and Session Information

이 책을 저술하는 데 사용한 환경은 다음과 같다.

```
R version 4.2.1 (2022-06-23 ucrt)
Platform: x86_64-w64-mingw32/x64 (64-bit)
Running under: Windows 10 x64 (build 19044)

Matrix products: default

locale:
[1] LC_COLLATE=Korean_Korea.utf8    LC_CTYPE=Korean_Korea.utf8
[3] LC_MONETARY=Korean_Korea.utf8   LC_NUMERIC=C
[5] LC_TIME=Korean_Korea.utf8

attached base packages:
[1] stats     graphics  grDevices utils     datasets  methods   base

other attached packages:
[1] carData_3.0-5   mvtnorm_1.1-3   survival_3.4-0   numDeriv_2016.8-1.1
```

# 차례

## 03 확률 • 69



## 04 확률변수 • 93



## 05 확률분포 • 113

## 06 모수 추정과 가설 검정 • 133



## 07 두 군의 비교 • 157



## 08 간단한 시뮬레이션들 • 181

## 09 선형 모형의 모형식과 설계행렬 • 217



## 10 선형 회귀 • 229



## 11 분산분석 • 257

## 12 일반화 선형 모형 • 285



## 13 생존분석 • 313



## 14 선형 혼합 효과 모형 • 345

## 15 비선형 회귀 • 401



## 16 비선형 혼합 효과 모형 • 413



## 부록 • 441

# 01 R 소개

# 01 R 소개(Introduction)

## 1.1 R이란

R은 주로 자료 분석(data analysis)용으로 만들어진 언어이자 계산 환경이다.

R을 컴퓨터 언어로 분류하자면 interpreter 방식의 '함수형 언어(functional language)'이다.

겉보기에는 C언어와 유사하고, 주로 C언어로 개발되었지만, 내부적으로는 C언어와 매우 다르다.

function(함수)이란 "무엇인가를 input으로 받고, 무엇인가를 output으로 돌려주는 것"을 말한다. 이때 input을 argument라고도 하고, output을 return value라고도 한다. (사실 return이 좁은 의미의 value가 아니고 함수 같은 object도 return할 수 있다.)

'함수형 언어'란 결과가 오로지(또는 최대한) input에 의해서만 결정되지, 그 함수가 불리어진(called) 환경(environment)에 가급적 의존하지 않는 것을 의미한다.

R에서도 event-driven programming이나 C++와 같은 Object-Oriented Programming (OOP)이 가능하지만, 처음 만든 취지를 생각하면 그다지 적당하지 않다.

R언어는 기본적으로 compiler 방식이 아니고 interpreter 방식이어서 느리지만, 속도를 빠르게 하기 위한 장치(예를 들어, 함수별로 미리 compile)가 내부적으로 많이 작동하고 있다. 하지만 사용자가 보기에는 기본적으로 interpreter 방식이어서 사용자와 interactive하게 작업할 수 있다. 자료 분석(data analysis) 과정은 그때그때의 결과에 따라 다음 처리가 정해지므로 자료 분석 작업에는 (모든 것을 미리 정해 놓고 batch 형태로 일괄처리하는 것보다는) 이러한 방식이 적합하다. 느려 보이지만 이것이 rate-limiting step은 아니며, R script로 명령어를 저장해 놓거나 사용자 정의 함수(user-defined function)를 만든

다면 얼마든지 자동화도 할 수 있다.

R 실행 환경은 내부적으로 여러 'environment(환경)'으로 나누어져 있고, environment 속에는 data나 function들이 들어 있다. 따라서 environment는 object들을 담는 주머니라고 볼 수 있다. 일반적으로 모든 프로그래밍에서 전역 변수(global variable)의 사용은 자제하도록 되어 있는데, R 환경에서 굳이 전역 변수를 사용하고자 한다면, 특정 environment 내에 저장해 두는 방법을 사용할 수 있다.

프로그래밍에서 object(개체, 객체, 것, thing)란 거의 모든 것이다. 함수(function), 자료(data), 모형식(model formula) 등이 모두 object이다.

R은 OOP의 특성(넓은 의미의 polymorphism, encapsulation, inheritance)도 있지만, 일반적인 OOP와는 다른 독특한 방식으로 동작한다. 일반적인 OOP에서는 하나의 object 내에 method라 불리는 함수들과 attribute 또는 property라고 불리는 속성(특성값)이 함께 들어 있다. 그러나 R에서는 이를 분리하되 class들로 object type을 구분하지만 그 내부에는 method를 가지고 있지 않다. Method들은 따로 모아 관리하고 있어서 어떤 함수들이 어떤 class와 동작하는지를 matching시켜 준다. 함수 이름 마지막에 `.className`으로 구분할 수 있는데, 이런 방식을 S3 방식이라고 한다. 반면에 좀 더 전형적인 OOP를 쓰고 싶으면(즉, 하나의 object 안에 method와 property가 함께 있는) S4 object들을 쓰면 된다. 개인적으로 S3 object를 쓰는 것이 R을 더 잘 활용하는 것이라 생각한다. 즉, S4 object들은 최초 개발 동기와는 다른 것이라 생각한다.

R에서 다음과 같이 `methods` 함수로 `print` 함수가 어떤 class들과 연결되어 있는지 볼 수 있다.

```
methods(print)
```

그런데 R은 사용자가 S3 system이나 OOP에 대해서 잘 알고 있지 않아도 쓸 수 있다는 것도 하나의 장점이다.

함수를 부른 쪽을 caller, 불리어진 함수를 callee라고 할 수 있다. 다른 언어에서는 pointer라는 개념이 있어서 함수에게 어떤 값(object 자체)을 넘겨주는 것이 아니라, 그 object가 저장된 메모리의 주소(address) 값을 넘겨줄 수 있다. 이런 방식을 call-by-reference라고 부른다.

반면, object 자체를 한 벌 복제(copy, replication)해서 넘겨줄 수 있는데, 이런 것을 call-by-value라고 한다. 작은 object인 경우에는 call-by-value가 문제가 없으나, 큰 경우에는 한 번 복제가 일어나면 메모리의 손실이 크고, 복사에 시간이 소요되는 등 비효율이 발생한다. 이러한 문제를 해결하기 위해 C언어와 같은 많은 언어는 call-by-reference를 빈번히 사용한다. 하지만 R은 기본적으로 (거의 대부분, 사용자가 굳이 명확히 지시하지 않는 한) call-by-value이다. 따라서 매우 큰 object(수 GB 이상)를 함수의 input으로 넣을 때는 주의해야 하며, 본인의 system이 다운되거나 속도가 매우 느려진다면 위에서 말한 environment에 저장해 두고 access하는 방식을 고려해 봐야 한다.

R의 기본 철학은 call-by-value이나 call-by-reference를 사용자가 신경 쓰지 않게 하고, recursion(recursive function call)이 자연스럽다면 사용자가 마음대로 쓰게 해야지 이것을 굳이 iterative loop으로 바꾸게 해서는 안 된다는 것이다. 그러다 보니 대다수의 R 사용자는 다른 컴퓨터 언어를 모르는 경우가 많고, 내부적으로 어떻게 동작하는지 기본적인 원리를 모르는 경우도 많다.

R 프로그래밍 시 자주 사용하는 keyword와 함수 목록은 부록 A에 정리하였다.

기본적인 것은 CRAN[1) ]Manuals 섹션의 R Language Definition[2)]을 참고하고, 더 자세한 것은 Hadley Wickham의 『Advanced R』이라는 책(또는 Website)을 참고하면 좋다.

## 1.2 R은 충분히 validation되었는가?

CRAN(Comprehensive R Archive Network)에서 제공하는 R은 R Core Team에서 관리를 하고 있다. R의 전신인 S-plus는 상용프로그램이었으나 더 이상 개발되고 있지 않다. R은 큰 제약회사와 미국 FDA에서도 많이 사용하고 있다. 그런 R이 무료이니만큼 상용프로그램에 비해 덜 validation되어 있지 않은가 하는 의문이 들 수 있다. 이에 대해서는 "https://www.r-project.org/doc/R-FDA.pdf"와 "https://www.r-project.org/doc/R-SDLC.pdf" 문서를 참고한다.

1) http://cran.r-project.org

2) https://cran.r-project.org/doc/manuals/r-release/R-lang.pdf

R은 많은 package들로 구성되어 있다. 각 package에는 여러 함수(function)들이 포함되어 있다. R에서의 자료분석은 주로 이런 함수들을 사용한다. R Core Team에서 관리하는 소수의 package들은 validation이 되어 있다고 볼 수 있지만, 전 세계의 많은 사람이 각자 개발한 package들은 각 개발자가 validation에 신경을 써야 한다.

다음은 앞의 두 개의 문서(R-FDA.pdf, R-SDLC.pdf)에 나타나 있는 R Core Team의 R validation scope에 포함된 package들의 목록이다.

- base
- compiler
- datasets
- graphics
- grDevices
- grid
- methods
- parallel
- splines
- stats
- stats4
- tcltk
- tools
- utils
- boot
- class
- cluster
- codetools
- foreign
- KernSmooth
- lattice
- MASS

- Matrix
- mgcv
- nlme
- nnet
- rpart
- spatial
- survival

따라서 위의 목록에 없는 package를 사용할 때는 validation되었는지를 확인하여야 한다. 위 목록에 없는 package의 validation에 대해서는 각 package에 문서로 포함되어 있을 수도 있고, 논문의 형태로 발표되었을 수도 있다. Validation 문서를 확인할 수 없을 때는 package의 개발자(author)가 믿을만한 사람인지 확인하여야 하고, 연락하여 받을 수 있으면 받는 것이 좋다.

현재 자신이 어떤 package들을 쓰고 있는지는 `sessionInfo` 함수로 확인할 수 있다.

## 1.3 R 설치 및 환경설정

### 1.3.1. R 설치

CRAN에서 R을 내려 받아 설치한다. 가급적 영문으로 설치한다.

R 설치 시에는 대부분 default 옵션으로 하면 되나, 아래 세 가지 화면에서는 그림처럼 옵션을 선택하는 것이 좋다.

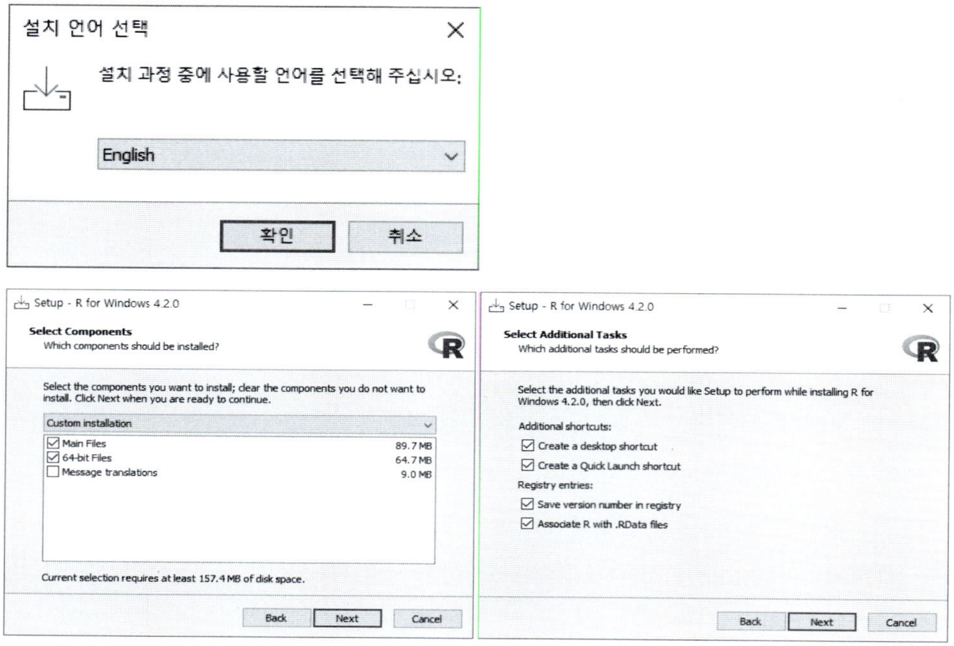


[그림 1.1] R installation options

### 1.3.2. Rtools 설치

CRAN의 Rtools 최신 버전을 찾아 설치한다.

### 1.3.3. R package update

R setup 파일이 만들어진 직후에도 여러 개의 기본 package들이 update되는 경우가 흔하다. 아래는 그 예이다.

```
nlme 3.1-157 3.1-158

MASS 7.3-56   7.3-57
```

R 상단의 'Packages' → 'Update packages…' 메뉴를 이용하여 update할 수 있다. Package update 시에 아래와 같은 warning을 볼 수 있다.

```
Warning in install.packages(update[instlib == 1, "Package"], 1, repos = repos, :
  'lib = "C:/Program Files/R/R-4.2.0/library"' is not writable
```

이는 해당 폴더가 MS Windows 보안상 보통 사용자(user)는 쓸 수 없기 때문인데, 대신 현재 사용자의 개인 폴더인 `C:/Users/Kyun-SeopBae/AppData/Local/R/win-library/4.2`에 설치된다.

위의 'Kyun-SeopBae'는 사용자 이름으로 컴퓨터마다 다를 수 있다.

이 경우 `C:/Program Files/R/R-x.x.x/library` 폴더에 있는 해당 package 폴더들은 삭제해도 된다.

### 1.3.4. Rconsole 파일 복사 편집

`C:/Program Files/R/R-4.x.x/etc/` 폴더에서 Rconsole 파일을 '내 문서' 폴더로 복사한 후에 다음과 같이 자신의 환경에 맞게 적절히 편집한다.

위의 폴더 이름은 자신이 설치한 R version에 따라 달라지니 그에 맞추어 작업한다.

```
rows = 50
columns = 100

pgrows = 50
pgcolumns = 100

xconsole = 0
yconsole = 50

MDIsize = 950*1000+0+0
```

이것을 잘 맞추어 놓으면 매번 R을 실행시킬 때마다 창 크기를 조정하는 수고로움을 덜 수 있다.

Rconsole 파일에서 폰트 종류와 크기도 지정해 줄 수 있다.

위와 같은 ASCII 텍스트 파일을 편집하는 소프트웨어를 일반적으로 (programmer's)

editor라 부른다. programmer's editor들은 trailing white space 제거 기능, tab을 space로 바꾸는 기능, 대소문자 변환 기능 등 여러 편리한 기능이 있다. 이러한 기능 때문에 ASCII 텍스트 파일을 편집하기에 MS Word, HWP 프로그램보다 훨씬 편리하다. 저자는 김성동 씨의 AcroEdit(주소: http://www.acrosoft.pe.kr/board/download)를 추천한다. AcroEdit의 utf encoding 기능, 세로 블록 선택 기능, 문법 강조(syntax highlighting) 기능과 매크로 실행 버튼 기능은 매우 유용하다. 유명한 editor로 추천할 만한 것은 Visual Studio Code(VS Code)와 Sublime Text이다.

### 1.3.5. Rprofile 파일 생성 편집

자신이 선호하는 editor로 다음과 같은 내용의 .Rprofile 파일을 '내 문서' 폴더에 만든다.

```
local({
  r = getOption("repos")
  r["CRAN"] = "https://cloud.r-project.org"
  options(repos = r)
})
```

이것을 잘해 놓으면 매번 R package를 추가할 때마다 서버를 고르는 수고로움을 덜 수 있다.

### 1.3.6. Pandoc 설치

Pandoc 주소: https://pandoc.org
LaTeX 파일을 PDF 파일이나 MS Word, HTML 파일 등으로 변환하는 데 필요하다.

### 1.3.7. KoPubWorld 폰트 설치

KoPubWorld 폰트 주소: https://www.kopus.org/biz-electronic-font2/
폰트 설치 시에는 '모든 사용자용'으로 설치한다.

폰트를 뒤의 TeX보다 먼저 설치해야 TeX가 설치될 때 이미 운영체제에 설치된 폰트를 검색하여 LaTeX에 등록한다. 만약 아래 TinyTex 설치 후에 폰트를 설치했다면 다음의 명령어를 command prompt(일명 도스창)에서 실행하여 update할 수 있다.

```
updmap -sys
```

도스창에서 updmap 명령어가 실행되려면 updmap.exe 파일이 위치한 폴더가 Path 환경 변수에 포함되어 있어야 한다. Windows에서 환경 변수 설정 방법을 모르면 인터넷에서 검색해 본다.

R에서 도스창으로 나가지 않고 다음의 명령어로 가능할 수도 있다.

```
system("updmap -sys")
```

### 1.3.8. TinyTeX 설치

R을 실행하고 다음을 R 명령창에 입력한다.

```
install.packages("rmarkdown", dependencies=TRUE)
```

rmarkdown Package 설치 시 다음과 같은 경고 메시지가 나오는 경우가 있는데, 이는 최신의 Rtools가 설치되어 있지 않았기 때문일 수 있다.

```
Warning messages:
1: In install.packages("rmarkdown", dependencies = T) :
  installation of package ‘ps’ had non-zero exit status
2: In install.packages("rmarkdown", dependencies = T) :
  installation of package ‘processx’ had non-zero exit status
```

```
install.packages("tinytex")
require(tinytex)
install_tinytex()         # or install_tinytex(bundle="TinyTeX")
tlmgr_install("pdfcrop") # This is optional
```

TeX component들(package 등) 간에 version이 안 맞아 오류가 나는 경우도 흔한데, 이때는 `uninstall_tinytex(force=T)` 후에 `install_tinytex()`부터 다시 실행한다.

### 1.3.9. Ghostscript 설치

Ghostscript for Windows (64 bit) AGPL Release를 http://ghostscript.com에서 찾아서 설치한다. PDF 파일을 만드는 데 필요하다.

### 1.3.10. 환경 변수 Path 점검

'내 PC' icon → '고급 시스템 설정' → '고급' tab → '환경 변수' button → '시스템 변수'의 'Path' 환경 변수를 편집하여 앞에 설치한 R, rtools42, pandoc, ghostscript, TinyTex 등의 Path가 제대로 포함되어 있는지 확인한다.

참고로 기본값은 다음과 유사하다.

```
C:\Program Files\R\R-4.2.1\bin
C:\rtools42\usr\bin
C:\Program Files\Pandoc\
C:\Program Files\gs\gs9.56.1\bin\
C:\Users\Kyun-SeopBae\AppData\Roaming\TinyTeX\bin\windows\
```

위의 'Kyun-SeopBae'는 사용자 이름으로 컴퓨터마다 다를 수 있다.

### 1.3.11. Rmd 파일 compile

간단한 Rmd 파일을 만들어 html과 pdf로 compile해 본다.

예시 파일인 Template.Rmd을 http://r.acr.kr/Template.Rmd에서 다운로드 받을 수 있다.

한글이 들어가는 경우 utf-8 형식으로 저장해야 한다.

#### 1.3.11.1. Load rmarkdown

```
require(rmarkdown)
```

rmarkdown 내의 `render` 함수를 실행하기 전에 rmarkdown package를 load해야 한다. `library` 함수로 load할 수도 있다.

아래 명령어를 실행하기 전에 `setwd` 함수로 working directory를 맞추어 준다.

#### 1.3.11.2. HTML로 compile하는 R 명령어 예시

```
render("Template.Rmd")
```

#### 1.3.11.3. PDF로 compile하는 R 명령어 예시

```
render("Template.Rmd",
       pdf_document(latex_engine='xelatex', number_sections=T, toc=T,
                    pandoc_args=c("--variable", "mainfont=KoPubWorldBatang Medium",
                                  "--variable", "sansfont=KoPubWorldDotum Medium",
                                  "--variable", "header-includes=\\usepackage{tcolorbox}",
                                  "--variable", "header-includes=\\usepackage{geometry}",
                                  "--variable", "linkcolor=cyan")))
```

## 1.4 Digital Computing의 주의할 점

가장 중요한 두 가지만 상기하자면 rounding error와 truncation error이다. 둘의 개념이 약간 혼란스럽게 설명된 곳도 많지만, 정리하자면 다음과 같다.

rounding error는 (절대값이) 매우 큰 숫자와 매우 작은 숫자를 더하거나 뺄 때, 절대값이 매우 작은 숫자의 효과는 무시된다. round-off error라고도 한다.

예를 들어, 1e30과 1e-30을 더해 보면 (요즘 일반적인 컴퓨터에서) 결과는 1e30이다(정확히 모두 표현하려면 61자리 정도가 필요하다).

truncation error는 위와 유사할 수 있지만, 단어의 사전적인 뜻만 가지고 생각해 보면 유효숫자가 매우 긴 경우에 컴퓨터에서 이를 표현하는 데 한계가 있기 때문에 (요즘은 주로 double precision을 쓰므로 10진수 기준으로 16자리 정도 된다.) 뒤에 잘려서 표현하지 못하는 것이 있다(이런 면에서 위의 rounding error는 truncation error의 일종이라고 할 수 있다). 컴퓨터는 내부적으로 2진수를 사용하는데, 어떤 유한소수의 10진수를 2진수로 표현하면 무한소수가 되기도 한다.

다음은 실제 사례이다. Cockcroft and Gault 공식을 이용해서 estimated GFR(Glomerular Filtration Rate)을 구하려고 왼쪽의 수식을 쓰는 것이 일반적인데, 수학적으로는 동일하면서 더 단순한 오른쪽 수식을 썼더니 둘을 서로 다른 값으로 평가한다.

```
99/(72*1.3) == 99/72/1.3
```

(R에서 등호 두 개를 붙여 쓰는 것은 좌우가 같은지 확인(test)하라는 뜻이다. 식 evaluation의 결과가 TRUE면 같다는 뜻이고, FALSE면 다르다는 뜻이다.)

컴퓨터 프로그래밍에서 정수가 아닌 실수 형태인 경우 equality test를 하면 안 되고, 그 차이가 기준값(epsilon, tolerance) 이내인지를 test해야 한다.

또한 R의 반올림 함수 `round`는 round-to-even number 방식을 사용하므로 출력된 마지막 자리값이 MS Excel, SAS, SPSS 등과 1만큼 다를 수 있다.

더 자세한 것은 Scientific Computing using R[3] 1장을 참고한다.

일반적인 digital computing에서 주의할 점은 인터넷에서 'What Every Computer Scientist Should Know About Floating-Point Arithmetic'으로 검색하면 자세한 것을 볼 수 있다.

이 문서를 보면 컴퓨터에는 이상하게도 +0과 −0이 있다는 것도 알 수 있다.

3) http://r.acr.kr

## 1.5 자료의 입력

MS Excel 등을 이용하여 .csv 파일로 만든다. 첫 행은 컬럼명이 되도록 한다. 컬럼명에는 특수문자를 사용하지 않는다. 대개 컬럼명이 변수명이다.

## 1.6 작업 폴더(Working Folder) 지정

다음과 같이 setwd 함수를 이용한다.

```
setwd("C:/R/Study01/2-Analysis/")
# or
setwd("C:\\R\\Study01\\2-Analysis")
```

폴더 간의 구분자는 /로 쓸 수 있다. Backslash를 쓰려면 두 개를 연속으로 써야 한다. 폴더명 마지막에는 /를 붙이지 않아도 된다.
어떤 함수의 사용법을 알고 싶으면 다음과 같이 ?명령어를 이용한다.

```
?setwd
```

현재 작업 중인 폴더를 확인하고 싶으면 getwd 함수를 이용한다. 이때는 인자가 필요 없다.

```
getwd()
```

현재 작업 중인 폴더의 파일 목록을 보고 싶으면 dir 함수를 이용할 수 있다.

```
dir()
```

위에서 인자(argument)를 주지 않으면 현재 작업 폴더의 내용을 보여 주고, 특정 폴더 이름을 주면 그 폴더의 내용을 보여 준다.

## 1.7 자료 읽기(Loading Data into R Environment)

위에서 자료를 '읽는다'는 표현은 '사람이 책을 읽듯이 읽는다'는 것이 아니고, 컴퓨터가 어떤 환경(여기서는 R)에서 사용 가능하도록 '가져온다(탑재한다)'는 뜻이다.

read.csv 함수를 이용한다.

자기 컴퓨터에 저장되어 있는 경우에는 다음과 같은 형태로 읽을 수 있다.

```
d0 = read.csv("C:/R/Study01/1-Data/Dosing.csv")
```

(위 문장은 사용법의 예시일 뿐이며, Dosing.csv라는 파일이 자기 컴퓨터에 있는 경우를 상정한 것이다.)

인터넷에 누군가 자료를 만들어 놓았다면 internet URL을 써도 자료를 읽을 수 있다.

```
d2 = read.csv("http://r.acr.kr/ARS20-8p8.csv") ; d2
```

만약 R 3.x를 사용하고 있다면, as.is=T 옵션을 쓰는 것이 좋다.

```
read.csv("http://r.acr.kr/ARS20-8p8.csv", as.is=T)
```

이유는 R 3.x에서 as.is=T 옵션이 없으면 문자 형태(character type)의 컬럼은 factor type으로 자동으로 변환하기도 하는데, factor type이 data cleaning에는 더 번거롭기 때문이다.

R 4.x 이후는 character type을 그대로 두기 때문에 as.is=T 또는 stringsAsFactors=F 옵션이 필요 없게 되었다.

위에서 T는 TRUE의 인정되는 약어이다.

다른 사람이 준비한 자료를 받는 경우도 있고, 그것이 만약 .txt (simple ASCII text) 파일이라면 `read.table` 함수를 사용할 수 있다.

```
d1 = read.table("http://r.acr.kr/demog0.txt", skip=2, header=T, sep=",")
```

위의 `skip=2` 옵션은 첫 두 줄을 건너뛰고 읽으라는 뜻이다.

이때 skip 후의 첫 행이 컬럼 이름이면 `header=T` 옵션을 지정해 주어야 한다.

자료를 읽은 후에는 어떤 object(위에서는 그 이름을 d0, d2, d1 등으로 붙였다.)에 저장해야 한다.

읽은 내용을 보고 싶으면 그 object name을 typing하거나 `print` 함수를 사용할 수 있다.

```
d2
# or
print(d2)
```

만약 양이 너무 많으면 `head`, `tail` 함수를 이용해서 일부만 볼 수 있고, 추가 인자를 지정해 주지 않으면 6줄만 보여 주는데 보여 줄 행의 수를 지정해 줄 수도 있다.

```
head(d1)
tail(d1)
head(d1, 10)
```

읽은 자료의 단순 기술 통계량(simple descriptive statistics) 몇 가지를 `summary` 함수로 볼 수 있다(여기에 표준편차는 포함되어 있지 않다).

```
summary(d1)
```

단순히 행의 수만 보는 `nrow`와 `NROW` 함수, 열의 수만 보여 주는 `ncol`과 `NCOL` 함수가 있다(차이에 대해서는 각자 알아보기 바란다).

행과 열의 수를 동시에 보여 주는(즉, 차원별 element 수를 보여 주는) `dim` 함수도 있다.

```
nrow(d1)
ncol(d1)
dim(d1)
```

만약 1차원 배열(one dimensional array)이라면 length 함수를 이용해서 element의 수를 볼 수도 있다. 하지만 2차원 이상에서는 혼동을 일으킬 수 있으므로 사용을 추천하지 않는다.

어떤 object들의 내부 구조를 좀 더 자세히 들여다보고 싶으면 str 함수를 사용할 수 있다.

```
str(d1)
```

위에서 읽은 자료는 d1이라는 object에 저장되어 있는데, 그것의 class는 data.frame이다. data.frame은 컬럼별로 (문자, 숫자 등) 다른 type을 가질 수 있다. 반면에 배열(array)은 전체가 동일한 type이어야 한다. 즉, 모두 문자이거나 모두 숫자이어야 한다. 개개 원소가 숫자이면서 1차원인 배열을 수학에서는 벡터(vector)라고 부르고, 2차원인 배열을 행렬(matrix)이라고 부르지만 R에서는 문자들이 들어 있어도 matrix로 부른다.

어떤 object의 class를 확인할 수 있는 class 함수가 있고, is 함수도 있다. 하나의 object는 동시에 여러 class가 될 수 있다. class 함수는 가장 먼저 적용되는 class만 보여주고, is 함수는 그것을 포함하는 class들까지 다 보여 준다.

(원래 OOP에서는 class들 간에는 containment hierarchy와 inheritance hierarchy가 있다.)

heterogenous element를 c 함수를 이용하여 concatenate하면 list type이 생성되게 된다. 따라서 data.frame은 컬럼(column, 열)들이 결합된 list의 일종이다.

## 1.8 자료 다루기(Data Manipulation)

읽어 들인 자료를 자르고, 붙이고, 변형하는 작업을 자유자재로 할 수 있어야 한다.

## 1.8.1. 새로운 열(column, 컬럼) 만들기

앞의 d1 data.frame에서 ageGrp라는 컬럼을 새로 만드는데 Age 컬럼을 이용하여 5세 단위로 잘라 어느 군에 속하는지 표시하고 싶다.

d1 data.frame 속의 Age라는 컬럼을 가리킬 때는 `$`를 이용하여 어떤 object (여기서는 data.frame) 속의 object(여기서는 column vector)를 표시할 수 있다.

즉, `d1$Age`라고 하면 d1이라는 list(즉, 여기서는 data.frame) 속의 Age라는 column vector를 의미하게 된다.

아래는 `seq` 함수로 잘리는 위치(breaks)를 만들어서 지정해 주고 있다.

```
d1$ageGrp = cut(d1$Age, seq(0, 100, by=5), right=F) ; head(d1)
```

```
  ID Sex Age   WT  ageGrp
1  1   M  63 58.3 [60,65)
2  2   M  52 67.7 [50,55)
3  3   M  62 70.5 [60,65)
4  4   M  55 72.9 [55,60)
5  5   M  84 68.1 [80,85)
6  6   M  70 75.5 [70,75)
```

`cut` 함수는 구간을 나눌 때 "( , ]" "~초과 ~이하"로 하기 때문에 "~이상 ~미만"으로 하고 싶을 때는 `right=F` 옵션을 써야 한다.

위에서 첫 행의 사람은 55세이어서 55세 이상 60세 미만군, 즉 "[55, 60)"에 속하게 된다. 만약 `right=F` 옵션을 사용하지 않았다면 첫 행의 사람은 50세 초과 55세 이하군, 즉 "(50, 55]"에 속하게 된다.

위에서 자른 것을 그림으로 나타내고 싶으면 `plot` 함수를 쓰면 된다.

```
plot(d1$ageGrp)
```

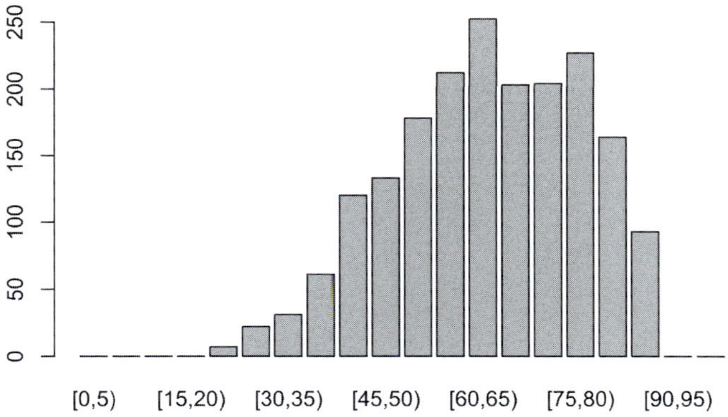


**[그림 1.2]** Distribution of Age Group

is 함수를 이용해서 ageGrp 컬럼은 factor type으로 생성된 것을 확인할 수 있다.

```
is(d1$ageGrp)
```

```
 [1] "factor"               "integer"        "oldClass"
 [4] "double"               "numeric"        "vector"
 [7] "data.frameRowLabels" "atomicVector"   "index"
[10] "replValue"            "numLike"        "number"
[13] "replValueSp"
```

R에서 factor type은 통계에서의 범주형(categorical type) 변수 가운데서도 명목형(nominal type)을 의미하며, 순서형을 나타내는 ordered type도 있다.

사실 나이군(age group)은 명목형이라기보다는 순서형이기 때문에 다음과 같이 as.ordered라는 type cast 함수를 써서 순서형으로 바꾸어 줄 수도 있다.

```
d1$ageGrp = as.ordered(d1$ageGrp)
is(d1$ageGrp)
```

```
 [1] "ordered"        "factor"                "integer"
 [4] "oldClass"       "double"                "numeric"
 [7] "vector"         "data.frameRowLabels"   "atomicVector"
[10] "index"          "replValue"             "numLike"
[13] "number"         "replValueSp"
```

as. 뒤에 type 이름을 쓰면 그 type으로 변형해 주는 함수 이름이 된다.

### 1.8.2. 특정 행(row)만 고르기

data.frame에서 행을 나타내는 인덱스(index)에 행 이름, 행 번호, 또는 행의 수와 같은 TRUE, FALSE들의 vector를 대입해 줌으로써 특정 행만 골라낼 수 있다.

인덱스란 data.frame 이름 바로 뒤에 오는 [ , ]를 의미하고, 쉼표 앞부분이 행에 대한 인덱스, 뒷부분이 열에 대한 인덱스를 의미한다.

행 인덱스를 비워 두면 모든 행, 열 인덱스를 비워 두면 모든 열을 의미한다.

d1 data.frame에서 5번째, 10번째 행만 보고 싶을 때는 다음과 같이 할 수 있다.

```
d1[c(5, 10), ]
```

```
   ID sex Age   WT  ageGrp
5   5   M  84 68.1 [80,85)
10 10   M  63 71.9 [60,65)
```

d1 data를 load할 때 행 이름을 지정하지 않았으므로 행 번호가 행 이름의 역할을 한다.

만약 남자만 보고 싶다면 다음과 같이 할 수 있다.

```
d1[d1$Sex == "M", ]
```

위에서 `d1$sex == "M"`에 의해 수식을 만족하는지 여부에 따라서 TRUE, FALSE들의 vector가 생성되었기 때문에 그 TRUE, FALSE vector가 인덱스 역할을 하게 된다.

TRUE, FALSE들의 vector가 제대로 생성되었는지는 다음과 같이 확인해 볼 수 있다.

```
d1$Sex == "M"
```

여러 조건은 AND 연산자 ("&")나 OR 연산자 ("|")를 이용해서 결합할 수도 있다.
예를 들어, 남자이면서 85세 이상인 사람들의 행만 고른다면 다음과 같다.

```
d1[d1$Sex == "M" & d1$Age >= 85, ]
```

위 조건을 만족하는 사람이 몇 명인지는 위의 결과를 `nrow` 함수에 입력으로 쓰면 된다. 즉,

```
nrow(d1[d1$Sex == "M" & d1$Age >= 85, ])
```

### 1.8.3. 특정 열(컬럼)만 고르기

data.frame에서 특정 열의 이름들의 vector를 컬럼 인덱스에 넣어 주면 된다.
예를 들어, d1 data.frame에서 ID, Sex, Age 컬럼들만 보고 싶다면 다음과 같이 한다.

```
d1[, c("ID", "Sex", "Age")]
```

위의 결과를 d2라는 data.frame을 만들어 저장하고 싶다면 다음과 같이 한다.

```
d2 = d1[, c("ID", "Sex", "Age")]
```

위의 경우에 자료의 복제가 일어나므로 매우 큰 dataset을 자꾸 복사하면 메모리의 낭비가 심해지며, 어떤 경우에는 메모리 부족으로 오류가 날 수도 있다. 따라서 위와 같은 복제는 메모리 낭비를 감안해서 하는 것이 바람직하다.
열의 순서는 위에서 지정해 준 열 이름의 순서이다. 이것을 이용해서 (표시되는) 열 순서를 바꿀 수 있다. 다른 data.frame에 대입했다면 새 data.frame에서는 바뀐 순서로 들어간다.

### 1.8.4. 행 순서 바꾸기

`order` 함수를 이용해서 특정 컬럼으로 정렬(sorting)할 수 있다.

예를 들어, 성별, 나이별로 sorting하고 싶다면 다음과 같이 한다.

```
d1[order(d1$Sex, d1$Age), ]
```

### 1.8.5. 동일한 형태의 data.frame 합하기(행 결합, row binding)

만약 열의 이름과 형태가 동일한 두 개의 data.frame의 행을 합할 때는 `rbind` 함수를 사용한다.

```
d3 = rbind(d1, d2)
```

### 1.8.6. 열 결합(column binding)

열들이 다른 두 개의 data.frame을 옆으로 합할 때는 `cbind` 함수를 사용한다.

```
d3 = cbind(d1, d2)
```

### 1.8.7. 공통 컬럼들을 이용한 결합(Merge)

이것은 database에서의 join operation과 유사하다.

```
d3 = merge(d1, d2)
```

default는 이름이 같은 모든 컬럼을 matching시키지만, 특정 컬럼만 matching시키고 싶다면 by=c(컬럼명들의 comma list)로 하면 된다.

공통 컬럼들에서 어느 한 data.frame에는 있는 값들이 다른 data.frame에는 없는 경우에는 어떻게 할지(left join or right join)는 옵션들을 이용해서 조절할 수 있다.

예들 들어, d1에만 있고 d2에 없는 경우에도 결과에 모두 포함시키고 싶은 경우에는 `all.x=T` 옵션을 쓰고, 반대의 경우에는 `all.y=T`의 옵션을 쓴다.

어느 한쪽에라도 있으면 모두 포함시키고 싶을 때는 `all=T` 옵션을 사용한다.

이제 새로운 data.frame d1, d2를 생성하여 예를 보이면 다음과 같다.

```
d1 = data.frame(ID=c(101, 102, 103), sex=c("F", "F", "M"), age=c(50, 60, 70)) ; d1
```

```
   ID  sex  age
1  101   F   50
2  102   F   60
3  103   M   70
```

```
d2 = data.frame(ID=c(101, 101, 103, 103, 104), hgb=c(12, 11, 10, 9, 8)) ; d2
```

```
   ID  hgb
1  101  12
2  101  11
3  103  10
4  103   9
5  104   8
```

```
merge(d1, d2)
```

```
   ID  sex  age  hgb
 1 101   F   50   12
 2 101   F   50   11
 3 103   M   70   10
 4 103   M   70    9
```

양쪽 테이블(table)에 모두 있는 ID들만 포함되었다.

```
merge(d1, d2, all.x=T)
```

```
   ID  sex  age  hgb
1 101    F   50   12
2 101    F   50   11
3 102    F   60   NA
4 103    M   70   10
5 103    M   70    9
```

첫 번째 테이블에 있는 ID들은 모두 포함되었다.

```
merge(d1, d2, all.y=T)
```

```
   ID  sex age  hgb
1 101    F  50   12
2 101    F  50   11
3 103    M  70   10
4 103    M  70    9
5 104 <NA>  NA    8
```

두 번째 테이블에 있는 ID들은 모두 포함되었다.

```
merge(d1, d2, all=T)
```

```
   ID  sex age  hgb
1 101    F  50   12
2 101    F  50   11
3 102    F  60   NA
4 103    M  70   10
5 103    M  70    9
6 104 <NA>  NA    8
```

어느 한쪽 테이블에라도 있는 ID들은 모두 포함되었다.

잘 normalize된 database인 경우에는 전체 database가 많은 table로 나누어져 있다. 이 경우에는 분석을 위해 merge해야 하는 경우가 많은데, database 언어인 SQL을 아는 경우에는 그것을 사용해도 되고, (R에는 여러 가지가 있는데, `RSQLite` package가 1인용으로 크기가 작다.) R의 `merge` 함수만 잘 사용해도 되지만, 그렇더라도 database의 Primary Key

(PK) - Foreign Key(FK) referential integrity, Entity-Relationship diagram, normalization의 개념을 알고 사용하는 것이 좋다.

### 1.8.8. Reshape(rotation)

책에 인쇄할 때는 wide format이 보기 좋지만, 컴퓨터에서 자료를 처리할 때는 long format이 좋다.

다음은 6명의 대상자를 1개월 간격으로 3개월에 걸쳐 측정한 것을 wide format으로 정리한 예이다.

```
d8 = data.frame(trt = c(rep("Active", 3), rep("Placebo", 3)),
                pat = c(101, 104, 107, 102, 105, 108),
                Mo1 = c(7, 6, 8, 9, 5, 7),
                Mo2 = c(1, 3, 3, 4, 5, 2),
                Mo3 = c(0, 2, 3, 5, 4, 3))
```

몇몇 자료 분석 도구는 위의 형태를 바로 input으로 받을 수 있지만, 좀 더 바람직하게는 아래와 같이 long format을 사용하는 것이다.

```
d8
```

```
      trt pat Mo1 Mo2 Mo3
1  Active 101   7   1   0
2  Active 104   6   3   2
3  Active 107   8   3   3
4 Placebo 102   9   4   5
5 Placebo 105   5   5   4
6 Placebo 108   7   2   3
```

```
d9 = reshape(d8, direction = "long",
             varying = list(names(d8)[3:5]),
             v.names = "score",
             idvar = c("pat"),
             timevar = "visit",
             times = 1:3) ; d9
```

```
          trt pat visit score
101.1  Active 101     1     7
104.1  Active 104     1     6
107.1  Active 107     1     8
102.1 Placebo 102     1     9
105.1 Placebo 105     1     5
108.1 Placebo 108     1     7
101.2  Active 101     2     1
104.2  Active 104     2     3
107.2  Active 107     2     3
102.2 Placebo 102     2     4
105.2 Placebo 105     2     5
108.2 Placebo 108     2     2
101.3  Active 101     3     0
104.3  Active 104     3     2
107.3  Active 107     3     3
102.3 Placebo 102     3     5
105.3 Placebo 105     3     4
108.3 Placebo 108     3     3
```

`reshape` 함수의 사용법은 외우기가 어렵지만 매우 유용하다. dplyr, tidyr package의 여러 함수로도 같은 일을 할 수 있다.

## 1.9 자료 저장(Saving Data)

`write.csv` 함수를 사용한다.

다음은 흔히 사용하는 예이다.

```
write.csv(myData, "myData.csv", row.names=F, quote=F, na="")
```

## 1.10 분석 결과의 저장

### 1.10.1. Text 저장

양이 작을 때는 R Console의 필요한 부분을 복사해서 MS Word 등으로 옮겨서 사용할 수 있다.

sink 함수를 사용하면 R Console에 나오는 output을 텍스트 파일로 저장할 수 있다.

```
sink(paste0("Rout-", substr(gsub('-|:| ', '', Sys.time()), 1, 12), ".txt"))
```

위에서는 paste0, substr, gsub, Sys.time 등의 함수를 이용하여 실행할 때마다 일시를 파일 이름에 남기도록 하였다.

### 1.10.2. 그림으로 저장

R에서 그림이 그려진 경우에는 그림 위에서 우측 마우스 버튼을 클릭하여 "Save as metafile…" 메뉴를 선택하여 저장하면 된다.

바로 emf 파일로 저장하고자 하는 경우에는 devEMF package를 사용할 수 있다.

```
require(devEMF)
emf("myPlot.emf")
plot(mpg ~ disp, mtcars)
dev.off()
```

마지막에 `dev.off` 함수로 파일을 닫아 주어야 한다.

### 1.10.3. PDF로 저장

다음과 같이 그림들을 PDF 파일로 저장할 수 있다.

```
pdf("FileName.pdf")
plot(mpg ~ disp, mtcars)
# and many plots
dev.off()
```

마지막에 `dev.off` 함수로 파일을 닫아 주어야 한다.

만약에 그림뿐 아니라 많은 text도 보고서에 포함시키고 싶다면 rmarkdown을 사용하는 것이 좋다.

### 1.10.4. rtf(MS Word format)로 저장

PDF 파일은 MS Word에서 작업하기가 불편하다. 만약 MS Word에서 읽고 작업하고 싶다면 rtf package를 이용할 수 있다.

RTF 파일은 MS사에서 발표한 문서 형식으로, MS Word, WordPad나 많은 문서 작업 프로그램에서 읽을 수 있다.

### 1.10.5. R Markdown

R의 output이 포함된 보고서를 작성한다면 현재로선 rmarkdown package를 사용하는 것이 가장 좋다.

만약 책의 형태로 만들고 싶다면 아직 불완전하지만 bookdown package도 쓸 수 있다.

## 1.11 문자열 처리(String Manipulation)

`grep`, `sub` 등의 함수에서 regular expression을 사용하여 특정 유형의 문자들을 검색하거나 치환할 수 있다.

만약 문자 앞뒤로 white space가 포함되어 있다면 `trimws` 함수로 제거할 수 있다.

문자열(string)을 비교할 때는 `trimws`, `tolower`, `toupper` 함수 등을 적절히 사용하여 비교하여야 한다.

## 1.12 날짜 시간 처리(Date and Time Manipulation)

### 1.12.1. 문자열에서 날짜 시간 유형으로 변환(From text to date type)

```
strptime("2021-09-07 11:00", "%Y-%m-%d %H:%M")
```

문자열(string) 안에 T와 같은 문자가 들어 있을 때는 다음과 같이 그대로 써 주면 된다.

```
strptime("2021-09-07T11:00", "%Y-%m-%dT%H:%M")
```

반대의 경우에는 `as.character` 함수를 사용하면 된다.

### 1.12.2. 경과시간 계산(Difference between times)

날짜 시간 유형 자료 사이에는 `difftime` 함수를 이용하여 경과시간을 구할 수 있다. 이 때 단위를 지정할 수 있다. 그런데 그 결과가 우리가 아는 일반적인 숫자 형태가 아니기 때문에 `as.numeric` 함수로 다시 변환해야 하는 경우가 많다.

```
as.numeric(difftime(strptime(dt1, "%Y-%m-%dT%H:%M"), strptime(dt0, "%Y-%m-%dT%H:%M"),
                    units="hours"))
```

# 1.13 R에서 기본 수학 표현

## 1.13.1. 기본 연산(Basic operation)과 기본 초월함수

〈표 1.1〉 기본 수학 표현

| Math text | R expression |
|---|---|
| $a+b$ | a + b |
| $a-b$ | a - b |
| $a\times b$ | a * b |
| $a\div b$ | a / b |
| x의 반올림 | round(x) |
| x의 버림/내림 | floor(x) |
| x의 올림 | ceiling(x) |
| 정수 연산 $5\div 2$의 나머지(modulus) | 5 %% 2 |
| $1\times 10^3$ | 1e3 |
| $\sqrt{x}$ | sqrt(x) |
| $a^x$ | a^x |
| $\log_e x$, $\ln(x)$ | log(x) |
| $\log_{10} x$ | log10(x) |
| $e^x$ | exp(x) |
| x! | factorial(x) |
| nCr, $\binom{n}{r}$ | choose(n, r) |
| nPr | factorial(n)/factorial(n - r) |
| $\Gamma(x)$ | gamma(x) |
| arg min f(a,b,c), $\min_{\text{arg}}$ f(a,b,c) | optim(c(a, b, c), f, method="L-BFGS-B", ⋯) |

R의 반올림 함수 `round`는 round-to-even number 방식임에 주의한다.

감마(Gamma) 함수는 `factorial`(계승) 함수를 실수 또는 복소수 영역까지 확장한 것이다. 정수 n에 대해서 $\Gamma(n)=(n-1)!$이다. 감마 함수나 `factorial` 함수는 결과값이 너무 크게 나오기 쉽다. 그래서 그것의 자연로그 값을 return해 주는 `lgamma`와 `lfactorial` 함수가 있다. 통계에서는 복소수(complex number)는 사용하지 않고, 실수(real number)를 사용한다. 모든 행렬도 실수 행렬(real matrix, matix of real number)이다. 통계나 자연과학에서는 밑(base)을 10으로 하는 상용토그는 잘 사용하지 않고, 주로 e(2.718281828...)를 밑으로 하는 자연로그(natural log)를 사용한다. 앞으로 별다른 말이 없으면 모두 자연로그이다.

R에는 `optim` 외에도 `nlminb` 등 많은 minimization 함수들이 있다. 만약 2계 미분 가능한 목적함수라면 `optim`에서 `L-BFGS-B` 또는 `BFGS` method를 권한다.

삼각함수도 `sin`, `cos`, `tan`, `asin`, `acos`, `atan`, `sinh`, `cosh`, `tanh`, `asinh`, `acosh`, `atanh` 등 다양하게 있다.

## 1.13.2. 논리 연산(Logic operation)

**〈표 1.2〉** 논리 연산

| Math | R expression |
|---|---|
| $a$ and $b$ | a & b |
| $a$ or $b$ | a \| b |
| not $a$, $\sim a$ | !a |
| $\forall x$ | all(x) |
| $\exists x$ | any(x) |

a나 b가 vector인 경우에 의도치 않게 첫 번째만 비교한 결과를 받을 수 있으므로 이에 대해 주의해야 한다. `all`이나 `any` 함수가 유용할 수 있다.

### 1.13.3. 집합 연산(Set operation)

〈표 1.3〉 집합 연산

| Math | R expression |
|---|---|
| 합집합, a union b, $a \cup b$ | `union(a, b)` |
| 교집합, a intersection b, $a \cap b$ | `intersect(a, b)` |
| 차집합, a minus b, $a - b$ | `setdiff(a, b)` |
| 곱집합, a product b, $a \times b$ | `expand.grid(a, b), outer(a, b, paste)` |
| 부분집합 여부, $a \subset b$ | `a %in% b` |

차집합(minus)의 경우에는 순서가 중요하다. 순서를 바꾸면 다른 결과가 나온다. `expand.grid`와 `outer` 함수의 경우에는 결과가 같은 유형(type)의 set는 아니다. 부분집합(포함) 여부를 판단하는 `%in%` 연산자의 결과는 TRUE 또는 FALSE가 된다.

### 1.13.4. 벡터 연산(Vector operation)

〈표 1.4〉 벡터 연산

| Math | R expression |
|---|---|
| vector $\begin{bmatrix} a \\ b \end{bmatrix}$ | `c(a, b)` |
| $x_i$ | `x[i]` |
| $\Sigma x_i$ | `sum(x)` |
| $\Pi x_i$ | `prod(x)` |
| inner product $a \cdot b$ | `sum(a*b) or crossprod(a, b)` |
| outer product $a \times b$ | `c(a[2]*b[3] - a[3]*b[2], a[3]*b[1] - a[1]*b[3], a[1]*b[2] - a[2]*b[1])` |

R에서는 따로 scalar type과 vector type으로 나누지 않는다. scalar는 길이가 1인 vector이다.

R에서 기본적으로 벡터는 열벡터(column vector)라고 가정하는데, 이는 뒤에 나오는 column(열)이 하나인 행렬(matrix)과 같다. 경우에 따라서는 R이 암묵적으로(implicitly) 행벡터(row vector)로 변환하기도 한다. 그러나 이런 것에 의존해서는 안 되고, 사용자가 최대한 명시적으로 표시해 주어야 한다.

Matrix에서 하나의 행을 추출하면 저절로 열벡터로 변환된다. 행벡터를 유지하고 싶다면 `drop=FALSE`라는 옵션을 인덱스 부분에 다음과 같이 넣어 주어야 한다. 다음은 M이라는 matrix에서 i번째 행을 추출하면서 계속 행벡터를 유지하게 하는 명령어이다.

```
M[i, , drop=FALSE]
```

R에서는 특이하게도 길이가 다른 두 벡터에 대한 연산을 하는 경우 에러 메시지 없이 짧은 vector를 긴 vector 길이에 맞도록 복제한다. 이때 정수 배가 되지 않을 때만 경고 메시지가 나온다. 이것이 (scalar와 vector 또는 matrix와 연산할 때) 편리하지만, 사용자가 의도치 않은 것일 수 있으니 주의를 요한다.

### 1.13.5. 행렬 연산(Matrix operation)

**〈표 1.5〉** 행렬 연산

| Math | R expression |
|---|---|
| matrix $\begin{bmatrix} a & c \\ b & d \end{bmatrix}$ (순서 주의) | `matrix(c(a, b, c, d), ncol=2)` |
| matrix product AB | `A %*% B` |
| transpose of A, $A^T$,$A'$ | `t(A)` |
| determinant of A | `det(A)` |
| $X^TX$ | `crossprod(X)` |
| $X^TY$ | `crossprod(X, Y)` |
| inverse of A, $A^{-1}$ | `solve(A)` |
| $A^{-1}B$ | `solve(A, B)` |
| generalized inverse of A, $A^-$ | `MASS::ginv(A)` |
| g2 generalized inverse of A, $A^-$ | `sasLM::G2SWEEP(A)` |

R에서는 `dim`이라는 속성을 이용하여 vector, matrix, 3차원 이상의 array를 자유롭게 변환시킬 수 있다. 하지만 간혹 사용자는 scalar value라고 생각했는데, 1 x 1 matrix이어서 conformational mismatch error가 발생하는 경우가 있다. 이때는 `as.numeric` 함수를 이용해서 vector type으로 변환 후 연산해 주어야 한다.

generalized inverse는 unique하지 않지만, g2 generalized inverse는 unique하므로 Searle이 옹호하고, SAS가 사용하고 있다. 따라서 SAS output을 재현하려면 g2 inverse

가 필요하다.

어떤 matrix가 singular(비정칙)하다는 것은 determinant(행렬식)가 0으로서 역행렬(inverse matrix)이 존재하지 않는다는 뜻인데, 이런 경우 선형회귀분석이나 분산분석에서 해(solution, 결과 output)가 일의적으로 결정되지(uniquely determined) 않게 된다. 이럼에도 불구하고 SAS, SPSS 등은 일관성을 유지하면서 output을 산출하기 위해 g2를 도입하게 된 것으로 보인다.

하지만 이런 방식을 반대하는 통계학자도 많다. R을 만든 사람들이나 『Applied Regression Analysis』를 쓴 Normal R. Draper 같은 사람들이 그러한데, 역행렬이 존재하지 않는 경우에는 generalized inverse를 사용하지 말고 다른 통계모형을 사용하거나 자료를 보충하라고 권고하고 있다.

SAS, SPSS에서 분산분석 결과로 Type III SS라는 것을 보여 주는데, 이것을 계산하려면 많은 경우에 g2 inverse가 필요하다. 하지만 R에서는 이런 방식을 싫어하기 때문에 기본적으로 지원해 주지 않는다. R 개발에 중요한 역할을 한 W. N. Venables의 신랄한 비판을 https://www.stats.ox.ac.uk/pub/MASS3/Exegeses.pdf에서 볼 수 있다. R car package의 `Anova` 함수가 Type III SS를 지원하지만, 단순한 모형에서만 결과가 같고 nested design, split-plot design, aliased model과 같은 경우에는 SAS와 결과가 다르다. (SPSS도 SAS 진영으로서 SAS와 같은 결과를 내 준다.) 그러나 이것은 car package의 결과가 틀렸다기보다는 견해나 방식이 다르기 때문이다. 하지만 제약업계를 비롯한 많은 산업계에서 SAS를 표준으로 삼기 때문에 R에서도 구현이 필요해서 sasLM[4]이라는 package를 개발하였다.

4) https://cran.r-project.org/package=sasLM

### 1.13.6. 통계 분포 함수(Statistical distribution function)

〈표 1.6〉 분포 함수

| Math | R expression |
|---|---|
| pdf of normal distribution, $\frac{1}{\sqrt{2\pi\sigma^2}}e^{-\frac{(x-\mu)^2}{2\sigma^2}}$ | `dnorm(x, mean, sd)` |
| cdf of normal distribution, $\Phi(x)$, $\int_{-\infty}^{x}\frac{1}{\sqrt{2\pi\sigma^2}}e^{-\frac{(x-\mu)^2}{2\sigma^2}}$ | `pnorm(x, mean, sd)` |
| inverse of cdf of normal distribution, $\Phi^{-1}$ | `qnorm(p, mean, sd)` |

다른 분포 함수들의 경우 앞의 d, p, q는 동일하고, 함수 이름들만 바꾸어 주면 된다. 예를 들어, t 분포의 경우 위 해당 함수들은 각각 `dt`, `pt`, `qt`이고, F 분포의 경우에는 `df`, `pf`, `qf`, 이항 분포의 경우 `dbinom`, `pbinom`, `qbinom`, 포아송 분포의 경우, `dpois`, `ppois`, `qpois`가 된다. 각 분포를 따르는 난수(random number)를 발생시키고 싶을 때는 d, p, q 대신 r을 붙인 함수를 사용하면 된다. 예를 들어, 표준정규분포를 따르는 난수 100개를 발생시키고 싶으면 `rnorm(100)`과 같이 하면 된다. R에는 기본적으로 20여 가지 이상의 분포 함수가 내장되어 있다.

만약 유한 모집단(finite population)에서 복원(with replamcement) 또는 비복원(without replacement) 추출(sampling)을 하고 싶으면 `sample` 함수를 사용하면 된다.

## 1.14 Coding Style

R script를 작성할 때는 누가 봐도 읽기 쉽게 작성하여야 한다.

저자가 제안하는 최소한의 coding style은 다음과 같다.

1. R script 파일은 확장자를 .R로 한다.
2. 변수명, 함수명은 기존 이름들과 충돌하거나 혼동되지 않게 쓴다. 변수명은 variableName, 함수명은 FunctionName, 상수는 CONSTANT와 같이 한다. 변수명

마지막에는 번호를 붙여도 좋다.

3. 한 줄의 길이(line length)는 너무 길어서는 안 된다. 대개 80자 이내가 바람직하지만, 경우에 따라서는 조금 늘어날 수도 있다.
4. 같은 level의 block은 들여쓰기(indentation)를 한다. 들여쓰기는 tab 문자를 사용하지 말고 space 문자 2개를 쓴다.
5. 적절한 공백을 사용한다. 쉼표 뒤는 띄운다. +/− 앞뒤는 띄운다. 함수를 부를 때 쓰는 괄호는 붙여 쓰지만, if/for 와 같은 flow control, loop의 경우에는 띄운다.
6. if/for 뒤의 문장 블록(a block of statements)을 묶는 brace의 시작은 다음 줄에서 시작하지 않고 if/for와 같은 줄에서 시작한다. 끝날 때는 if/for 시작 위치와 동일한 컬럼 위치에 단독으로 쓴다. else는 직전 brace와 같은 줄에 쓴다.
7. 주석은 한참 시간이 흐른 후에 봐도 본인이 왜 그렇게 코딩했는지 이해할 수 있게 쓴다. 즉, 본인을 위해서도 쓰는 것이다.
8. R에서 `attach` 함수를 최대한 사용하지 않는다. 많은 코딩 오류의 원인이 된다.
9. 함수의 input argument를 확인한다.
10. 함수의 return은 가급적 끝에서 한 번 일어나도록 한다.
11. 함수의 길이는 가급적 50줄 이내로 한다.
12. 자료 구조(data structure)를 잘 설계하면 algorithm을 우아하게(elegant) 만들 수 있는 경우가 많다. 즉, structure가 algorithm에 큰 영향을 미친다.
13. 애매모호하지 않으면서도 예뻐 보이는 코딩이 있으면 그렇게 한다.

## 1.15 맺음말

R을 공부하기 위해서는 자기 주도의 능동 학습이 필요하다. R의 keyword와 흔히 사용하는 함수는 부록 A를 참고한다. 다음의 연습문제는 자신의 지식 정도를 점검하고 사고를 자극하기 위한 것이므로 실제 코딩을 복잡하게 하거나 혼란스럽게 해서는 안 된다.

# 연습문제

1 Interpreter 방식 컴퓨터 언어의 예를 드시오.

2 Pointer 개념은 call-by-value를 위한 것인가, 아니면 call-by-reference를 위한 것인가?

3 Memory 사용의 효율성을 위해서는 call-by-value 방식이 좋은가, 아니면 call-by-reference 방식이 좋은가?

4 당신이 지금 사용하고 있는 R 환경에서 `print` 함수가 몇 개의 class와 연결되어 있는지 계산하여 보시오.

```
length(methods(print))
```

5 다음의 연산 결과를 예측하고 실행해 보시오.

```
0:2*1:6
0 + c(-1, 1)*2*1
```

6 다음의 연산 결과를 예측하고 실행해 보시오.

```
round(0:9 + 0.5)
```

7 다음의 연산 결과를 예측하고 실행해 보시오.

```
Inf + 0
Inf - Inf
Inf/Inf
1/Inf == -1/Inf
0/0
```

**8** 다음의 연산 결과를 예측하고 실행해 보시오.

```
TRUE + FALSE
prod(rep(T, 10))
cumsum(rep(T, 10))
```

**9** 다음의 연산 결과를 예측하고 실행해 보시오.

```
1 + 1e-15 == 1
1 + 1e-16 == 1
10 + 1e-15 == 10
.1 + 1e-16 == .1
```

**10** 나의 data.frame이나 matrix를 csv 파일로 저장할 때 NA를 .으로 표시하고 싶을 때 다음의 문장을 수정하여 써 보시오.

```
write.csv(df1, "df1.csv", row.names=F, quote=F, na="")
```

**11** 다음의 실행 결과를 예측하고 실행해 보시오.

```
is(mtcars)[2]
```

**12** 다음의 연산 결과를 예측하고 실행해 보시오.

```
x = 1:6 ; x
attr(x, "dim") = c(2, 3) ; x
```

**13** R 내장 자료인 mtcars의 첫 번째 column 이름은 mpg이다. 다음의 실행 결과를 예측하고 실행해 보시오.

```
mtcars["mpg"] # or mtcars[1]
mtcars[["mpg"]] # or mtcars[[1]]
```

둘의 차이를 설명해 보시오. 그리고 다음의 실행 결과는 위의 어느 것과 같은가?

```
mtcars$mpg
```

**14** 다음의 결과를 예측하고 실행해 보시오.

```
sort(unique(mtcars$cyl))
```

**15** R에서 아래와 같이 vector를 출력해 보면 출력 결과의 가장 왼쪽에 bracket에 둘러싸인 숫자가 있다. 이것은 무엇인가?

```
as.numeric(lh)
```

**16** 다음의 계산 결과를 예측하고 실행해 보시오.

```
a = 1
for (i in 1:10) a = a*2
a*i
```

**17** 다음의 계산 결과를 예측하고 실행해 보시오.

```
b = 2
(function(x) b = x*2^9)(b)*b
```

# 02 단일 변수의 자료 분석

# 02 단일 변수의 자료 분석

변수의 종류는 여러 가지 방법으로 분류할 수 있으나, 여기에서는 연속형(수치형, 정량형), 범주형(또는 계수형), 시간형으로 구분하여 설명한다.

## 2.1 연속형(정량형) 변수

여기서는 연속형(continuous) 또는 정량형(quantitative) 형태의 자료 표현 또는 분석법을 설명한다.

### 2.1.1. 기술 통계량(Descriptive Statistic)

평균(mean), 분산(variance), 표준편차(standard variation), 중앙값(median), 최소값(min), 최대값(max), 범위(range)가 흔히 쓰이고, 좀 더 사용 빈도는 낮지만 사분위수 범위(interquartile range, IQR), 왜도(skewness), 첨도(kurtosis) 등이 사용된다. 이런 것들을 통칭해서 기술 통계량(descriptive statistic)이라고 한다. 통계량(statistic)의 복수형은 statistics (통계량들)이다.

단일 변수 분석에는 기본적으로 1) 간단한 수치적 계산과 2) 그래프와 도표에 의한 분석 방법으로 나뉘며, 간단한 수치적 계산에는 중심위치(location)의 측도와 산포(dispersion)의 측도로 나뉜다. 중심위치의 측도에는 평균, 중앙값을 비롯하여 기본적인 수치적 측도인 사분위수, 최대값, 최소값 등이 있으며, 산포의 측도에는 분산, 표준편차, 사분위수 범위, 범위 등이 있다. 그래프나 도표에 의한 분석방법에는 선도표, 기둥그래프, 줄기와 잎그림, 상자그림, 산점도, 시계열(time-series) 그림 등이 있다.

R을 설치하면 많은 자료집합(dataset)이 포함되어 있다. 그중에 lh라는 dataset이 있는데, ?lh 명령으로 그 내용을 살펴볼 수 있다. 그 설명에 따르면, 어느 한 여성에게서 10분 간격으로 48회 채혈하여 luteinizing hormone을 측정한 것이라고 한다.

```
?lh
```

R에서 기술통계를 위해 가장 많이 사용하는 함수는 summary이다. 다음과 같이 하면 분산과 표준편차는 못 보지만 평균과 5개의 기본적인 quantile number를 볼 수 있다.

```
summary(lh)
```

```
Min. 1st Qu.  Median    Mean   3rd Qu.    Max.
1.40    2.00    2.30    2.40      2.75    3.50
```

분산과 표준편차를 보기 위해서는 다음과 같은 함수를 사용한다.

```
var(lh)
```

```
[1] 0.3043
```

```
sd(lh)
```

```
[1] 0.5516
```

sasLM package에는 SAS PROC UNIVARIATE와 유사한 UNIV라는 함수가 있어서 상당히 많은 기술 통계량을 보여 준다.

```
require(sasLM)
UNIV(lh)
```

```
        nAll          nNA      nFinite          Mean        Variance
    48.00000      0.00000     48.00000       2.40000         0.30426
          SD           CV          SEM LowerConfLimit UpperConfLimit
     0.55159     22.98306      0.07962       2.23983         2.56017
 TrimmedMean          Min           Q1        Median              Q3
     2.39318      1.40000      2.00000       2.30000         2.75000
         Max        Range          IQR           MAD        Skewness
     3.50000      2.10000      0.80000       0.59304         0.29289
  SkewnessSE     Kurtosis   KurtosisSE GeometricMean     GeometricCV
     0.34315     -0.69371      0.67440       2.33783        23.63751
```

psych package의 `describe` 함수도 `summary` 함수보다 많은 기술 통계량을 보여 준다. R에 package가 설치되어 있지 않다면 다음과 같은 명령어로 먼저 설치해 준다.

```
install.packages("psych")
```

이미 package가 설치되어 있다면 다음과 같이 package를 load한 후 `describe` 함수를 사용할 수 있다.

```
require(psych)
describe(lh)
```

```
   vars  n mean   sd median trimmed  mad min max range skew kurtosis   se
X1    1 48  2.4 0.55    2.3    2.39 0.59 1.4 3.5   2.1 0.27    -0.84 0.08
```

자세히 보면 skewness와 kurtosis의 값이 sasLM의 결과와 다른 것을 볼 수 있다. 이는 계산 공식이 달라서 그러한데, sasLM은 SAS, SPSS와 동일한 공식을 사용한다.

### 2.1.2. Plotting

입력 이후의 자료 분석 첫 단계는 plotting이다.

`plot` 함수는 자료의 유형에 따라 다른 그림이 나올 수 있는데, 위 자료는 시계열 자료

형태이어서 거기에 적당하다고 하는 형태로 보여 준다.

연속형 변수인 경우에는 boxplot이 많이 사용된다.

```
par(mfrow=c(1, 2))
plot(lh, main="plot(lh)", cex.axis=0.8, cex.lab=0.8, cex.main=0.9)
boxplot(lh, main="boxplot(lh)", cex.axis=0.8, cex.lab=0.8, cex.main=0.9)
```

Histogram도 연속형 변수를 그림으로 표현할 때 많이 사용한다.

여기에서 구간을 자르는 것은 내부 default algorithm에 의해 결정되는데, SAS, SPSS와 같은 다른 소프트웨어와 다를 수 있다. 만약 수동으로 지정해 주고 싶으면 breaks 옵션을 이용할 수 있다.

밀도를 구하는 density 함수 결과를 plot 함수에 입력으로 사용하면 hist와 비교할 만한 그래프를 그릴 수 있다.

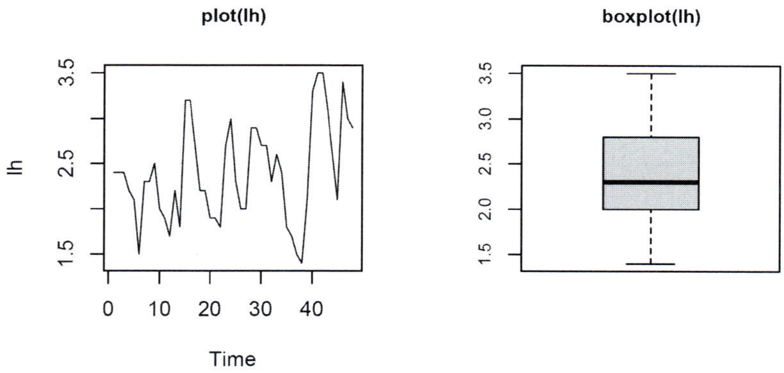


[그림 2.1] Time series plot and box plot

```
par(mfrow=c(1, 2))
hist(lh, main="hist(lh)", cex.axis=0.8, cex.lab=0.8, cex.main=0.9)
plot(density(lh), main="plot(density(lh))", cex.axis=0.8, cex.lab=0.8, cex.main=0.9)
```

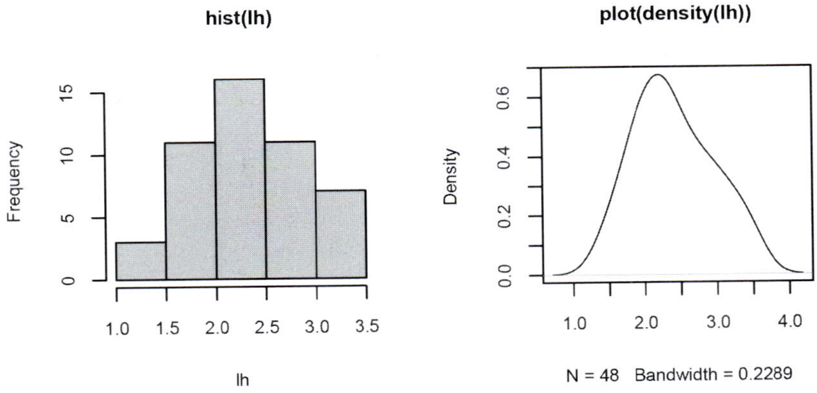


[그림 2.2] Histogram vs. density plot

y scale을 잘 맞추어 주면 hist 그림과 겹쳐서 그릴 수도 있다.

```
hist(lh, probability=TRUE, cex.axis=0.8, cex.lab=0.8, cex.main=0.9)
lines(density(lh))
```

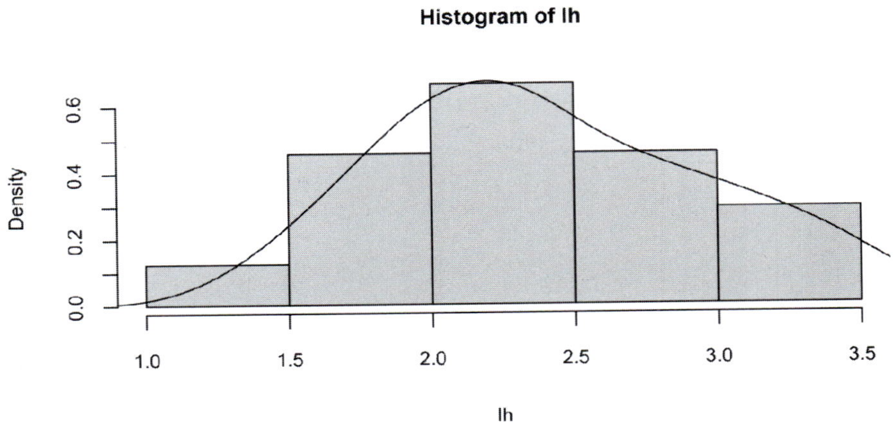


[그림 2.3] Overlay of histogram and density

많이 사용되지는 않지만 많은 교재에서 stem-leaf(줄기-잎) 그림을 설명하고 있는데, R에서는 다음과 같이 하면 볼 수 있다.

```
stem(lh)
```

```
The decimal point is 1 digit(s) to the left of the |

14 | 000
16 | 00
18 | 000000
20 | 000000
22 | 00000000
24 | 00000
26 | 000000
28 | 000
30 | 000
32 | 000
34 | 000
```

`stripchart`는 유용성에 비해 덜 이용되고 있다.

```
stripchart(lh, "stack", pch=16)
```

default method가 "`overplot`"이어서 method를 "`stack`"이나 "`jitter`"로 바꾸는 것이 좋다. 여러 가지 옵션을 이용하여 찍히는 기호(symbol), 색, 축 표시, 제목 등을 지정해 줄 수 있다.

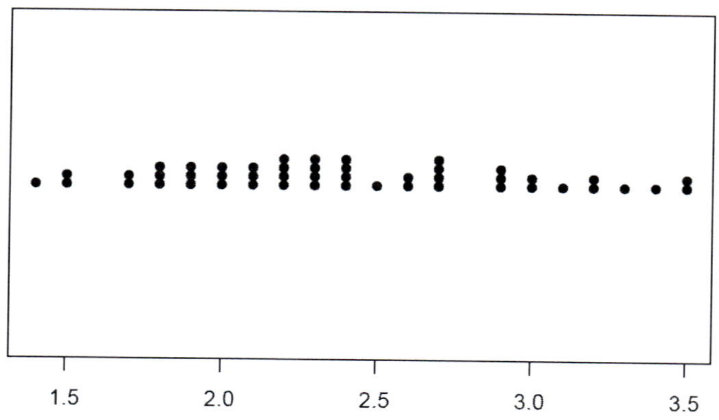


**[그림 2.4]** Stripchart or stack plot

ggplot2 package는 다양한 plot을 제공해 주므로 고품질의 output을 위해 시도해 볼 만하다.

다음은 유용성은 별로 없지만 단일 변수일 때 violin plot하는 방법을 보여 준다.

```
require(ggplot2)
ggplot(data.frame(lh), aes(x=1, y=as.numeric(lh))) + geom_violin()
```

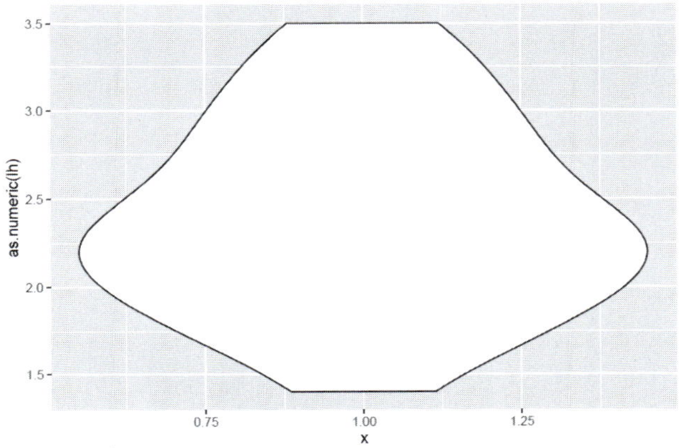


[그림 2.5] Violin plot of single variable

## 2.1.3. Tabulation

연속형 변수인데 구간을 나누어 빈도를 구하고(계수, counting) 싶을 때가 있다. 그럴 때는 `cut` 함수와 `table` 함수를 쓸 수 있다.

다음은 구간을 나눈 결과를 `lh2`에 저장하고, `table` 함수로 counting한 것이다. 최소값이 1.4이고, 최대값이 3.5이며, observation 수가 48개이므로 1부터 4까지 0.5 간격으로 잘라 보면 적당할 것 같다.

```
lh2 = cut(lh, seq(1, 4, by=0.5))
table(lh2)
```

```
lh2
(1,1.5] (1.5,2] (2,2.5] (2.5,3] (3,3.5] (3.5,4]
      3      11      16      11       7       0
```

결과에서 경계값이 어느 쪽에 속하는지 괄호에 쓰인 기호를 보면 알 수 있다. 결과에서 '(' 와 ')'는 경계값을 포함하지 않는다는 뜻이고, '[' 와 ']'는 경계값을 포함한다는 뜻이다. 따라서 (1.5, 2]는 1.5 초과 2 이하를 의미한다. 만약 경계값을 '이상'과 '미만'으로 하고 싶으면 `cut` 함수에서 `right=FALSE`라는 옵션을 사용하면 된다.

만약에 앞과 같이 미리 구간을 자르고 frequency를 구해 둔 경우에는 `barplot`을 사용할 수 있다.

```
barplot(table(lh2))
```

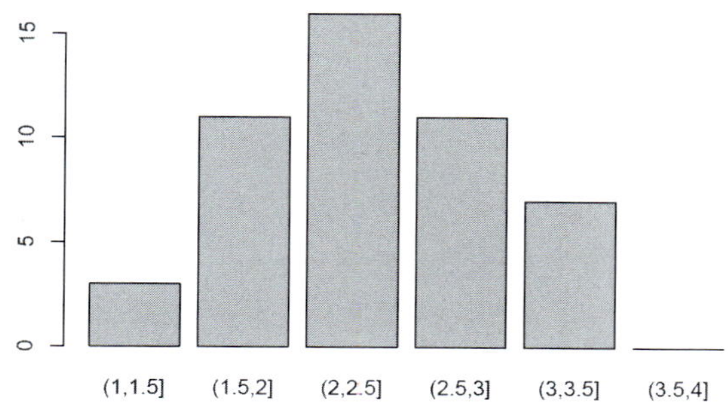


**[그림 2.6]** Barplot of tabulated data

`lh`와 `lh2`는 정확히 순서대로 1:1 match 되므로 다음과 같이 하나의 data.frame으로 만들 수 있다.

```
lh3 = data.frame(lh, lh2)
```

또한 `lh2`는 이제 범주화된 자료이므로 다음에 나오는 범주형 자료 분석 기법을 사용할 수 있다.

### 2.1.4. 통계적 추론(Statistical Inference)

통계적 추론은 모수 추정(parameter estimation)과 가설 검정(hypothesis test)으로 나뉘어지는데, 자세한 것은 다음의 장들에서 논의하고 이 장에서는 기초적인 것만 다룬다.

sasLM package를 설치하였다면 다음과 같이 t분포를 이용한 신뢰구간을 구할 수 있다. SEM은 Standard Error of Sample Mean으로서 흔히 SE라고 부른다. 하지만 SE의 정의는 standard deviation of a statistic(통계량의 표준편차)이므로 여기에서는 좀 더 엄밀성을 위해서 SEM으로 표현하였다.

```
tsum0(lh3, "lh", c("Mean", "SD", "N", "SEM", "LCL", "UCL", "Skewness", "Kurtosis"))
```

```
     Mean       SD          N       SEM       LCL       UCL   Skewness   Kurtosis
  2.40000  0.55159   48.00000  0.07962   2.23983   2.56017    0.29289   -0.69371
attr(,"y")
[1] "lh"
```

`tsum0`의 3번째 인자(argument)는 요약(summarization, colligative) 함수들이다. `tsum0`는 아직 data.frame과 따옴표로 둘러싸인 column name을 첫 두 인자로 받기 때문에 `tsum0(lh)`와 같은 명령어는 받지 못한다.

사실 이것들은 `UNIV`에서도 모두 볼 수 있는 것이다.

위에서 skewness와 kurtosis가 `psych::describe`의 결과와 다른데, 그 이유는 sasLM package는 SAS 및 SPSS의 방식으로 계산하기 때문이다(어느 한 가지만 옳은 것은 아니고, 통계에서는 여러 가지 합당한 계산식이 있는 경우들이 있다). psych package의 `skew` 함수와 `kurtosi` 함수가 이들을 계산하는데, `type=2` 옵션을 사용해야 SPSS와 같은 값을 산출해 준다. R의 기본 함수인 `IQR`도 SPSS와 다른 결과를 보이는데, 비슷하게 나오려면 `type=6` 옵션을 사용해야 한다.

대부분의 다른 R package(moments 등)에서 계산하는 skewness와 kurtosis가 SAS, SPSS 등과 다르다. 그 이유도 다른 공식을 사용하기 때문인데, 만약 같은 것을 원한다면 확인해 보고 사용해야 한다.

LCL은 Lower Confidence Limit의 약어이고, UCL은 Upper Confidence Limit의 약어이다. 여기에서는 신뢰수준(confidence level)을 0.95로 고정한 것이다. LCL은 lower bound of confidence interval이라고도 할 수 있으므로 lower.ci, LCI, LB, LL이라고 약칭할 수 있고, 마찬가지로 UCL은 upper.ci, UCI, UB, UL로 약칭할 수도 있을 것이다.

다음과 같이 formula를 써서 같은 결과를 얻을 수 있다.

```
tsum(~lh, lh3, e=c("Mean", "SD", "N", "SEM", "LCL", "UCL", "Skewness", "Kurtosis"))
```

만약 앞의 용어들을 바꾸고 싶다면 다음과 같이 바꾸어서 할 수 있다.

```
SE = SEM
LL = LCL
UL = UCL
tsum0(lh3, "lh", c("Mean", "SD", "length", "SE", "LL", "UL"))
```

위의 방식은 사실 SE, LL, UL이라는 함수를 새로 만드는 것이다. 다만, 이전에 만들어 둔 다른 함수들과 이름이 충돌하지 않는 것이 좋다. 관측값의 개수를 알기 위해 R의 기본 함수로 `length`를 사용하는데, `tsum` 함수는 N으로 이름을 바꾸어 출력한다.

### 2.1.5. Single Group t-test

t분포를 이용하여 단일 표본에 대한 가설 검정도 할 수 있고, 위와는 신뢰수준이 다른 신뢰구간을 구할 수도 있다.

```
t.test (lh, mu = 2.6)

        One Sample t-test

data:  lh
t = -2.5121, df = 47, p-value = 0.01549
alternative hypothesis: true mean is not equal to 2.6
95 percent confidence interval:
  2.239834 2.560166
sample estimates:
mean of x
      2.4
```

위의 경우에 무한 모집단의 평균이 2.6이라는 귀무 가설(즉, 2.6이 아니라는 대립 가설)을 검정한 결과, p-value(유의확률)가 0.05보다 작아서 유의수준(significance level) 0.05에서 귀무 가설을 기각한다. 즉, 2.6이 아니라고 통계적인 결론을 내린다. 이게 어떤 의학적 의미를 갖는가 하는 것은 별개의 문제이다. 통계분석을 하고 유의성 검정은 거의 기계적으로 할 수 있지만, 그것의 의미(meaning)를 찾는 것은 그렇지 않다. 이 차후 과정을 interpretation(번역이라기보다는 해석)이라고 하고, 이것은 통계의 의미를 잘 아는 해당 분야의 전문가가 해야 한다. 해석의 한자가 두 가지 있다. 解析은 영어로 analysis(이것은 다시 分析으로 번역된다)이고, 解釋은 interpretation(이것은 다시 飜譯으로 번역된다)에 가깝다.

Single group t-test는 모집단의 분포가 정규분포인 경우에 sample size와 상관없이 쓸 수 있으며, sample size가 30 이상인 경우에는 모집단의 분포에 상관없이 표본평균들의 분포는 정규분포를 따르므로(중심 극한 정리, central limit theorem) 평균에 대한 추론을 할 수 있게 된다. 따라서 평균에 대한 추론이면서 sample size가 30 이상인 경우에 다음의 정규성 검정(normality test) 결과는 중요하지 않다.

### 2.1.6. 정규성 검정(Normality Test)

정규성을 검정하는 여러 가지 방법이 있지만 R에서 가장 손쉽고 흔히 사용하는 방법은 Shapiro-Wilk test인데, 다음과 같이 한다.

```
shapiro.test(lh)
```

```
	Shapiro-Wilk normality test

data:  lh
W = 0.97077, p-value = 0.2714
```

```
shapiro.test(log(lh))
```

```
	Shapiro-Wilk normality test

data:  log(lh)
```

```
W = 0.97889, p-value = 0.5332
```

p-value가 0.05보다 크면 정규성을 크게 벗어나지 않는다고 한다. 하지만 이것이 정규분포를 따름을 입증한 것은 아니다. log 변환 후의 값이 약간 더 정규분포에 가까운 것을 알 수 있다.

그림을 그리기 위해서는 Q-Q plot(Quantile-Quantile plot)을 사용하는데, 명령어는 다음과 같다.

```
par(mfrow=c(1, 2))
qqnorm(lh, main="Original scale", cex.axis=0.8, cex.lab=0.8, cex.main=0.9)
qqline(lh)
qqnorm(log(lh), main="Log transformed data", cex.axis=0.8, cex.lab=0.8, cex.main=0.9)
qqline(log(lh))
```

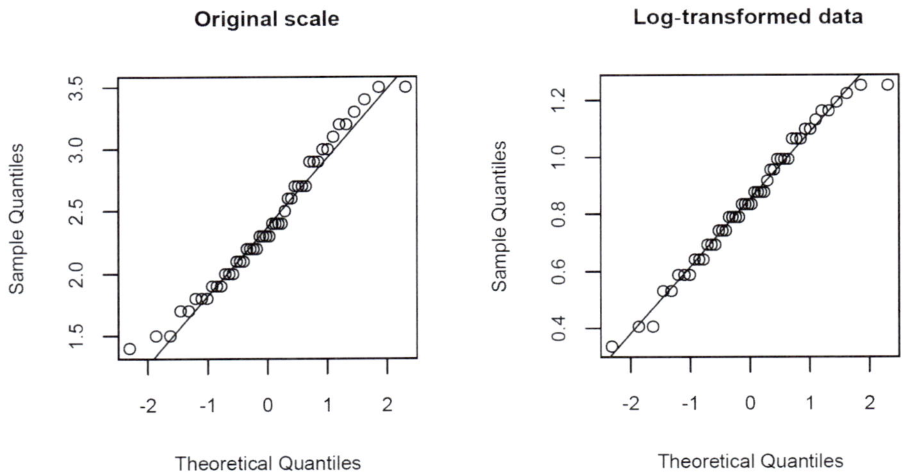


[그림 2.7] Q-Q plot of original and log-transformed data

그림으로도 log 변환 후가 좀 더 직선에 가까운 것을 볼 수 있다.
정규분포를 따르는지는 skewness와 kurtosis가 0 근처임을 보기도 한다.
MASS package에 있는 `fitdistr` 함수도 어떤 분포를 따르는지 추론하는 데 유용하다.

```
require(MASS)
fitdistr(lh, "normal")
```

```
    mean          SD
 2.40000000   0.54581743
(0.07878196) (0.05570726)
```

위에서 표준편차의 추정량(0.54581743)이 sd 함수로 구한 값(0.5515934)과 다른데, 이는 sqrt(n−1)로 나누지 않고 sqrt(n)으로 나누는 Maximum Likelihood(ML) 방법을 썼기 때문이다. ML에 의한 추정값은 MLE라고 하는데, 분산이나 표준편차의 경우에는 biased estimator이기 때문에 평소에는 많이 사용하지 않는다. 다음과 같이 변환해서 확인해 볼 수 있다.

```
sd(lh)*sqrt((length(lh) - 1)/length(lh)) # 0.5458174
```

주어진 자료로 다른 분포에 fitting해 볼 수도 있다(가능한 분포 이름들은 ?명령어로 확인할 수 있다).

## 2.2 범주형 변수

### 2.2.1. 기술 통계량(Descriptive Statistics)

하나의 범주형 변수에 대해서는 도수와 백분율, 또는 비율로 간단히 기술한다.

R을 설치할 때 기본적으로 함께 설치되는 MASS package 내의 VA 자료(재향 군인의 폐암 생존자료)를 이용해 보자.

다음의 명령어로 VA가 어떤 자료인지 확인해 보자.

```
require(MASS)
?VA
```

이 중에 cell이라는 컬럼은 폐암 세포의 유형을 구분해 놓은 것이다. str 함수로 구조를 볼 수 있다.

```
str(VA)
```

```
'data.frame' :   137 obs. of   8 variables:
 $ stime     : num  72 411 228 126 118 10 82 110 314 100 ...
 $ status    : num  1 1 1 1 1 1 1 1 1 0 ...
 $ treat     : Factor w/ 2 levels "1","2": 1 1 1 1 1 1 1 1 1 1 ...
 $ age       : num  69 64 38 63 65 49 69 68 43 70 ...
 $ Karn      : num  60 70 60 60 70 20 40 80 50 70 ...
 $ diag.time : num  7 5 3 9 11 5 10 29 18 6 ...
 $ cell      : Factor w/ 4 levels "1","2","3","4": 1 1 1 1 1 1 1 1 1 1
 ...
 $ prior     : Factor w/ 2 levels "0","10": 1 2 1 2 2 1 2 1 1 1 ...
```

cell 컬럼은 factor type으로 1, 2, 3, 4 등의 4개의 수준(level)으로 이루어졌음을 알 수 있다. 연속형 변수의 경우에는 cut 함수를 이용하여 구간으로 잘라 주어야 했지만, 여기서는 그럴 필요가 없다.

```
table(VA$cell)
```

```
  1  2  3  4
 35 48 27 27
```

만약 output을 SAS나 SPSS와 같은 모양으로 보고 싶다면 gmodels package의 CrossTable이라는 함수를 사용한다. 비율(분율, proportion)도 기본적으로 보여 준다.

```
require(gmodels)
CrossTable(VA$cell)
```

```
   Cell Contents
|-------------------------|
|                       N |
|         N / Table Total |
|-------------------------|


Total Observations in Table:  137


          |         1 |         2 |         3 |         4 |
          |-----------|-----------|-----------|-----------|
          |        35 |        48 |        27 |        27 |
          |     0.255 |     0.350 |     0.197 |     0.197 |
          |-----------|-----------|-----------|-----------|
```

CrossTable 함수는 변수가 여러 개인 것에도 쓸 수 있고 Chi-square test, Fisher's exact test, McNemar's test도 수행해 준다.

## 2.2.2. Plotting

plot을 사용하면 factor type에 맞게 histogram을 보여 준다.

```
par(mfrow=c(1, 2))
plot(VA$cell, main="plot(VA$cell)", cex.axis=0.8, cex.main=0.9) # histogram
barplot(table(VA$cell), main="barplot(table(VA$cell))", cex.axis=0.8, cex.main=0.9)
```

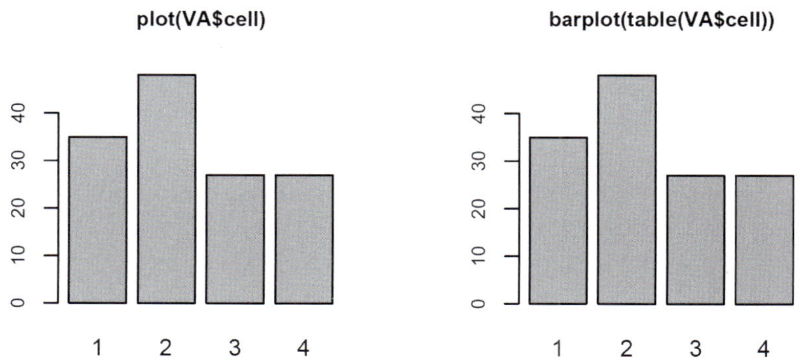


[그림 2.8] The same plot by two different ways

여기에서 cell은 연속형 변수가 아니므로 `hist` 함수를 사용할 수 없고 `barplot`을 써야 하는데, `table` 함수로 미리 계수(counting)를 해야 한다.

범주형 자료에는 pie chart도 유용하다.

```
pie(table(VA$cell))
```

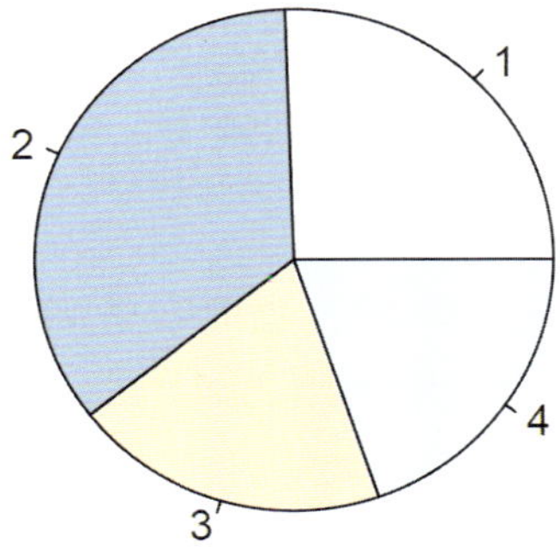


[그림 2.9] pie chart

각종 label이나 제목, 색상 등의 옵션은 목적에 맞게 적절히 지정해 준다.

### 2.2.3. 통계적 추론(Statistical Inference)

만약 이분형 자료였다면 비율과 그에 대한 신뢰구간을 구해야 할 때가 있다.

만약 총 10개 중에 3개가 어떤 특성을 가졌다면 그에 대한 신뢰구간을 `prop.test`를 사용하여 구할 수 있다.

```
prop.test(3, 10)

	1-sample proportions test with continuity correction

data:  3 out of 10, null probability 0.5
X-squared = 0.9, df = 1, p-value = 0.3428
alternative hypothesis: true p is not equal to 0.5
95 percent confidence interval:
```

```
  0.08094782 0.64632928
sample estimates:
  p
0.3
```

옵션 p를 이용하여 가설 검정도 할 수 있다.

이외에도 binom.test와 sasLM::ScoreCI를 참고한다.

[예시] 10회 시도하여 3회 성공하였다. 미지모수 성공 확률 p에 대한 추론을 시작하려고 한다. 가로축을 p, 세로축을 p에 따른 10회 시도 중 3회 성공할 확률로 하여 그림을 그리시오.

```
y = 3
n = 10
Lik = function(p) choose(n, y)*p^y*(1 - p)^(n - y) # same as dbinom
curve(Lik, 0, 1, xlab="Unknown parameter p", ylab="Probability of y/n = 3/10")
```

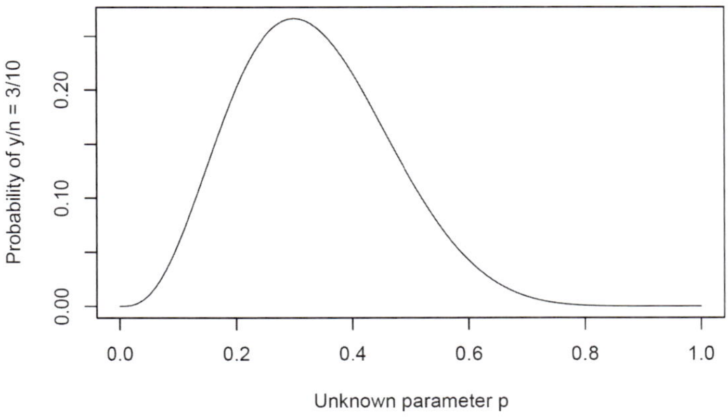


[그림 2.10] Likelihood curve of a binomial distribution

```
integrate(Lik, 0, 1) # This is not 1, because this is not a pdf.
```

```
0.09091 with absolute error < 1e-15
```

위와 같이 실험이 행해진 후 관찰값(여기서는 y)을 이용하여 계산한 (결과가 이산형인 경우) 확률을 likelihood(우도)라 한다. 만약 관찰 결과(확률변수가 가질 수 있는 값)가 연속형이면 확률 대신 density(밀도)들의 곱을 likelihood라 한다. 더 자세한 것은 뒤의 장들에서 논의한다.

앞의 그림에서 p=0.3 근처에서 최대의 확률을 가짐을 알 수 있다[y가 이산형이라고 이 그림까지 이산형이 되지는 않고, 오히려 p로(with respect to p) 두 번 이상 미분 가능한 smooth curve가 된다]. 좀 더 확실하게 확인하는 단순한 script는 다음과 같다.

```
x = seq(0, 1, by=0.001)
x[which.max(Lik(x))]
```

```
[1] 0.3
```

위는 1/1000 정밀도로 답을 찾는 script이다. 좀 더 정밀하게는 다음과 같이 찾을 수 있다.

```
mLL = function(p) - log(Lik(p))
nlminb(0.5, mLL, lower=0, upper=1)
```

```
$par
[1] 0.3

$objective
[1] 1.321151

$convergence
[1] 0

$iterations
[1] 7

$evaluations
function gradient
       9       10

$message
[1] " relative convergence (4)"
```

`nlminb`는 초기값(여기서는 0.5를 주었지만, 실제로는 y/n이 더 좋다.)을 주고 어떤 함수의 결과값(return value)이 최소가 되게 하는 input을 찾아 주는 일반적인 함수이다. 이 어떤 함수는 사용자의 목적을 이루게 해 주는 함수라고 해서 목적함수(objective function)라고 부른다. 자료 분석에서는 likelihood를 maximize해야 하는 경우가 많은데, 이때 주로 minus log likelihood 함수를 목적함수로 두고 최소화하여 답(주로 모수, parameter)을 구한다. 수학에서는 최대화(maximization)와 최소화(minimization)를 아울러서 최적화(optimization)라 한다. 다른 말로 optimization에는 maximization과 minimization이 있는데, R이 제공하는 여러 최적화 함수(nlminb, nlm, optimize, optim, constrOptim 등)는 주로 minimization에 특화되어 있다.

참고로 앞의 `Lik`(likelihood) 함수는 underflow를 일으키기 쉬우므로 위와 같이 코딩하는 것은 바람직하지 않고 다음과 같이 `mLL`(minus log likelihood) 함수를 바로 작성하는 것이 좋다.

```
mLL = function(p) - dbinom(y, n, p, log=TRUE)
```

## 2.3 시간 변수(Time-to-event Variable)

R 기본 package인 survival package가 많이 사용되지만, 생명표(life table) 작성을 위해서는 KMsurv package의 `lifetab`이 좋다.

다음은 KMsurv의 `lifetab` 함수의 예제 자료이다. ?명령어로 자료와 설명을 볼 수 있다.

```
require(KMsurv)
?lifetab # copy and paste the example
```

다음은 위 함수 도움말에 나온 예제이다.

```
tis = c(0, 2, 3, 5, 7, 11, 17, 25, 37, 53, NA) # Length 11
nsubs = c(927, 848, 774, 649, 565, 449, 296, 186, 112, 27) # Length 10
nlost = c(2, 3, 6, 9, 7, 5, 3, rep(0, 3))
nevent = c(77, 71, 119, 75, 109, 148, 107, 74, 85, 27)
t1 = lifetab(tis, nsubs[1], nlost, nevent) ; t1
```

```
      nsubs nlost nrisk nevent       surv         pdf     hazard    se.surv
0-2     927     2 926.0     77 1.00000000 0.041576674 0.04338028 0.000000000
2-3     848     3 846.5     71 0.91684665 0.076900310 0.08754624 0.009073665
3-5     774     6 771.0    119 0.83994634 0.064820762 0.08362614 0.012058378
5-7     649     9 644.5     75 0.71030482 0.041328830 0.06177924 0.014947215
7-11    565     7 561.5    109 0.62764716 0.030460169 0.05374753 0.015966927
11-17   449     5 446.5    148 0.50580648 0.027943023 0.06621924 0.016592925
17-25   296     3 294.5    107 0.33814834 0.015357331 0.05549793 0.015812197
25-37   186     0 186.0     74 0.21528969 0.007137741 0.04138702 0.013826142
37-53   112     0 112.0     85 0.12963680 0.006149067 0.07643885 0.011358269
53-NA    27     0  27.0     27 0.03125173          NA         NA 0.005911869

              se.pdf   se.hazard
0-2     0.0045368324 0.004938988
2-3     0.0087683603 0.010379868
3-5     0.0055430063 0.007639143
5-7     0.0045695123 0.007120026
7-11    0.0027313326 0.005118250
11-17   0.0020898086 0.005334699
17-25   0.0013852970 0.005231318
25-37   0.0007903745 0.004660447
37-53   0.0006304732 0.006560105
53-NA             NA          NA
```

```
tmed = (tis[1:10] + c(tis[2:10], 70))/2 # Last time is somewhat arbitrary one.
```

생존 확률 그래프와 hazard rate 그래프는 다음과 같이 그릴 수 있다.

```
par(mfrow=c(1, 2))
plot(tmed, t1$surv, type="o", xlab="Time (month)", ylab="Survival
     Probability", cex.axis=0.8, cex.lab=0.8)
plot(tmed, t1$hazard, type="o", xlab="Time (month)",
     ylab="Hazard Rate", cex.axis=0.8, cex.lab=0.8)
```

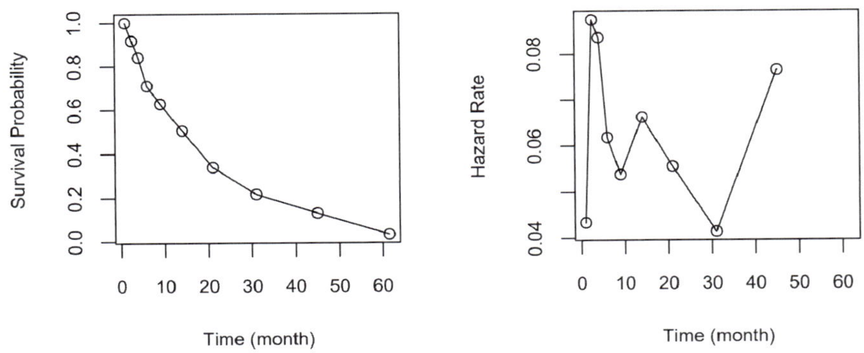


[그림 2.11] Survival and hazard plot

MASS package의 VA dataset으로 전체 자료의 survival은 다음과 같이 분석할 수 있다.

```
require(MASS)  # for VA dataset
require(survival) # for survfit and Surv function
r3 = survfit(Surv(stime, status==1) ~ 1, VA) ; r3
```

```
Call: survfit(formula = Surv(stime, status == 1) ~ 1, data = VA)

          n    events    median   0.95LCL    0.95UCL
[1,]    137       128        80        52        105
```

```
# summary(r3) # Suppressed because the output is too long.
```

그래프는 다음과 같다. 중도 절단(censoring) 부분을 +로 표시하기 위해서 mark.time=

TRUE라는 옵션을 사용한다. 기본적으로 신뢰구간도 함께 그려 준다.

```
plot(r3, mark.time=TRUE, xlab="Time (day)", ylab="Probability of Survival")
```

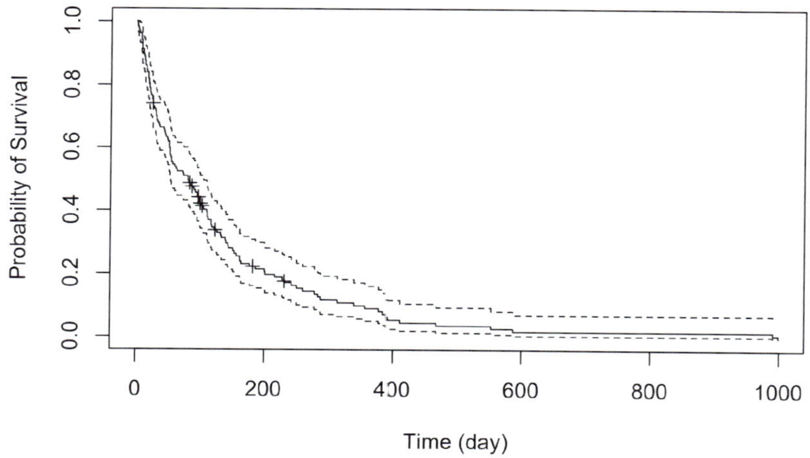


[그림 2.12] Survival curve of a group

# 연습문제

다음의 연습문제는 plot과 관련된 문제이다.

1 R Console 창에서 다음을 입력하여 결과를 관찰하시오.

```
demo(graphics)

demo(image)

demo(persp)

demo(colors)
```

2 ggplot2 package를 사용해 보시오. 기본 홈페이지는 https://ggplot2.tidyverse.org/이지만 https://ggplot2-book.org/를 방문해 보면 package를 만든 사람이 쓴 책을 볼 수 있다.

3 다음과 같이 하여 기본 package인 lattice package의 demo를 관찰해 보시오.

```
require(lattice)

demo(lattice)
```

4 R에는 많은 내장된 자료가 있다. 그중에 `Theoph`는 12명의 사람에게 각 320mg의 theophylline을 경구로 투약하면서 약 24시간에 걸쳐 11회(투약 전 1회, 투약 후 10회)의 혈중농도를 측정한 것이다. 이 자료를 이용하여 그림을 4가지로 그렸다. 어떻게 다른지 비교해 보시오. 그리고 subject ID가 순서대로 나오지 않는데, 어떤 순서로 출력되었는지 알아보시오.

```
Theoph # Theophylline concentration after 320mg single oral dose of 12 subjects

# Figure 1
plot(Theoph)

# Figure 2
dev.new()
plot(conc ~ Time, Theoph)

# Figure 3
require(lattice)
dev.new()
xyplot(conc ~ Time | Subject, Theoph, type="o")

# Figure 4
require(nlme)
dev.new()
plot(Theoph)
```

5 R 기본 package인 `nlme` 내에는 6명의 어른에게 cefamandole을 15mg/kg의 용량으로 10분간 정주 후에 14회 채혈하여 농도를 측정한 자료가 있다. 위와 유사하게 plot하여 비교해 보시오.

```
require(nlme)

Cefamandole
```

**6** n회 독립 시행해서 y회 성공하는 경우 신뢰구간(Confidence Interval, CI)을 구하는 script는 다음과 같다.

```
binom.test(y, n)

prop.test(y, n)

sasLM::ScoreCI(y, n)
```

(a) Maximum likelihood에 비하여 likelihood가 1/k이 되는 parameter의 interval (이를 1/k likelihood interval, LI라 하자.)을 구할 수 있는 다음과 같은 interface의 함수를 uniroot를 사용하여 10줄 내외로 작성해 보시오.

```
> LIbin(y=3, n=10, k=8)
         PE      Lower      Upper
0.30000000 0.07909565 0.61860038
attr(,"k")
[1] 8
```

(b) k가 정수로 얼마일 때 95% CI와 가장 유사한가 탐색해 보시오.

# 03 확률

# 03 확률(Probability)

이 장의 설명 방법은 수학이나 통계 전공자가 보기에는 상당히 naive해 보일 수 있다. 하지만 여기에서는 수학이나 통계 전공자보다는 비전공자가 이해하기에 쉽다고 생각하는 방법으로 설명하고자 한다.

## 3.1 확률의 정의

여러 가지 가능한 경우(domain space)들과 특정한 경우(specific cases)들의 비율(some measure of specific cases/domain space)이다. 경우의 수/경우의 수일 수도 있고, 면적의 비일 수도 있고, 길이의 비일 수도 있고, 각도의 비일 수도 있다.

### 3.1.1. 확률의 상대성

만약 어떤 사람이 오른손에 동전을 감추고 있고, 왼손은 비어 있다고 하자. 어느 손에 감추었는지 모르는 사람에게 각 손에 동전이 있을 확률을 말하라고 했을 때 1/2씩이라고 할 것이라고 배웠을 것이다. 동전을 감춘 사람에게는 오른손에 있을 확률이 1이고, 왼손에 있을 확률은 0이다. 하지만 이걸 모르는 사람에게는 1/2씩이 합리적 추론이다. 하지만 또 다른 어떤 사람은 과거 자료나 동전을 감춘 사람의 성향을 알아서 오른손에 감추었을 확률이 0.6이라고 할 수도 있을 것이다. 즉, 확률은 보는 사람(정보의 양, 논리적 추론 능력)에 따라 달라질 수 있다.

### 3.1.2. 개체의 고유성(identity)과 식별가능성(identifiability)

대부분의 일상적인 물체는 잡아서 번호를 붙이거나, 어느 것이 어느 것인지 자세히 보면 구분할 수 있다. 즉, tracking이 가능하다.

하지만 전자(electron)와 같은 경우에는 그것이 (적어도 인간의 능력으로는) 구분 불가능하다. 이런 경우에 확률이 달라진다고 알려져 있다.

두 개의 방이 있고, 두 개의 공이 있는 경우에 모든 배치 가능한 경우는 다음과 같고, (비교적 ideal한 경우) 각 경우의 확률은 1/4이다.

**[그림 3.1]** Ball case

하지만 전자(electron)의 경우는 다음의 세 가지 경우가 있고, 각 경우의 확률은 1/3이다. 이것은 물리학에서 이미 잘 알려져 있는 현상이며, Bose-Einstein statistics로 검색해 보길 바란다.

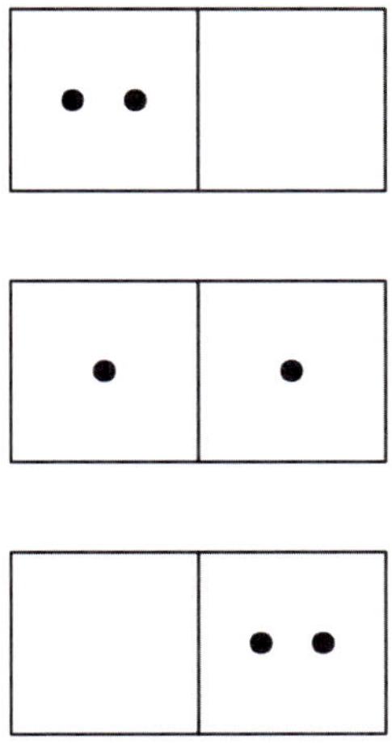

[그림 3.2] Electron case

## 3.2 조건부 확률(Conditional probability)

다음과 같은 문제는 고교 과정에도 나온다.

어떤 학생이 한 집에 우산을 가지고 들어갔다 나올 때 우산을 잃어버릴 확률이 1/3이라 하자. A, B, C 순서대로 세 집을 돌고 났더니 처음 가지고 있던 우산이 없어졌다. 두 번째 집(B)에서 우산을 잃어버렸을 확률을 구하시오(단 집 밖에서는 우산을 잃지 않는다).

이런 유형의 문제를 조건부 확률 문제라고 하며, 전확률(전체 확률) 분의 특정 사건의 확률(전체 확률의 부분 집합) 공식으로 구한다. Bayes' theorem의 기초가 된다.

## 3.3 여사건 확률(Probability of complementary event)

어떤 사람이 1분간 코로나(COVID-19 어느 변이인지는 모르나) 감염자와 대화했을 때 감염 확률이 1%라고 하자. 만약 100명의 감염자와 연속적으로 각 1분씩 100분간 대화를

하였다면 이 사람이 코로나에 감염될 확률을 구하시오.

이는 감염이 안 될 사건의 여사건이므로 다음과 같은 수식으로 구할 수 있다.

1 − (1 − 0.01)^100

즉, 약 63.4%의 확률이 된다(어떤 사람은 한 명의 감염자당 1%이고, 100명의 감염자이니 100%라고 한다. 그렇다면 200명이면 200%인가?).

## 3.4 Bertrand's Paradox in Probability

Joseph Bertrand라는 프랑스 수학자가 1889년에 제시한 문제이다.

자세한 내력은 https://en.wikipedia.org/wiki/Bertrand_paradox_(probability)를 참고한다.

평면상에 원이 있고, 이에 내접하는 정삼각형이 있다고 하자. 이때 직선을 임의로 그었을 때, 할선(chord, 직선과 원의 교점을 잇는 선분)의 길이가 정삼각형 한 변의 길이보다 클 확률을 구하라는 문제이다.

얼핏 보면 문제가 잘 정의되어 있어서 답이 명확한 것 같지만, 여기에는 세 가지의 똑같이 믿을 만한 답(1/2, 1/3, 1/4)이 있다.

방법 1: 원의 둘레상의 임의의 두 점을 잡아 선분을 만든다. 이때 두 점과 원의 중심을 연결한 선분들이 원의 중심에서 이루는 각도가 (반시계 방향으로 회전하는 각도로 생각하면 0에서 360도까지의 범위이고, 이때) 120에서 240도일 때이다. (작은 각만을 기준으로 할 때는 0에서 180도까지의 범위이고, 이때) 120에서 180도까지 일 때이다. 따라서 확률은 (240 − 120)/360 또는 (180 − 120)/180, 즉 1/3이다.

방법 2: 원의 중심과 선분의 중심의 거리가 원의 반지름의 반보다 가까울 때이므로 1/2이다.

방법 3: 선분의 중심이 원래의 원보다 반지름이 반이고, 중심이 같은 원 안에 놓일 때이므로 면적비로 하여 1/4이다.

각각에 대하여 시뮬레이션을 해 보면 다음과 같다.

## 3.4.1. 방법 1: 원 둘레상의 임의의 두 점을 잡을 때

```
N = 2000
DistB = matrix(NA, nrow=N, ncol=3)
for (i in 1:N) DistB[i, 1:2] = runif(2, 0, 2*pi)
DistB[, 3] = abs(DistB[,1] - DistB[,2])
mean(DistB[, 3] >= 2/3*pi & DistB[, 3] <= 4/3*pi) # 1/3
```

```
 [1] 0.3445
```

```
### Chords plot
par(list(mfrow=c(1, 2)))
plot(0, 0, type="n", xlim=c(-1, 1), ylim=c(-1, 1), asp=1, bty="n", xlab="Chords", ylab="",
      xaxp=c(-1, 1, 2), yaxp=c(-1, 1, 2))
for (i in 1:200) {
   if (DistB[i, 3] >= 2/3*pi & DistB[i, 3] <= 4/3*pi) {
      lines(cos(DistB[i, 1:2]), sin(DistB[i, 1:2]), col="red")
   } else {
      lines(cos(DistB[i, 1:2]), sin(DistB[i, 1:2]), col="blue")
   }
}
th = seq(0, 2*pi, length.out = 500)
lines(cos(th), sin(th), lwd=2)

### Midpoints plot
Radius = 1
midXs = Radius*(cos(DistB[, 1]) + cos(DistB[, 2]))/2
midYs = Radius*(sin(DistB[, 1]) + sin(DistB[, 2]))/2
plot(midXs, midYs, type="p", xlim=c(-1, 1), ylim=c(-1, 1), asp=1, pch=20, cex=0.1,
   bty="n", yaxt="n", xlab="Midpoints", ylab="", xaxp=c(-1, 1, 2), yaxp=c(-1, 1, 2))
lines(cos(th), sin(th), lwd=2)
```

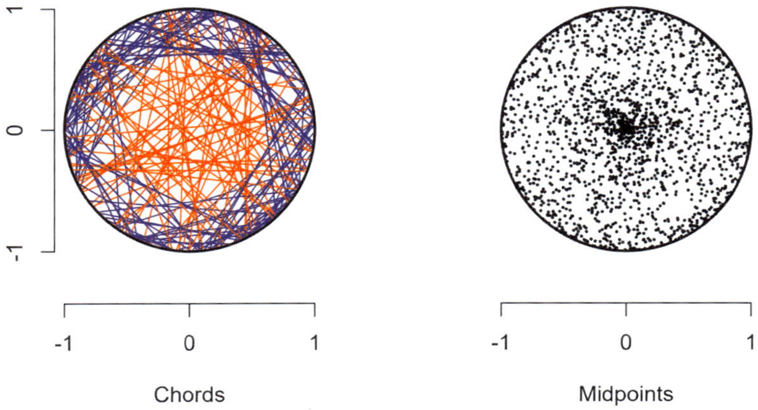


**[그림 3.3]** Method 1 – Two random endpoints

### 3.4.2. 방법 2: 원의 중심과 선분의 중점 사이 거리

아래에서 `Min`과 `Max`의 절대값을 크게 할수록 더 정확하지만, 시간이 훨씬 오래 걸리게 된다.

```
Max = 100
Min = -100

Dist = matrix(NA, nrow=N, ncol=4)
n = 0
while (n < N) {
  x1 = runif(1, Min, Max)
  y1 = runif(1, Min, Max)
  m = tan(runif(1, 0, pi))
  dist1 = abs(m*x1 - y1)/sqrt(m*m + 1)
  if (dist1 > Radius) next
  n = n + 1
```

```
  Dist[n, ] = c(x1, y1, m, dist1)
}
mean(Dist[, 4] < Radius/2) #0.5
```

```
[1] 0.512
```

```
### Chords plot
par(list(mfrow=c(1, 2)))
plot(0, 0, type="n", xlim=c(-1, 1), ylim=c(-1, 1), asp=1, bty="n", xlab="Chords", ylab="",
    xaxp=c(-1, 1, 2), yaxp=c(-1, 1, 2))
for (i in 1:200) {
  if (Dist[i, 4] <= Radius/2) {
    abline(a = -Dist[i, 1]*Dist[i, 3] + Dist[i, 2], b = Dist[i, 3], col="red")
  } else {
    abline(a = -Dist[i, 1]*Dist[i, 3] + Dist[i, 2], b = Dist[i, 3], col="blue")
  }
}
lines(cos(th), sin(th), lwd=2)

### Midpoints plot
ms = Dist[, 3]
ns = -Dist[, 3]*Dist[, 1] + Dist[, 2]
msqp1 = ms*ms + 1 # m square + 1
Xs = -ms*ns/msqp1
Ys = ns/msqp1

plot(Xs, Ys, type="p", xlim=c(-1, 1), ylim=c(-1, 1), asp=1, pch=20, cex=0.1, bty="n",
     yaxt="n", xlab="Midpoints", ylab="", xaxp=c(-1, 1, 2), yaxp=c(-1, 1, 2))
lines(cos(th), sin(th), lwd=2)
```

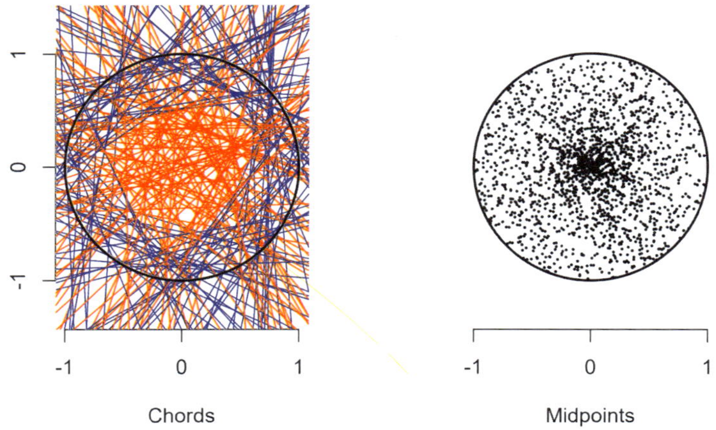


[그림 3.4] Method 2 - Random x1, y1, and theta

### 3.4.3. 방법 3: 선분의 중점이 (원래 원의 중심과 같고) 반지름이 반인 원 안에 있을 때

```
DistC = matrix(NA, nrow=N, ncol=3)
for (i in 1:N) {
  DistC[i, 1:2] = runif(2, -1, 1)
  DistC[i, 3] = sqrt(DistC[i, 1]^2 + DistC[i, 2]^2)
}
Dist1 = DistC[DistC[,3] < 1,]
mean(Dist1[,3] < Radius/2) # 1/4
```

```
[1] 0.2377358
```

```
### Chords plot
ms = Dist1[, 1]/Dist1[, 2]              # slope
ns = -ms*Dist1[, 1] + Dist1[, 2]        # y intercept

par(list(mfrow=c(1, 2)))
plot(0, 0, type="n", xlim=c(-1, 1), ylim=c(-1, 1), asp=1, bty="n", xlab="Chords",
    ylab="", xaxp=c(-1, 1, 2), yaxp=c(-1, 1, 2))
for (i in 1:min(300, nrow(Dist1))) {
  if (Dist1[i, 3] <= Radius/2) {
      abline(a = ns[i], b = ms[i], col="red")          # Note this is Dist not DistC
   } else {
     abline(a = ns[i], b = ms[i], col="blue")          # Note this is Dist not DistC
   }
}
lines(cos(th), sin(th), lwd=2)

### Midpoints plot
plot(DistC[, 1], DistC[, 2], type="p", xlim=c(-1, 1), ylim=c(-1, 1), pch=20, bty="n",
       asp=1, cex=0.1, yaxt="n", xlab="Midpoints", ylab="",
       xaxp=c(-1, 1, 2), yaxp=c(-1, 1, 2))
lines(cos(th), sin(th), lwd=2)
lines(cos(th)/2, sin(th)/2, lwd=2)
```

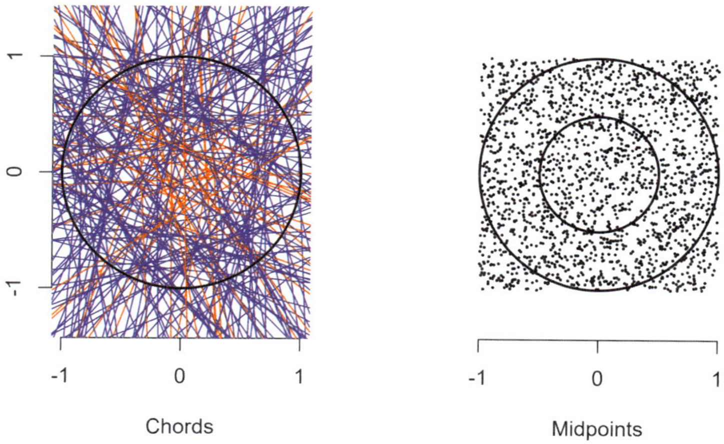


[그림 3.5] Method 3 - Random midpoint

이 문제를 다시 정리하자면 방법 1은 극좌표계(Polar coordinate)를 쓴 것이며, 방법 2는 1차원 좌표계, 방법 3은 2차원 직교좌표계(Cartesian coordinate)를 쓴 것이다. 일반적으로 1차원 좌표계를 쓴 경우의 제곱(1/2의 제곱)이 2차원 직교좌표계의 답이 된다. 여기에서의 교훈은 어떤 좌표계를 쓰냐에 따라 답이 다를 수 있다는 점에 유의하라는 것이다.

```
Slope = 1
mean(tan(runif(10000, 0, pi/2)) < Slope) # Theoretically 1 - atan(0.5)/(pi/4) = 0.4096655

 [1] 0.489

atan(Slope) # 0.7853982 = pi/4

 [1] 0.7853982

atan(Slope)/(pi/2) # 0.5

 [1] 0.5
```

```
mp = tan(pi/4) # 0.4142136
mean(tan(runif(10000, 0, pi/2)) > mp) # 0.5
```

```
 [1] 0.498
```

```
plot(0, 0, type="n", xlim=c(-1, 1), ylim=c(-1, 1), asp=1, xlab="", ylab="")
for (i in 1:9) {
  abline(a = 0, b = i*1e6, col="red")
  abline(a = 0, b = tan(i/10*pi/2), col="blue")
}
abline(h = 0)
abline(a = 0, b = 1)
abline(v = c(-1, 1))

y0 = seq(0, 1, length.out=6)
points(x = c(rep(1, 6), rep(-1, 6)), y = c(y0, -y0), pch=20, col="red")
points(x = cos((0:10)/10*pi/2), y = sin((0:10)/10*pi/2), pch=20, col="blue")
th = seq(0, 2*pi, length.out=101)
lines(cos(th), sin(th), lwd=2)
```

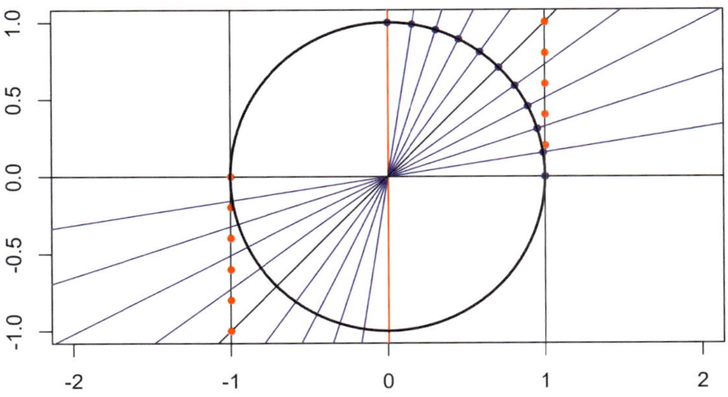


[그림 3.6] Even thetas vs. even y coordinates

직교좌표계이냐, 극좌표계이냐에 따라 점들의 밀도(특정 점이 골라질 확률)가 다르게 분포됨을 알 수 있다.

```
plot(0, 0, type="n", xlim=c(-1, 1), ylim=c(-1, 1), asp=1, xlab="", ylab="")

rs = seq(0, 1, length.out=11)
th = seq(0, 2*pi, length.out=41)

xs = rep (NA, 10*40)
ys = xs

i = 1:(10*40)
j = ceiling(i/40) + 1
k = rep(0:40, 10)
xs[i] = rs[j]*cos(th[k])
ys[i] = rs[j]*sin(th[k])

for (i in 1:20) abline(a = 0, b = tan(th[i]), col="red")
points(xs, ys, pch=20, col="red")

xs = rep(seq(-1.2, 1.2, length.out=25), 25)
ys = sort(rep(seq(-1.2, 1.2, length.out=25), 25))
points(xs, ys, pch=20)

th = seq(0, 2*pi, length.out=101)
for (r in (1:15)/10) {
  lines(r*cos(th), r*sin(th), lwd=2, col="red")
}
```

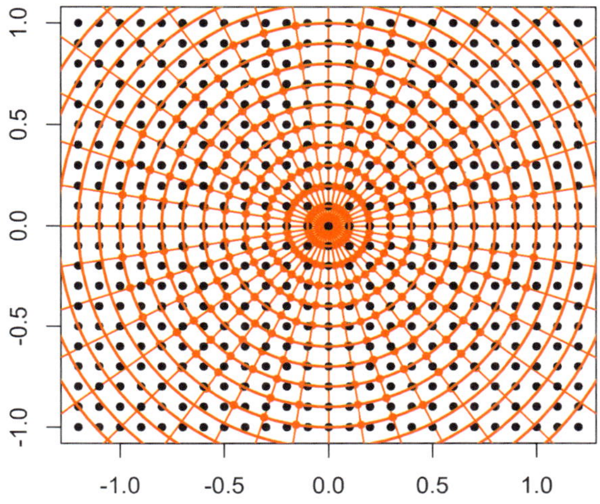


[그림 3.7] Polar coordinates vs. Cartesian coordinates

## 3.5 도박꾼의 파산

여기서부터 4개의 문제에 대한 이론적인 풀이는 허명회의 『수리통계학 강의』(2001, 아카데미) 3장에 잘 나와 있다. 이 책에서는 R로 시뮬레이션하여 푸는 방법을 보여 줄 것이다.

도박꾼이 카지노에서 게임을 하는데 이기면 1달러를 받고, 지면 1달러를 주어야 한다. 도박꾼이 한 번 게임할 때 이길 확률을 p라 하자. 도박꾼이 5달러를 가지고 시작하는데, 10달러가 되면 더 이상 게임을 하지 않고 카지노를 나온다고 하자. 0달러가 되어도 파산이어서 더 이상 게임을 할 수 없다. 만약 p가 18/38(p는 0.5보다 작아야 카지노가 파산하지 않는다)이라면 평균적으로 몇 번의 게임을 할 수 있고, 파산할 확률은 얼마인지 계산하시오.

이것을 R에서 시뮬레이션으로 풀자면 다음과 같다.

```
p = 18/38       # success probability
m0 = 5          # initial amount
m1 = 10         # target amount
N = 1000        # number of simulation
Res = data.frame(n=rep(NA, N), Result=rep(NA, N))

for (i in 1:N) {
    cM = m0  # current amount
    cT = 0   # trial no

    while((cM > 0) & (cM < m1)) {
        cM = ifelse(runif(1) < p, cM + 1, cM -1)
        cT = cT + 1
    }

    Res[i, "n"] = cT
    Res[i, "Result"] = ifelse(cM == 0, "Bankrupt", "Earn")
}

mean(Res[, "n"])
```

```
 [1] 25.692
```

```
sum(Res[, "Result"] == "Bankrupt")/N
```

```
 [1] 0.616
```

```
hist(Res[,"n"], breaks=1:max(Res[, "n"]), xlab="Play count", main="")
```

이 문제의 이론적인 답은 평균 25.692회이며, 파산 확률은 0.616이다.

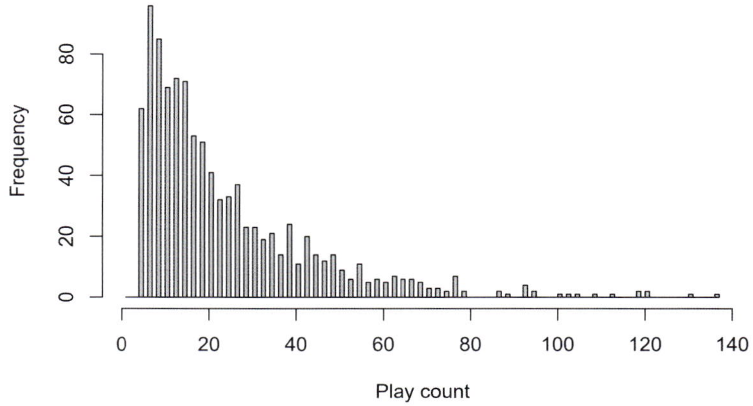


[그림 3.8] Histogram of play count

## 3.6 야구카드 모으기

총 100종류의 서로 다른 야구카드가 있다고 하자. 어떤 사람이 한 장 한 장을 무작위로 구매할 때 평균적으로 총 몇 장을 구매해야 100종류의 카드를 모두 모으겠는가 하는 문제이다.

```
k = 100            # kinds of cards
N = 1000           # number of simulation
Res = rep(NA, N)

t1 = Sys.time()
for (i in 1:N) {

     nCard = rep(0, k)   # 0: Do not have, 1: Have
     nT = 0              # number of trial
     while (sum(nCard) < k) {
       nCard[sample(k, 1)] = 1
       nT = nT + 1
     }
     Res[i] = nT
}
Sys.time() - t1
```

```
Time difference of 3.394404 secs
```

```
mean(Res)
```

```
[1] 524.647
```

```
summary(Res)
```

```
   Min  1st Qu.   Median     Mean  3rd Qu.     Max.
  297.0    432.0    504.0    524.6    594.2   1202.0
```

```
hist(Res, breaks=1:max(Res), xlab="Purchase count")
```

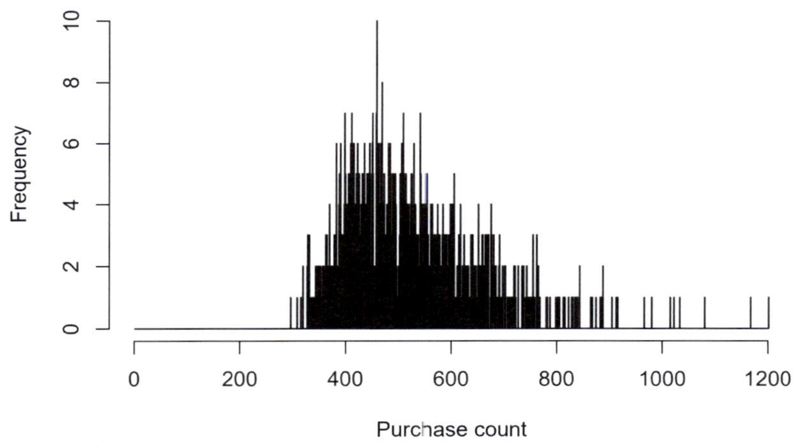


[그림 3.9] Histogram of baseball card collection

이 문제의 이론적인 답은 약 524.647이다.

## 3.7 Monty Hall 문제

이것은 Monty Hall 문제로 알려져 있는데, Let's make a deal이라는 미국 오락 프로그램에서 나온 것이다.

총 세 개의 문이 준비되어 있고, 하나의 문 뒤에는 여행상품이나 자동차와 같은 좋은 것(prize, 상)이 들어 있고, 다른 두 개의 문 뒤에는 꽝의 의미로 염소(goat)가 들어 있다.

참가자가 상을 받기 위하여 어떤 한 문을 고르면, 사회자가 나머지 두 문 가운데 염소가 들어 있는 문을 보여 주게 된다. 처음 참가자가 고른 문이 상이라면 나머지 두 문에는 염소가 있게 되고, 사회자는 임의로 어느 한 문을 보여 주면 된다. 만약 참가자가 처음 고른 문이 염소라면, 나머지 두 문 중에 한 문에만 염소가 있으므로 사회자는 이 문을 보여 주는 것이다.

이때 참가자에게 자기가 처음 고른 문을 유지하거나, 사회자가 열지 않은 나머지 한 문을 고를 수 있게 해 준다. 만약 당신이 참가자라면 바꾸는 것이 유리할까, 아니면 바꿀 필요가 없겠는가?

여기에 대한 시뮬레이션 해법은 다음과 같다.

```
Rule = "Change"
N = 1000
Res = rep(NA, N)

for (i in 1:N) {
  Hidden = sample(3, 1)
  Choice = sample(3, 1)

  Show0 = setdiff(1:3, union(Hidden, Choice))
  if (length(Show0) == 1) {
    Show = Show0
  } else {
    Show = Show0[sample(2, 1)]
 }

  if (Rule == "Change") {
    Choice2 = setdiff(1:3, union(Choice, Show))
  } else {
```

```
    Choice2 = Choice
  }

  Res[i] = (Hidden == Choice2)
}

mean(Res)
```

```
[1] 0.677
```

이론적인 답은 바꿀 때 상을 탈 확률이 2/3, 바꾸지 않을 때 1/3이다.

## 3.8 산불 문제

이것은 Conway의 life game이 단순화된 형태이다(https://en.wikipedia.org/wiki/Conway %27s_Game_of_Life).

행 × 열이 41 × 41인 나무가 심어져 있는 산(숲)이 있다고 하자.

중심의 한 나무에 불이 붙었고, 어느 나무에 불이 붙었을 때 상하 또는 좌우의 어느 한 나무에 불이 옮겨 붙을 확률이 p라면 평균적으로 얼마 동안 불이 나고, 몇 그루의 나무가 타겠는가?

불이 붙은 나무는 다음 단위시간이 지난 후에 나무가 다 타서 불이 꺼지며, 이미 탄 나무에는 다시 불이 붙지 않는다. 불은 대각선으로도 옮겨 붙지 않는다고 가정하자.

한 번 시뮬레이션하기 위한 함수는 다음과 같다.

```
Fire = function(p=0.5, nRow=41, nCol=41, PLOT = T)
{
  mTree1 = matrix(0, nrow=nRow, ncol=nCol)
  mTree1[median(1:nRow), median(1:nCol)] = 1 # 0=Alive, 1=onFire, 2=Burnt
  fAlive = (sum(mTree1 == 1) > 0)
  fireTime = 0
  mTree2 = mTree1
  while (fAlive) {
    for (j in 1:nRow) {
      for (k in 1:nCol) {
        if (mTree1[j, k] == 1) { mTree2[j, k] = 2
          if (j < nRow) if (mTree1[j + 1, k] == 0) mTree2[j + 1, k] = rbinom(1, 1, p)
          if (j > 1)    if (mTree1[j - 1, k] == 0) mTree2[j - 1, k] = rbinom(1, 1, p)
          if (k < nCol) if (mTree1[j, k + 1] == 0) mTree2[j, k + 1] = rbinom(1, 1, p)
          if (k > 1)    if (mTree1[j, k - 1] == 0) mTree2[j, k - 1] = rbinom(1, 1, p)
        }
      }
    }
    mTree1 = mTree2
    fireTime = fireTime + 1
    fAlive = (sum(mTree1 == 1) > 0)
    if (PLOT) {
      filled.contour(mTree1, nlevels=3, col=c("green", "red", "black", "black"),
      axes=F)
    Sys.sleep(0.1)
    }
  }
  Res = c(burntTree = sum(mTree1 == 2), fireTime = fireTime)
  return(Res)
}
```

다음과 같이 하면 1회 시뮬레이션 결과를 볼 수 있다.

```
Fire()
```

만약 1000회 시뮬레이션한다면 다음과 같이 할 수 있다.

```
N = 1000
Res = data.frame(nTree = rep(NA, N), Time = rep(NA, N))
t1 = Sys.time()
for (i in 1:N) Res[i, ] = Fire(PLOT=F)
Sys.time() - t1
```

```
Time difference of 3.733239 secs
```

```
hist(Res[, "Time"], breaks=1:max(Res[,"Time"]), xlab="Duration of fire", main="")
```

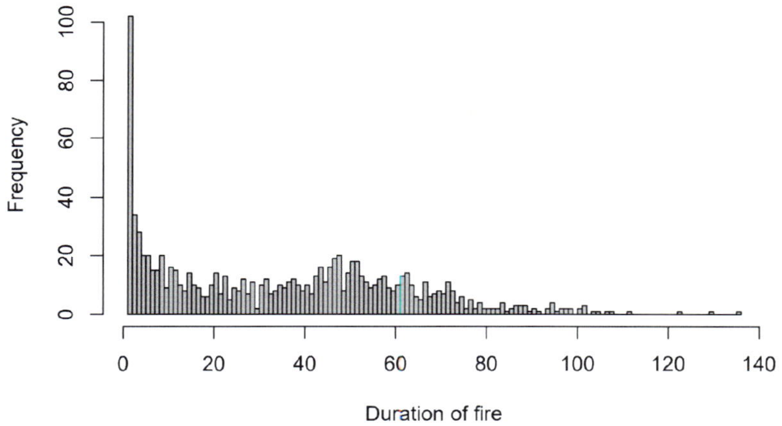


[그림 3.10] Histogram of fire duration

```
hist(Res[, "nTree"], breaks=1:max(Res[,"nTree"]), xlab="Count of burnt tree", main="")
```

```
plot(nTree ~ Time, Res, xlab="Duration of fire", ylab="Count of burnt tree")
```

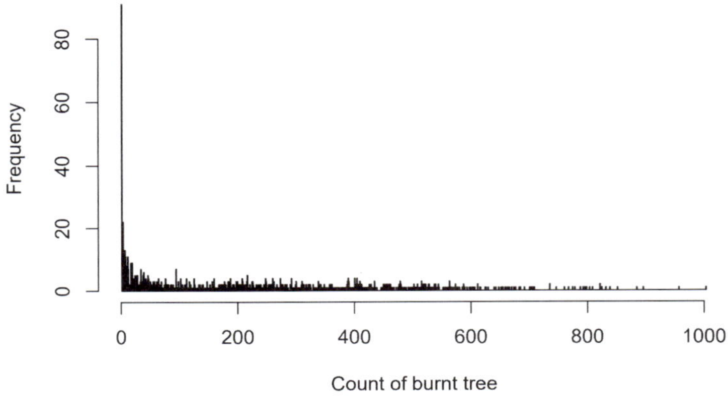


[그림 3.11] Histogram of burnt trees

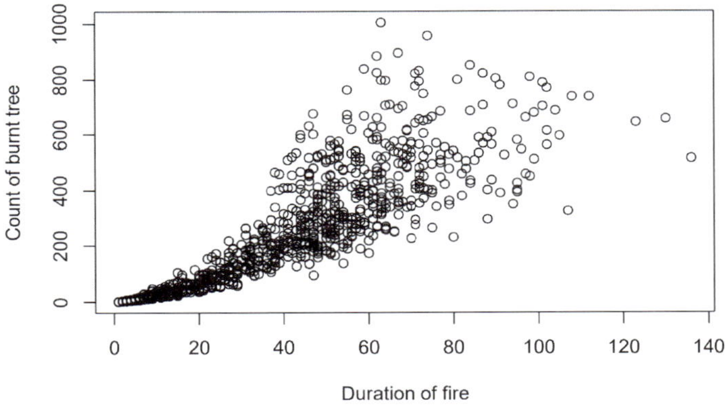


[그림 3.12] Count of burnt trees vs. fire duration

## 3.9 맺음말

이로써 몇몇 흥미로운 확률 문제를 시뮬레이션을 이용하여 풀이하였다. 시뮬레이션은 손으로 풀기 어려운 문제를 풀 수 있게 해 주는 강력한 도구이다. 하지만 시뮬레이션의 결과는 가정에 따라 달라지므로 이 점에 유의해야 한다. 시뮬레이션하는 사람은 realistic 시뮬레이션이 되기 위해 노력해야 할 것이다.

확률 이론에 paradox들이 있다. https://en.wikipedia.org/wiki/Category:Probability_theory_paradoxes 등에서 확인하기 바란다.

## 연습문제

**1** 확률과 관련된 paradox들을 조사해 보시오.

**2** 확률은 보는 사람에 따라, 그 사람이 가진 정보에 따라 다를 수 있다는 예를 드시오.
**[예시]** 이수근, 강호동, 유재석이 〈신서우기〉를 녹화하고 있다. 이 3명 중에 누가 벌칙을 받을지 제비뽑기를 하려고 한다. 제비는 총 3개이며, 그중 한 장에 벌칙이 표시되어 있다. 이수근이 제비를 가장 먼저 뽑고 다른 사람들 모르게 몰래 보았는데, 자기는 벌칙을 받지 않는다는 것을 알았다. 이때 이수근이 보았을 때 두 번째로 뽑을 강호동이 벌칙을 받을 확률은 1/2이다. 하지만 이수근의 제비를 모르는 강호동에게는 여전히 1/3이다.

**3** 어느 모바일 게임에서 random으로 나오는 카드 10장을 모두 모으면 bonus item을 준다고 한다. 사람들은 평균적으로 몇 회 시도해야 10장의 카드를 모두 모으겠는가? 앞 야구카드 문제의 경우와 비례하는가?

**4** 2022년 포켓몬빵에는 159종의 스티커가 있다고 한다. 이것은 단종된 오류 스티커 4종류를 제외한 것이다. 모든 스티커는 동일한 확률로 발견된다고 가정하자. 이때 모든 종류의 스티커를 모으기 위해 뜯어봐야 하는 빵의 개수에 대한 평균과 분산을 구하시오.

# 04 확률변수

# 04 확률변수(Random Variable)

## 4.1 기본 용어 정의

**Definition 4.1** 확률변수(Random Variable)

확률변수(쉬운 정의): 결과가 확률적으로 결정되는 상황에서 결과를 수에 대응시키는 '규칙'

Random Variable: A mapping from stochastic event outcome to number

좀 더 엄밀하게 여기에서의 수는 실수(real number)이다. 위의 '규칙'을 수학에서는 사상(mapping)이라 하며, 많은 사람은 그냥 함수(function)라고 부른다. 따라서 많은 통계책에서는 표본공간이라는 개념을 이용하여 확률변수를 다음과 같이 정의하고 있으나, 위의 정의가 더 이해하기 쉽다.

> 확률변수(Random Variable): 표본공간에서 정의된 실수값 함수 (real-valued function)
>
> 표본공간(Sample Space): 통계적 조사에서 가능한 모든 실현 결과의 집합

아주 엄밀한 것은 측도론(measure theory) 교재를 참고한다.

이 장에서 확률변수는 알파벳 대문자로 나타내며, 수학의 상수 또는 변수는 소문자로 나타낸다.

통계학은 확률변수를 다루는 학문이라고도 볼 수 있다. 통계 비전공자에게 필요한 것은 통계학뿐 아니라, 자료분석 전반에 대한 이해이다.

예를 들어, 동전을 던져서 앞면이 나오면 1, 뒷면이 나오면 0에 대응시킨 확률변수 X를 정의할 수 있다.

확률변수는 기본적으로 확률변수끼리 또는 숫자와 사칙연산이 가능하다. 예를 들어, 주사위를 던져서 나오는 윗면의 눈의 개수를 Y라는 확률변수로 정의하면 앞의 X와 사칙연산을 해서 X + Y, X - Y, XY, X/Y 등의 새로운 확률변수를 만들 수 있다. X + 1, 2X 등도 모두 새로운 확률변수이다.

확률변수가 가질 수 있는 값을 헤아릴 수(countable) 있을 때 이산형 확률변수(discrete random variable)라 하고, 그렇지 않을 때 연속형 확률변수(continuous random variable)라 한다.

수학적으로는 근호수(root number)까지 discrete라고 봐야 하지만, 실무에서는 정수형(대표적으로 Likert scale)도 연속형으로 간주하여 처리하게 된다.

---

확률질량함수(Probability Mass Function, pmf): 이산형 확률변수 X가 취할 수 있는 값 $x_1, x_2, x_3, \cdots$ 의 각각에 대하여 $P(X=x_1), P(X=x_2), P(X=x_3), \cdots$ 를 대응시켜 주는 함수 f(x)를 X의 확률질량함수라 한다. $P(X=x)$는 확률변수 X가 특정값 $x$일 때의 확률을 의미한다. 확률질량함수의 결과(확률)값은 모든 점에서 0보다 크거나 같아야 하고, 모든 가능한 확률값을 합하면 1이어야 한다.

---

즉,

$$f(x) = \begin{cases} P(X=x), x = x_j, \ (j = 1, 2, \cdots) \\ 0, \qquad\qquad else \end{cases}$$

$$0 \le P(X = x_j) = f(x_j) \le 1$$

$$\sum_{j=1}^{\infty} f(x_j) = 1$$

$$P(a < X \le b) = \sum_{a < x_j \le b} f(x_j)$$

확률변수 X가 가질 수 있는 값이 연속형일 때는 확률질량함수 대신 확률밀도함수(Probability Density Function, pdf)를 사용한다. X의 확률밀도함수는 다음의 조건을 만족하는 함수를 의미한다.

$$0 \le f(x) < \infty \text{ for all x}$$

$$\int_{-\infty}^{\infty} f(x)dx = 1$$

$$0 \le P(a < X < b) = P(a \le X < b) = P(a < X \le b) = P(a \le X \le b) = \int_a^b f(x)dx \le 1$$

따라서 특정 점에서의 f($x$)는 대개 0보다 크지만, P(X=$x$)는 0이다. 즉, 연속형 확률변수 X가 특정값 $x$를 가질 확률은 0이다.

$$P(X = x) = 0$$

## 4.2 누적분포함수(Cumulative Distribution Function)

확률질량함수에서 특정값보다 작은 값들의 확률을 모두 더한(summation) 함수나, 확률밀도함수에서 특정값까지 적분한 함수를 Cumulative Distribution Function(cdf)이라 하고, F($x$)로 표기한다.

$$F(x) = P(X \le x) = \begin{cases} \sum_{j=1}^{x_j \le x} f(x_j) & for\ discrete\ pmf \\ \int_{-\infty}^{x} f(x)dx & for\ continuous\ pdf \end{cases}$$

## 4.3 기대값(Expectation)

### 4.3.1. 평균(Mean)

확률변수 X의 확률질량함수 또는 확률밀도함수를 f($x$)라 할 때, X의 기대값(E(X)) 또는 평균($\mu$)은 다음과 같이 정의한다.

**Definition 4.2** 평균(Mean) 또는 기대값(Expectation)

$$E(X) \equiv \begin{cases} \sum_{j=1}^{\infty} x_j f(x_j) & for\ discrete\ random\ variable \\ \int_{-\infty}^{\infty} x f(x) dx & for\ continuous\ random\ variable \end{cases}$$

## 4.3.2. 확률변수의 함수의 기대값

확률변수 X의 함수 g(X)가 있고(g(X)는 새로운 확률변수), X의 pdf가 f($x$)일 때,

$$E[g(X)] = \begin{cases} \sum_{j=1}^{\infty} g(x_j) f(x_j) & for\ discrete\ random\ variable \\ \int_{-\infty}^{\infty} g(x) f(x) dx & for\ continuous\ random\ variable \end{cases}$$

**[예시]**

$$E(2X) = \int_{-\infty}^{\infty} 2x f(x) dx = 2\int_{-\infty}^{\infty} x f(x) dx = 2E(X)$$

Summation과 integration의 기본 성질을 이용하면 다음과 같은 공식을 구할 수 있다.

**Theorem 4.1** Expectation of a function of a random variable

$E(aX+b) = aE(X)+b$ ($X$는 확률변수; $a$, $b$는 상수)

[증명] 연속형인 경우

$$\begin{aligned} E(X) &= \int_{-\infty}^{\infty} (ax+b) f(x) dx \\ &= a\int_{-\infty}^{\infty} x f(x) dx + b\int_{-\infty}^{\infty} f(x) dx \\ &= aE(X) + b \end{aligned}$$

이산형의 경우 증명 과정이 매우 유사하므로 생략한다.

아래의 성질은 결합 확률분포 설명 후에 증명한다.

$$E(aX+bY+c)=aE(X)+bE(Y)+c \quad (X,\ Y\text{는 확률변수; } a,\ b,\ c\text{는 상수})$$

위에서 상수 c만큼 평행이동(shift)된 것을 알 수 있다. 즉, 상수 c의 평균은 c이다.

### 4.3.3. 분산(Variance)

X의 평균이 $\mu$일 때, 분산(variance, Var, $\sigma^2$)과 표준편차(standard deviation, SD, $\sigma$)는 다음과 같이 정의한다.

**Definition 4.3** 분산

$\sigma_X^2 = Var(X) = V(X) \equiv E[(X-\mu)^2]$

$\sigma_X = SD(X) \equiv \sqrt{V(X)}$

따라서

$$E[(X-\mu)^2]=\begin{cases}\sum (x_i-\mu)^2 f(x_i) & for\ discrete\ random\ variable \\ \int (x-\mu)^2 f(x)dx & for\ continuous\ random\ variable\end{cases}$$

이다.

V(X)는 다음과 같은 간편 공식으로 구할 수도 있다.

**Theorem 4.2** 분산의 간편 공식

$V(X)=E(X^2)-[E(X)]^2$

만약, 기존 확률변수 X를 이용하여 aX + b인 새로운 확률변수를 만들었다면 다음의 등식이 성립한다.

**Theorem 4.3** Variance of a function of a random variable

$V(aX+b)=a^2V(X)$ ($X$는 확률변수; $a$, $b$는 상수)

위에서 상수 b의 영향은 없으며, 상수 b의 분산은 0이다.

### 4.3.4. 왜도(Skewness)와 첨도(Kurtosis)

왜도(skewness)와 첨도(kurtosis)의 정의는 다음과 같다.

$$Skewness \equiv E[(X-\mu)^3]$$
$$Kurtosis \equiv E[(X-\mu)^4]$$

왜도(skewness)는 분포가 좌우(음의 방향, 양의 방향)로 치우진 정도를 나타내고, 첨도(kurtosis)는 분포의 뾰족한 정도를 나타낸다.

왜도의 부호는 분포의 꼬리(tail) 방향을 따른다. 즉, 왜도가 양이면 우측 꼬리가 긴 것(즉, 머리가 왼쪽으로 치우친 것)이며, 왜도가 음이라는 것은 꼬리가 왼쪽으로 길게 있다는 것이다. Skewness의 방향은 꼬리의 방향을 말한다. 즉, skewed to the right란 왜도가 양수이고, 꼬리가 오른쪽으로 길게 늘어져 있다는 뜻이다.

위 공식에 따르면, 뒤에 나올 정규분포의 첨도는 3이 된다. 하지만 SAS와 같은 많은 소프트웨어에서는 3을 뺀 값을 보여 준다. 따라서 0보다 크면 정규분포보다 퍼져 있다(꼬리가 두텁다)는 것을 의미하고, 0보다 작으면 정규분포보다 뾰족하다(꼬리가 얇다)는 것을 의미한다.

왜도와 첨도를 추정하는 공식은 여러 가지가 있으나, SAS와 SPSS에서는 다음과 같다.

$$Skewness = \frac{n\sqrt{n-1}\sum(x_i-\overline{x})^3}{(n-2)[\sum(x_i-\overline{x})^2]^{3/2}}$$
$$Kurtosis = \frac{(n+1)\sum(x_i-\overline{x})^4}{(n-1)(n-2)(n-3)[\sum(x_i-\overline{x})^2/(n-1)]^2} - \frac{3(n-1)^2}{(n-2)(n-3)}$$

R에서는 sasLM package의 `Skewness`, `Kurtosis` 함수를 쓸 수 있다. package마다 다른 공식을 쓸 수 있으니 유의한다.

# 4.4 결합 확률분포(Joint Probability Distribution), f(x, y)

## 4.4.1. 이산형 확률변수

$$f(x,y) = \begin{cases} P(X = x \wedge Y = y), & x = x_i,\ y = y_j\ (i,j = 1,2,\cdots) \\ 0 & else \end{cases}$$

위의 ∧는 논리적인 AND를 의미한다. 그냥 쉼표(,)로만 표기된 경우가 많은데, 그러면 논리적인 OR과 혼동을 일으킬 수 있어서 여기서는 ∧로 표시했다.

$$0 \le f(x,y) \le 1$$

$$\sum_{i=1}^{\infty}\sum_{j=1}^{\infty} f(x_i, y_j) = 1$$

$$P(a < X \le b \wedge c < Y \le d) = \sum_{a < x_i \le b}\ \sum_{c < y_j \le d} f(x_i,\ y_j)$$

이 경우 두 확률변수의 함수로 생성한 새로운 확률변수의 기대값은 다음과 같이 정의한다.

$$E[U(X, Y)] \equiv \sum_{i=1}^{\infty}\sum_{j=1}^{\infty} U(x_i, y_j) f(x_i, y_j)$$

## 4.4.2. 연속형 확률변수

$$P(X = x \wedge Y = y) = 0$$

$$0 \le f(x_i, y_j) < \infty$$

$$\int_{-\infty}^{\infty}\int_{-\infty}^{\infty} f(x,y)\,dy\,dx = 1$$

$$0 \le P(a < X < b \wedge c < Y < d) = \int_a^b \int_c^d f(x,y)\,dy\,dx \le 1$$

이 경우 두 확률변수의 함수로 생성한 새로운 확률변수의 기대값은 다음과 같이 정의한다.

$$E[U(X,Y)] \equiv \int_{-\infty}^{\infty}\int_{-\infty}^{\infty} U(x,y)f(x,y)dydx$$

통계학에서는 적분의 순서를 바꾸어도 차이가 없는 경우를 다루며, 이것과 몇몇 조건들을 추가하여 regularity condition이라고 부른다. 통계학의 많은 정리(theorem)는 regularity condition이 만족될 때 성립한다. 자세한 것은 이론통계 책들을 참고한다.

## 4.5 주변 확률분포(Marginal Probability Distribution)

관심의 대상이 되는 확률변수를 제외한 나머지 확률변수들을 전 정의역에서 summation(이산형)/integration(연속형)을 하여 제거한 것을 말한다.

### 4.5.1. 이산형 확률변수

확률변수 X의 marginal distribution function, $f_1(x)$는 다음과 같다.

$$f_1(x) = \sum_{j=1}^{\infty} f(x,y_j)$$

즉, joint distribution function f(x, y)에서 y를 summate out시킨다.
확률변수 Y의 marginal distribution function, $f_2(y)$는 다음과 같다.

$$f_2(y) = \sum_{i=1}^{\infty} f(x_i,y)$$

즉, joint distribution function f(x, y)에서 x를 summate out시킨다.
$f_1(x)$와 $f_2(y)$를 각각 $f_X(x)$, $f_Y(y)$ 라고도 쓴다.

### 4.5.2. 연속형 확률변수

확률변수 X의 marginal distribution function, $f_1(x)$는 다음과 같다.

$$f_1(x) = \int_{-\infty}^{\infty} f(x,y)dy$$

즉, joint distribution function f(x, y)에서 y를 integrate out시킨다.

확률변수 Y의 marginal distribution function, $f_2(y)$는 다음과 같다.

$$f_2(y) = \int_{-\infty}^{\infty} f(x,y)dx$$

즉, joint distribution function f(x, y)에서 x를 integrate out시킨다.

## 4.6 조건부 확률분포(Conditional Probability Distribution)

조건부 확률분포란 어느 한 확률변수가 특정값인 상태에서 다른 확률변수의 확률분포를 의미한다.

### 4.6.1. 이산형 확률변수

$$f(x|y) = P(X=x|\,Y=y) \equiv \frac{P(X=x \wedge Y=y)}{P(Y=y)} = \frac{f(x,y)}{f_2(y)}$$

$$f(y|x) = P(Y=y|X=x) \equiv \frac{P(X=x \wedge Y=y)}{P(X=x)} = \frac{f(x,y)}{f_1(x)}$$

위에서 분모는 모두 주변 확률분포로부터 계산한 값(value)이다.

### 4.6.2. 연속형 확률변수

$$f(x|y) = \frac{f(x,y)}{f_2(y)}$$

$$f(y|x) = \frac{f(x,y)}{f_1(x)}$$

위에서 분모는 모두 주변 확률분포로부터 계산한 값(value)이다.

## 4.7 공분산(Covariance)과 상관계수(Correlation Coefficient)

두 개의 확률변수 X, Y가 있을 때, 공분산(covariance, COV)과 상관계수(correlation coefficient, CORR)는 다음과 같이 정의한다.

$$COV(X,Y) = E[(X-\mu_X)(Y-\mu_Y)] = \iint (x-\mu_X)(y-\mu_Y)\,f(x,\,y)dydx$$

$$-1 \le CORR(X,Y) \equiv \frac{COV(X,Y)}{SD(X)SD(Y)} = \frac{COV(X,Y)}{\sigma_X\ \sigma_Y} \le 1$$

COV(X, Y)의 간편 공식은 다음과 같다.

$$COV(X,Y) = E(XY) - E(X)E(Y)$$

확률변수의 함수로 새로운 확률변수들이 생긴 경우 기본적인 공식은 다음과 같다.

$$COV(aX+b, cY+d) = ac\,COV(X,Y)$$

$$CORR(aX+b, cY+d) = sign(ac)\,CORR(X,Y)$$

위의 `sign` 함수는 입력값이 양수이면 +1, 음수이면 −1을 return하는 함수이다. 입력값이 0이면 0을 return한다.

이제 두 확률변수를 더하거나 빼는 경우에 대한 공식을 쓰면 다음과 같다.

$$V(aX \pm bY \pm c) = a^2 V(X) + b^2 V(Y) \pm 2abCOV(X, Y) \ double \ signs \ in \ same \ order$$

위에서 상수 c는 영향이 없다(평균의 경우에는 상수 c만큼 shift되었다).

## 4.8 두 확률변수의 독립(Independency)

두 확률변수가 서로 독립이라는 것은 다음 조건을 만족할 때로 정의한다.

$$f(x,y) = f_1(x)f_2(y)$$

위의 $f_1(x)$와 $f_2(y)$는 각각 X와 Y의 marginal distribution function이다.
위에 따라서 독립인 경우 다음의 공식이 성립된다.

$$COV(X, Y) = E(XY) - E(X)E(Y) = 0$$
$$E(XY) = E(X)E(Y)$$

즉, 독립이면 공분산과 상관계수는 0이다. 하지만 그 역이 항상 성립하는 것은 아니다. 즉, 공분산이나 상관계수가 0이더라도 독립은 아닐 수 있다.

만약 두 확률변수 X, Y가 독립이라면 앞의 공식을 단순화하여 다음의 공식이 성립한다.

$$V(X \pm Y) = V(X) + V(Y)$$

## 4.9 두 확률변수의 합(X+Y)의 기대값과 분산

**Theorem 4.4** Expectation of sum of two random variables
$E(aX + bY + c) = aE(x) + bE(Y) + c$

[증명] 연속형의 경우(이산형은 이와 매우 유사하므로 생략)

$$\begin{aligned} E(aX+bY+c) &= \iint (ax+by+c)f(x,y)dxdy \\ &= a\iint xf(x,y)dxdy + b\iint yf(x,y)dxdy + c\iint f(x,y)dxdy \\ &= aE(X)+bE(Y)+c \end{aligned}$$

**Theorem 4.5** Variance of sum of two random variables

$V(aX+bY+c) = a^2V(X)+b^2V(Y)+2abCOV(X,Y)$

[증명] 이 경우에는 연속형과 이산형을 따로 할 필요가 없다.

$$\begin{aligned} V(aX+bY+c) &= E[\{(ax+by+c)-(a\mu_X+b\mu_Y+c)\}^2] \\ &= E[a^2(x-\mu_X)^2]+E[b^2(y-\mu_Y)^2]+E[2ab(x-\mu_X)(y-\mu_Y)] \\ &= a^2V(X)+b^2V(Y)+2abCOV(X,Y) \end{aligned}$$

위의 두 정리만 잘 이용하면 기초통계에 나오는 대다수의 공식을 증명하거나 이해할 수 있다.

## 4.10 확률변수들의 선형 결합(선형 변환)으로 생긴 확률변수의 확률밀도함수

다음은 기존의 확률변수 X, Y를 행렬 A, $\begin{bmatrix} a & b \\ c & d \end{bmatrix}$를 이용하여 변환한 확률변수 U, V의 확률밀도함수를 구하는 방법이다.

$$\begin{bmatrix} U \\ V \end{bmatrix} = \begin{bmatrix} a & b \\ c & d \end{bmatrix}\begin{bmatrix} X \\ Y \end{bmatrix}$$

$f(x,y) = f(\begin{bmatrix} x \\ y \end{bmatrix})$로부터 새로운 확률밀도 함수 $g(u,v) = g(\begin{bmatrix} u \\ v \end{bmatrix})$는 다음과 같이 구할 수 있다.

$$\begin{bmatrix} X \\ Y \end{bmatrix} = \begin{bmatrix} a\ b \\ c\ d \end{bmatrix}^{-1} \begin{bmatrix} U \\ V \end{bmatrix}$$

위 관계식에 나온 A의 역행렬이 Jacobian matrix가 되며, 이 Jacobian matrix의 determinant를 J라 하면, 위 변환식을 $f(x,y)$에 대입하여 $u,v$에 대한 함수로 바꾼 다음 J의 절대값을 곱해 주면 된다. 즉,

$$g(\begin{bmatrix} u \\ v \end{bmatrix}) = f(A^{-1}\begin{bmatrix} u \\ v \end{bmatrix})|J|$$

뒤에 Jacobian matrix의 determinant의 절대값을 곱해 주는 이유는 변수 변환에 의해 전체적분값이 1이 되지 않을 수 있기 때문에 변환에 의한 면적비를 곱해 주어서 전체 적분값이 1이 되도록 해 주는 것이다.

위의 관계식을 이용하여 앞의 두 확률변수의 합에 관한 정리들을 증명할 수도 있다.

## 4.11 두 확률변수의 곱(XY)의 기대값

두 연속형 확률변수의 곱인 XY의 분산은 어떻게 계산할까?

분산의 정의와 기대값의 정의에 따르면 다음과 같고,

$$V(XY) = E[(XY - \mu_{XY})^2] = \int_{-\infty}^{\infty}\int_{-\infty}^{\infty}(xy - \mu_{XY})^2 f(x,y)dydx$$

$$\mu_{XY} = E(XY) = \int_{-\infty}^{\infty}\int_{-\infty}^{\infty} xyf(x,y)dydx$$

간편 공식을 쓰면 다음과 같다.

$$V(XY) = E(X^2Y^2) - E(XY)^2$$

독립이 아닌 경우를 감안한 일반적인 경우에 위를 더 푸는 것이 생각보다 상당히 복잡한데, 독립인 경우에는 다음과 같이 단순화된다.

$$\begin{aligned} V(XY) &= E(X^2)E(Y^2) - E(X)^2E(Y)^2 \\ &= [E(X)^2 + V(X)][E(Y)^2 + V(Y)] - E(X)^2E(Y)^2 \\ &= E(X)^2V(Y) + E(Y)^2V(X) + V(X)V(Y) \end{aligned}$$

위에서 독립이 아닌 경우나 두 확률변수의 나누기인 X/Y의 기대값과 분산 계산이 필요한 사람은 Mood, Graybill, Boes의 『Introduction to the Theory of Statistics』 3판 p.180－181을 참고할 수 있다.

## 4.12 우도(Likelihood)

pdf 또는 pmf를 f(x)라 하면 우도는 다음과 같이 정의된다.
관찰값들이 $x_i$일 때,

$$L = \prod_{i=1}^{n} f(x_i)$$

**[예시]** $X_1, X_2, \cdots, X_n \overset{i.i.d}{\sim} N(\mu, \sigma^2)$일 때, $\mu$와 $\sigma^2$을 MLE에 의해 구해 보시오.

## 4.13 맺음말

어떤 사람이 두 손에 돈을 감추고 있는데, 금액의 비율은 1:2이다. 만약 어느 한 손을 골랐을 때, 그 손의 돈을 X라 하면 다른 손에 가진 돈의 기대값을 다음과 같이 계산할 수 있다.

다른 손의 금액은 $\frac{1}{2}X$이거나 $2X$가 되고, 각각의 확률은 0.5라 할 수 있다.

$$0.5 \times 2X + 0.5 \times \frac{1}{2}X = 1.25X$$

즉, 자기가 택한 손보다 많은 돈이 반대쪽 손에 있다고 기대가 되고, 바꾸는 것이 합리적인 선택이 된다. 하지만 이것은 반대쪽 손의 입장에서 봐도 마찬가지라는 것을 직관적으로 알 수 있다.

따라서 이때의 확률이나 기대값의 개념이 단순하지 않으며, 우도와 혼재되어 있다는 것을 알 수 있다. 이것은 널리 알려진 문제이고, 다음 책 p.106-108에서 자세히 설명하고 있다.

- Lee, Y., Nelder, J. A., & Pawitan, Y. (2017). Generalized Linear Models with Random Effects. 2e. Chapman & Hall/CRC.

# 연습문제

1 다음 수식들의 우변에서 $X$, $X_i$, $Y$는 확률변수이며, 나머지는 상수이다. 아래 식의 우변을 확률변수의 함수라고 할 수 있는가? 또한 좌변인 $V$, $\overline{X}$, $S^2$를 확률변수라고 할 수 있는가?

$$V = aX + bY + c$$

$$V = (X - \mu_X)(Y - \mu_Y)$$

$$\overline{X} = \frac{X_1 + X_2 + \cdots + X_n}{n}$$

$$S^2 = \frac{\sum_1^n (X_i - \overline{X})^2}{n-1}$$

2 다음 결합밀도함수(joint density function)를 이용하여 각각의 주변밀도함수(marginal density function)를 구하고, 두 확률변수가 독립인지 확인하시오.

(a) $f(x,y) = e^{-x-y}$, $0 < x < \infty$, $0 < y < \infty$

(b) $f(x,y) = x + y$, $0 < x < 1$, $0 < y < 1$

3 위 두 함수의 공분산(covariance)을 구하시오.

4 $X \sim N(10, 2^2)$, $Y \sim N(20, 3^2)$이다. 다음의 문제를 공식을 이용해서 풀어 보시오.

(a) 두 확률변수가 독립일 때 $X + Y$, $X - Y$의 density를 $X$, $Y$의 density와 함께 하나의 plot에 나타내시오.

(b) 두 확률변수의 공분산이 5일 때, $X + Y$, $X - Y$의 density를 $X$, $Y$의 density와 함께 하나의 plot에 나타내시오.

(c) 두 확률변수의 공분산이 -5일 때, $X + Y$, $X - Y$의 density를 $X$, $Y$의 density와 함께 하나의 plot에 나타내시오.

**5** 위의 문제를 시뮬레이션으로 풀어 보시오. 참고로 난수 발생은 각 2,000개로 하며, density의 최대값은 0.25를 넘지 않는다. `MASS::mvrnorm`을 사용하면 편리하다.

# 05 확률분포

# 05 확률분포(Probability Distribution)

## 5.1 이산형 확률분포(Discrete Probability Distribution)

아래에서 확률질량함수(pmf)를 pdf로 통칭하였다.

### 5.1.1. 이산형 균일분포(discrete uniform distribution)

$$f(x) = \frac{1}{n},\ \ x = 1, 2, \cdots, n$$

```
sample(1:n, 1)
```

### 5.1.2. 베르누이 분포(Bernoulli distribution)

$$f(x) = \begin{cases} p, & x = 1 \\ 1 - p, & x = 0 \end{cases}$$

```
p = 0.3
as.numeric(runif(1) < p)
```

### 5.1.3. 이항 분포(binomial distribution)

확률변수 X: 1회 시행 시 성공확률이 p이고, n회 독립적으로 시행할 때 성공한 횟수

$$f(x) = \binom{n}{x} p^x (1-p)^{n-x}, \quad x = 0, 1, 2, \cdots, n$$

위에서 $\binom{n}{x}$는 n개 중에 x개를 순서 없이 뽑는 경우의 수(조합, combination)를 의미한다. $nCr$이라고도 쓴다.

R에서 combination 함수는 `choose`이다.

$$X \sim B(n, p)$$
$$E(X) = np$$
$$V(X) = np(1-p)$$

R에서 pdf는 `dbinom`이다.

R에서 cdf는 `pbinom`이다.

R에서 cdf의 역함수(inverse function)는 `qbinom`이다.

R에서 `rbinom`으로 이항 분포를 따르는 난수를 구할 수 있다.

R에서는 분포 이름 앞에 d, p, q, r을 붙여서 함수의 역할을 구분하고 있다. 즉, d로 시작하면 pdf, p로 시작하면 cdf, q로 시작하면 cdf의 역함수, r로 시작하면 난수 발생 함수이다.

이항 분포는 n이 크고, np가 5 이상일 때는 $N(np, np(1-p))$를 따르는 정규분포로 근사할 수 있고, n이 크지만 p가 매우 작아서 np와 np(1−p)가 비슷한 경우에는 $P(np)$인 포아송 분포로 근사할 수 있다. 하지만 이것은 컴퓨터 없이 계산하는 경우에 적용되며, 컴퓨터로 계산이 가능한 경우에는 근사를 하지 않는 것이 더 좋다.

### 5.1.4. 포아송 분포(Poisson distribution)

$$f(x) = \frac{e^{-m} m^x}{x!}$$
$$X \sim P(m)$$

$$E(X) = V(X) = m$$

R의 관련 함수는 `dpois`, `ppois`, `qpois`, `rpois`이다.

평균이 $m_1$과 $m_2$인 포아송 분포를 따르는 두 독립 확률변수를 더하면 평균이 $m_1 + m_2$인 포아송 분포를 따르게 된다. 차는 그렇지 않다. 둘이 독립이면 차는 Skellam distribution을 따른다.

### 5.1.5. 초기하 분포(hypergeometric distribution)

확률변수 X: 크기가 N인 유한 모집단에서 n개를 비복원 무작위 추출 시 원하는 특성을 가진 것의 개수 크기가 N인 유한 모집단에 M개가 원하는 속성을 가진 경우 pdf는 다음과 같다.

$$f(x) = \frac{\binom{M}{x}\binom{N-M}{n-x}}{\binom{N}{n}}$$

$$E(X) = np, \;\; p = M/N$$

$$V(X) = np(1-p)\frac{N-n}{N-1}$$

R의 관련 함수는 `dhyper`, `phyper`, `qhyper`, `rhyper`이다.

### 5.1.6. 기하 분포(geometric distribution)

확률변수 X: 성공확률이 p로 일정한 독립시행에서 첫 번째 성공이 발생하기까지 시행한 횟수

$$f(x) = (1-p)^{x-1}p, \;\; x = 1, 2, \cdots$$

R의 관련 함수는 `dgeom`, `pgeom`, `qgeom`, `rgeom`이다.

### 5.1.7. 음이항 분포(negative binomial distribution)

확률변수 X: 성공확률이 p로 일정한 독립시행에서 r번 성공할 때까지 시행한 횟수

$$f(x) = \binom{x-1}{r-1} p^r (1-p)^{x-r}, \quad x = r, r+1, \cdots$$

R의 관련 함수는 `dnbinom`, `pnbinom`, `qnbinom`, `rnbinom`이다.

### 5.1.8. 다항 분포(multinomial distribution)

속성의 종류가 다수인 개체들로 이루어진 무한 모집단에서 n번의 독립적인 추출을 하였을 때의 결합 확률분포

$$f(x_1, x_2, \cdots, x_k) = P(X_1 = x_1, X_2 = x_2, \cdots, X_k = x_k) = \frac{n!}{x_1! x_2! \cdots x_k!} p_1^{x_1} p_2^{x_2} \cdots p_k^{x_k}$$

$$p_1 + p_2 + \cdots + p_k = 1, \quad x_1 + x_2 + \cdots + x_k = n, \quad 0 \le x_i \le n$$

$$E(X_i) = np_i$$

$$V(X_i) = np_i(1-p_i)$$

R의 관련 함수는 `dmultinom`, `rmultinom`이다.

## 5.2 연속형 확률분포(Continuous Probability Distribution)

각 분포들의 모양은 Wikipedia 혹은 R에서 그려서 확인하는 것이 좋다.

### 5.2.1. 연속형 균일분포(continuous uniform distribution)

$$f(x) = \frac{1}{\theta_2 - \theta_1}, \quad \theta_1 \le x \le \theta_2$$

$$E(X) = \frac{\theta_1 + \theta_2}{2}$$

$$V(X) = \frac{(\theta_2 - \theta_1)^2}{12}$$

관련 R 함수는 `dunif`, `punif`, `qunif`, `runif`이다.

### 5.2.2. 정규분포(normal distribution)

$$f(x) = \frac{1}{\sqrt{2\pi\sigma^2}} \exp[-\frac{(x-\mu)^2}{2\sigma^2}], \quad -\infty < x < \infty$$

$$E(X) = \mu$$

$$V(X) = \sigma^2$$

관련 R 함수는 `dnorm`, `pnorm`, `qnorm`, `rnorm`이다.

정규분포 확률밀도함수 앞의 상수는 전체 적분값이 1이 되도록 보정해 준 것이다.

$X_1 \sim N(\mu_1, \sigma_1^2)$이고 $X_2 \sim N(\mu_2, \sigma_2^2)$일 때 둘의 합/차는 역시 정규분포이다.

$$X_1 + X_2 \sim N(\mu_1 + \mu_2, \sigma_1^2 + \sigma_2^2 + 2COV(X_1 + X_2))$$

정규분포에서 특히 평균이 0이고, 분산이 1인 정규분포를 표준정규분포(standard normal distribution)라고 한다.

### 5.2.3. 지수 분포(exponential distribution)

$$f(x) = \lambda e^{-\lambda x}, \quad 0 < x < \infty$$

$$E(X) = 1/\lambda$$

$$V(X) = 1/\lambda^2$$

관련 R 함수는 `dexp`, `pexp`, `qexp`, `rexp`이다.

위는 R에서의 형식으로 표현한 것이고, 많은 책에서는 $\lambda$ 대신 $1/\beta$를 사용한다.

뒤에 더 자세히 나오지만, 위에서 $\lambda = \frac{1}{2}$ 또는 $\beta = 2$이면 자유도가 2인 카이제곱 분포와 같아진다.

### 5.2.4. 감마 분포(gamma distribution)

$$f(x) = \frac{1}{\Gamma(\alpha)\beta^{\alpha}} x^{\alpha-1} e^{-x/\beta}, \ 0 < x < \infty$$
$$E(X) = \alpha\beta$$
$$V(X) = \alpha\beta^2$$

위의 $\Gamma$ 함수는 factorial 함수의 정의역을 실수로 확장하되 $\Gamma(x) = (x-1)!$이 되도록 한 것이다(수학에서는 정의역을 복소수 영역까지 확장할 수 있으나, 통계학에서는 실수만 쓴다).

관련 R 함수는 `dgamma`, `pgamma`, `qgamma`, `rgamma`이다.

독립적이고 동일한(independent and identically distributed, iid) 지수 분포($\lambda = 1/\theta$)를 n개 더하면 감마 분포를 따른다. 즉,

$$\sum X_i \sim \Gamma(n, \theta), \ \ X_i \overset{i.i.d}{\sim} \text{Exp}(1/\theta)$$

### 5.2.5. 카이제곱 분포(chi-square distribution)

$$f(x) = \frac{1}{\Gamma(\nu/2)2^{\nu/2}} x^{\frac{\nu}{2}-1} e^{-\frac{x}{2}}, \ 0 < x < \infty$$
$$E(X) = \nu$$
$$V(X) = 2\nu$$

카이제곱 분포는 감마 분포에서 $\alpha$를 $\nu/2$, $\beta$를 2로 단순화한 분포이다.

관련 R 함수는 `dchisq`, `pchisq`, `qchisq`, `rchisq`이다.

표준정규분포($N(0,1^2)$)를 따르는 n개의 독립적인 확률변수를 더하면 $\nu = n$인 카이제곱 분포를 따른다. 즉,

$$\sum_{i=1}^{n} Z_i^2 \sim \chi^2(n),\ \ Z_i \overset{i.i.d}{\sim} N(0,1^2)$$

카이제곱 분포를 pdf를 이용해서 정의할 수도 있고, 표준정규분포를 따르는 $Z_i$들의 제곱합으로 정의할 수도 있다. 전자의 경우에는 $\nu$가 모든 양수값을 가질 수 있지만, 후자의 경우에는 정수값만을 가지게 된다. 후자와 관련해서 $\nu$를 자유도(degree of freedom)라 한다.

자유도 $k_1$과 $k_2$인 카이제곱 분포를 따르는 두 독립 확률변수를 더하면 자유도 $k_1 + k_2$인 카이제곱 분포를 따른다.

카이제곱 분포에서 자유도가 2이면 지수 분포($\beta = 2$ 또는 $\lambda = 1/2$)가 된다.

따라서 다음과 같은 관계가 성립한다.

```
p = seq(0, 1, by=0.01)
all.equal(qchisq(p, 2), -2*log(1 - p)) # Testing qchisq(p, 2) == -2*log(1 - p)
```

```
[1] TRUE
```

```
all(qchisq(p, 2) == -2*log(1 - p))                    # Wrong coding
```

```
[1] FALSE
```

```
all(zapsmall(qchisq(p, 2) - -2*log(1 - p)) == 0)        # Another wrong coding
```

```
[1] FALSE
```

위의 `all(qchisq(p, 2) == -2*log(1 - p))`가 잘못된 코딩인 이유는 float point arithmetic에서는 equality를 test하지 않고 차이가 얼마 이내인지만 test해야 하기 때문인데, 더 자세한 것은 Scientific Computation Using R (http://r.acr.kr) 1장이나 『What every computer scientist should know about floating-point arithmetic』 문헌을 참고한다.

위 식이 성립하는 이유는 연속형 균일분포(연속형 일양 분포)의 $-2\log$ 변환이 지수 분포를 따르기 때문이다. 유도 수식은 수리통계학의 확률변수의 함수(functions of random variable) 부분 또는 시뮬레이션 교재의 inverse transformation method를 참고한다.

위의 성질을 이용하여 기존 연구들의 단측 p-value를 구하여 병합한 p-value를 구할 수 있게 된다. 이는 meta-analysis의 가장 기초적인 분석법이다.

```
metaP = function(one.sided.p)
{
  ChiSq = -2*sum(log(one.sided.p))
  p.value = 1 - pchisq(ChiSq, 2*length(one.sided.p))
  return(c(ChiSq=ChiSq, p.value=p.value))
}
metaP(c(0.3279, 0.0859, 0.1254, 0.0723, 0.1025))
```

```
      ChiSq      p.value
21.10137665   0.02039765
```

### 5.2.6. 베타 분포(beta distribution)

$$f(x) = \frac{x^{\alpha-1}(1-x)x^{\beta-1}}{B(\alpha,\beta)},\ \ 0 \le x \le 1,\ \ \alpha,\beta > 0$$

$$E(X) = \frac{\alpha}{\alpha+\beta}$$

$$V(X) = \frac{\alpha\beta}{(\alpha+\beta)^2(\alpha+\beta+1)}$$

$\beta$ 함수는 $\Gamma$ 함수와 다음의 관계가 있다.

$$B(\alpha,\beta) = \frac{\Gamma(\alpha+\beta)}{\Gamma(\alpha)\Gamma(\beta)}$$

관련 R 함수는 `dbeta`, `pbeta`, `qbeta`, `rbeta`이다.

대부분의 분포들은 서로 관련되어 있다. 검색하여 확인해 본다.

# 5.3 표본분포(Sample Distribution)

표본과 관련이 깊은 분포들로 t 분포, 카이제곱 분포, F 분포 등이 있다. 이 세 가지 분포는 모두 연속형 분포이다.

## 5.3.1. 통계량(statistic)

관심의 대상이 되는 집단을 모집단(population)이라 하며, 모집단에 대한 전수조사가 어려운 경우가 많으므로 일부를 추출하여 관측하게 된다.

흔히 무한 모집단과 독립 표본을 가정하지만, 실제로는 그 가정이 맞지 않는 경우가 많다. 유한 모집단에서 비복원 추출이면 서로 독립일 수 없으며, 유한 모집단에서 독립 표본을 구하려면 복원 추출이어야 한다.

추출된 일부를 표본(sample)이라고 하며, 표본으로부터 계산된 값을 이용하여 모집단의 특성(평균, 분산, 비율, 발생율 등)을 추론(inference)하게 된다. 통계학에서는 실험이 행해지기 전에 이러한 실험값을 담을 확률변수(random variable)를 미리 마련해 놓고 이것의 특성(표준오차 등)을 연구해 놓았다. 실험이 행해지기 전에는 확률변수로만 다루고, 실험이 행해진 뒤에는 값(value)으로서 다루게 된다. 전자는 알파벳 대문자로 표기하고, 후자는 알파벳 소문자로 표기한다.

통계량은 추론(inference)에 유용하게 사용되는 확률변수(RV)로서 대표적인 것으로 표본평균, 표본분산, 표본상관계수, 표본비율 등이 있다. 이러한 것들은 모두 표준편차(SD)를 가지고 있는데, 통계량의 표준편차를 특별히 다른 확률변수의 표준편차와 구분하기 위해 표준오차(standard error)라고 부른다. 추론(inference)에는 추정(estimation)과 검정(test)이 있는데, 추정의 대상은 모수(parameter)이고, 검정의 대상은 가설(hypothesis)이다. 다른 말로 하면 추론에는 모수 추정(parameter estimation)과 가설 검정(hypothesis test)이 있다고 할 수 있다. 추정(estimation)에 사용되는 통계량을 추정량(estimator, 추정 통계량의 준말)이라 하며, 검정에 사용되는 통계량을 검정 통계량(test statistic, 이것을 검정량이라고 줄여서 부르지는 않는다.)이라 한다. 추정량과 검정 통계량은 모두 확률변수인데, 실험이 행해진 후 값으로 채워지게 되면 추정값(estimate, 추정치)과 검정 통계값(value of test statistic, 검정 통계치)이라 한다.

### 5.3.2. 표본평균(sample mean)과 표본분산(sample variance)

표본의 크기가 n인 표본의 표본평균과 표본분산은 다음과 같이 정의한다.

$$\text{표본평균: } \overline{X} \equiv \frac{\sum_{i=1}^{n} X_i}{n}$$

$$\text{표본분산: } S^2 \equiv \frac{\sum_{i=1}^{n} (X_i - \overline{X})^2}{n-1}$$

위의 표본분산 식에서 n으로 나누지 않고 n − 1로 나눈 것은 편의(bias)를 없애기 위한 것이다. 즉, $E(S^2)$이 $\sigma^2$이 되게 하기 위해서이다. 만약 n으로 나누게 되면 $E(S^2)$은 $\sigma^2$이 되지 않는다. 반면, n − 1로 나누어도 $E(S)$는 $\sigma$가 되지 않는다. 즉, S는 $\sigma$의 편의 추정량(biased estimator)이다.

이 절의 제목인 표본분포(sample distribution)는 표본으로부터 계산되는 통계량의 확률분포를 의미한다.

크기가 n인 표본평균의 평균과 표준편차는 모집단의 평균이 $\mu$이고 분산이 $\sigma^2$일 때 모집단의 분포와 상관없이 다음과 같다.

$$E(\overline{X}) = \mu$$

$$V(\overline{X}) = \frac{\sigma^2}{n}$$

$$SD(\overline{X}) = \frac{\sigma}{\sqrt{n}}$$

만약 $X_i$들의 분포가 정규분포이면 $\overline{X}$의 분포도 정규분포가 되며, 만약 n이 30 이상이면 중심극한정리(central limit theorem)에 의해 모집단의 분포와 상관없이 $\overline{X}$는 정규분포에 근사할 수 있다.

즉,

$X_i \overset{i.i.d}{\sim} N(\mu, \sigma^2)$이면

$\overline{X} \sim N(\mu, \sigma^2/n)$ 또는

$\dfrac{\overline{X}-\mu}{\sigma/\sqrt{n}} \sim N(0,1^2)$ 이다.

이는 $X \sim N(\mu, \sigma^2)$일 때 $(X-\mu)/\sigma \sim N(0,1^2)$을 이용한 것이며, 만약 n이 30 이상이면 위 첫 줄의 분포가 정규분포가 아니더라도 다음 두 줄을 근사적(점근적, asymptotically)으로 쓸 수 있다.

만약 위 식 중 모분산($\sigma^2$)을 모르면 표본분산($S^2$)을 쓰게 되는데, 이때는 $\overline{X}$의 분포는 t-분포를 따른다.

$$\frac{\overline{X}-\mu}{S/\sqrt{n}} \sim t(n-1)$$

t-분포에 대해서는 이후에 설명한다.

### 5.3.3. 표본비율(sample proportion)의 정규근사

표본비율(x/n)도 n이 큰 경우에 정규근사할 수 있으나, 요즘은 컴퓨팅의 발달로 좀 더 정확하게 신뢰구간(confidence interval)을 구할 수 있으므로 정규근사는 불필요하다.

### 5.3.4. 카이제곱 분포(chi-square distribution)

카이제곱 분포를 연속형 분포인 감마 분포의 단순화로 생각할 수 있고, 그 경우에는 자유도(n)가 모든 양의 실수값을 가질 수 있었다. 정규분포를 이용해서도 자유도가 정수인 카이제곱 분포를 정의할 수 있는데, 다음과 같다.

$Z_i \overset{i.i.d}{\sim} N(0,1^2)$일 때

$V = \sum_{i=1}^{n} Z_i^2$이라 하면

$V \sim \chi^2(n)$이다.

시뮬레이션을 통해 위 결과를 확인해 볼 수 있다.

카이제곱 분포는 다음과 같이 가법성을 가지고 있다.

$V_1 \sim \chi^2(k_1)$, $V_2 \sim \chi^2(k_2)$이면

$V_1 + V_2 \sim \chi^2(k_1 + k_2)$이다.

이를 이용하여 다음을 증명할 수 있다.

$$\frac{(n-1)S^2}{\sigma^2} \sim \chi^2(n-1)$$

즉, 표본분산을 위와 같이 약간 변형하면 카이제곱 분포를 따르며, 이를 이용하여 모분산에 대한 신뢰구간을 구할 수 있다.

(귀무 가설하의) 기대값이 0인 확률변수들의 제곱합은 점근적으로(asymptotically, n이 커질수록 점점 더) 카이제곱 분포를 따른다. 이를 이용한 카이제곱 검정들이 많다.

카이제곱 분포의 정의상 다음의 두 값은 같다.

```
c(qnorm(1 - 0.05/2)^2, qchisq(1 - 0.05, 1))
```

```
[1] 3.841459 3.841459
```

### 5.3.5. t 분포(t distribution)

t 분포는 수학 함수를 pdf로 해서 정의할 수도 있지만, 다음과 같이 정의할 수도 있다.

$Z \sim N(0, 1^2)$이고 $V \sim \chi^2(k)$일 때

$T = \dfrac{Z}{\sqrt{V/k}}$ 라고 확률변수를 구성하면 T가 따르는 분포를 자유도 k인 t 분포라 한다. 즉,

$T \sim t(k)$이다.

t 분포는 자유도가 점점 커질수록 표준정규분포에 가까워진다(즉, 극한 분포는 정규분포이다). 자유도가 1인 t 분포는 특별히 코쉬 분포(Cauchy distribution)라 부르는데, 이는 이

상하게도 평균과 분산이 유한한 값이 아니다.

Basu의 정리에 따르면, $X_i$들이 정규분포를 따를 때 $\overline{X}$와 $S^2$은 독립이다.

이를 이용하면 다음과 같은 변형으로 $\frac{\overline{X}-\mu}{S/\sqrt{n}}$이 자유도 n − 1인 t 분포를 따름을 알 수 있다.

$$\frac{\overline{X}-\mu}{S/\sqrt{n}} = \frac{(\overline{X}-\mu)/(\frac{\sigma}{\sqrt{n}})}{\sqrt{\frac{(n-1)S^2}{\sigma^2}/(n-1)}} = \frac{Z}{\sqrt{V/(n-1)}} \sim t(n-1)$$

위의 t 분포를 student t distribution이라고도 부른다.

### 5.3.6. F 분포(F distribution)

F 분포도 수학 함수인 pdf를 이용해서 정의할 수도 있지만(자유도는 양의 실수), 다음과 같이 정의할 수도 있다.

> $V_1 \sim \chi^2(k_1)$이고 $V_2 \sim \chi^2(k_2)$일 때, 이들로 다음과 같이 만들어진 새로운 확률변수 F가 따르는 분포가 F 분포이다.
>
> $$F = \frac{V_1/k_1}{V_2/k_2} \sim F(k_1, k_2)$$

즉, F 분포는 자유도 2개를 모수(parameter)로 갖는 분포이다. 분자와 분모가 바뀌면 자유도의 순서도 바뀐다.

이 분포는 분산의 비에 대한 신뢰구간을 추정하거나 두 분산의 비가 유의하게 1과 다른지(즉, 두 분산이 다른지)를 검정하는 데 사용할 수 있다.

정의에 의해 자유도 k인 t 분포를 따르는 확률변수 T를 제곱하면 F(1, k)인 F 분포를 따름을 알 수 있다.

즉,

> $T \sim t(k)$이면 $T^2 \sim F(1,k)$이다.

### 5.3.7. F 분포의 극한분포로서 카이제곱 분포

$$X \sim F(q, n-p)q \overset{n \to \infty}{\sim} \chi^2(q)$$

위에서 N은 관찰값(observation) 개수이다. 아래는 그 예시를 계산하여 보여 주는 것이다.

```
x = 1:10                          # quantiles
n = 108                           # number of observed records
p = 7
q = 1
1 - pchisq(x, q)                  # when you use chi-square distribution
```

```
[1] 0.31731 0.15730 0.08326 0.04550 0.02535 0.01431 0.00815 0.00468 0.00270 0.00157
```

```
1 - pf(x/q, q, n - p)             # when you use F distribution
```

```
[1] 0.31970 0.16037 0.08632 0.04819 0.02755 0.01603 0.00945 0.00564 0.00340 0.00207
```

이제 q가 2인 경우의 p-value를 계산하면 다음과 같다.

```
q = 2                             # quantiles
1 - pchisq(x, q)                  # when you use chi-square distribution
```

```
[1] 0.60653 0.36788 0.22313 0.13534 0.08208 0.04979 0.03020 0.01832 0.01111 0.00674
```

```
1 - pf(x/q, q, n - p)             # when you use F distribution
```

```
[1] 0.60653 0.36788 0.22313 0.13534 0.08208 0.04979 0.03020 0.01832 0.01111 0.00674
```

위에서 보듯이 F 분포를 이용하는 것이 더 보수적이다. 예를 들어, 위의 경우를 보면 유의수준 0.05에서 q가 2이면서 quantile(x)가 6일 때 카이제곱 분포로는 p-value가 0.05보다 작고, F 분포로는 p-value가 0.05보다 크다.

어떤 분포의 극한분포(limiting distribution)가 다른 분포가 되는 경우가 많다. 그런데 n이 충분히 크지 않은 데도 불구하고 별다른 생각 없이 극한분포를 사용하는 경우가 있다. 이것은 바람직하지 않고, 좀 더 정확한 분포를 사용할 것을 권한다.

#### 5.3.7.1. 비심 분포들(non-central distributions)과 표본 크기(sample size)

앞의 t 분포 정의에서 분자의 Z는 평균이 0이다. 평균이 0이 아닌 경우도 생각할 수 있는데, 이 분포를 비심 t 분포(non-central t distribution)라 한다.

카이제곱 분포에서도 평균이 0이 아닌 정규분포 확률변수를 이용해서 만드는 것을 생각할 수 있는데, 이것도 비심 카이제곱 분포(non-central chi-square distribution)라 한다.

F 분포도 비심도(non-centrality)를 생각할 수 있으며, R에서는 pt, pchisq, pf 등에 모두 ncp라는 non-centrality parameter를 줄 수 있게 되어 있다(기본값은 0).

귀무 가설(null hypothesis)하에서는 (꼭 그런 것은 아니지만) 대개 central distribution을 사용하고, 대립 가설은 확률변수가 비심 분포를 따른다는 것을 가정하는 것이므로 검정력(power)과 표본 크기(sample size)를 정확히 계산하기 위해서는 비심 분포들을 사용해야 한다. 그렇지 않은 표본 크기를 구하는 공식들은 모두 근사치(approximation)이다.

각 분포의 모양은 Wikipedia 또는 R에서 직접 그려 확인해 본다.

### 5.3.8. 순서 통계량(order statistic)

확률표본(random sample) $X_1, X_2, \cdots, X_n$을 크기순으로 나열한 순서 통계량 $X_{(1)} \leq X_{(2)} \leq \cdots \leq X_{(n)}$과 관련한 분포이다.

아래 $F(x)$는 $X_i$들의 cdf이고, $f(x)$는 pdf이다.

$X_1, X_2, \cdots, X_n$이 $F(x)$의 확률표본일 때, 순서 통계량 $X_{(k)}$의 cdf와 pdf는 다음과 같다.

$$F_k(x) = \sum_{j=k}^{n} \binom{n}{j} [F(x)]^j [1 - F(x)]^{n-j}$$

$$f_k(x) = \frac{n!}{(k-1)!(n-k)!} [F(x)]^{k-1} [1 - F(x)]^{n-k} f(x)$$

따라서 위의 k에 n과 1을 대입하여 최대값과 최소값의 분포를 구할 수 있다.

$$F_n(x) = [F(x)]^n, \qquad f_n(x) = nf(x)[F(x)]^{n-1}$$
$$F_1(x) = 1 - [1 - F(x)]^n, \qquad f_1(x) = nf(x)[1 - F(x)]^{n-1}$$

순서 통계량은 몇몇 증명과 식 유도에 유용하다.

$1 \le j \le k \le n$을 만족하는 $X_{(j)}$와 $X_{(k)}$의 joint pdf는 다음과 같다.

$$f(x_j, x_k) = \frac{n!}{(j-1)!(k-1-j)!(n-k)!}[F(x_j)]^{j-1}[F(x_k) - F(x_j)]^{k-1-j}[1 - F(x_k)]^{n-k}f(x_j)f(x_k)$$

## 5.4 참고문헌


1. Wilks, S. S. (1962). *Mathematical Statistics*. John Wiely & Sons, Inc.
2. Scheffe, H. (1959). *The Analysis of Variance*. John Wiely & Sons, Inc.
3. 허명회(2001). 수리통계학 강의. 자유아카데미.

# 연습문제

1 유명한 분포들의 parameter 개수를 조사하고 표로 나타내시오.

2 확률밀도함수(pdf)를 적분하면 cdf(cumulative distribution function)가 된다. 그런데 이 적분이 쉽지 않다. Gaussian quadrature 방법을 포함하여 numerical integration 방법들에 대해 조사하고 요약하시오.

3 항암제 임상시험에서는 특정 용량에서 1/3 이상의 대상자에게서 Dose Limiting Toxicity (DLT)가 나타나면 이를(또는 이보다 한 단계 낮은 용량을) Maximum Tolerated Dose (MTD)라고 한다. 만약 어떤 약물이 특정 용량에서 DLT를 나타낼 확률이 1/3이라면(미지의 진실을 가정한 것임) 이 용량을 투약받은 6명의 환자 중에서 2명 이상이 DLT를 보일 확률을 구하시오. 단, 개별 환자에게서 DLT가 나타날 사건은 서로 독립이라고 보며, 성별, 연령, 체중에 따른 보정 정보는 없다.

4 어떤 실험 자료의 결과변수는 counting data인데, 평균과 분산이 매우 유사해 보였다. 다른 정보가 없는 상황에서 어떤 분포를 가정하면 적절하겠는가?

5 투약 받은 환자에게서 1/10,000의 확률로 심각한 이상반응(Serious Adverse Event, SAE)이 나타난다고 가정하자. SAE 1건 이상을 95% 이상의 확률로 관찰하려면 최소 몇 명을 관찰하여야 하겠는가?

**6** 고등학생을 대상으로 한 모의고사 원점수(원래 점수, raw score)의 분포가 정규분포라 하자. 원점수를 이용하여 T점수를 다음과 같이 정의하자. 어떤 학생이 T점수로 80점을 받았다면 위에서부터 몇 % 안에 든다고 볼 수 있는가? 이것은 십만 명 중에 몇 등 정도 했다는 것을 의미하는가?

$$T\ score = \frac{raw\ \ score - \mu_{raw\ score}}{\sigma_{raw\ score}} \cdot 10 + 50$$

**7** 위 문제에서 어떤 학생이 T점수는 80점을 받았지만, 응시생 십만 명 중에 1,000등을 하였다면 위 분포는 정규분포에서 어떻게 벗어났다는 것을 의미하는가?

**8** 다음의 R script를 실행해 보면 두 칼럼이 똑같음을 알 수 있다. 왜 같은지 설명해 보시오.

```
cbind(-2*log(1 - (0:10)/10), qchisq((0:10)/10, 2))

cbind(1 - exp(-(0:10)/2), pchisq(0:10, 2))
```

# 06 모수 추정과 가설 검정

# 06 모수 추정(Parameter Estimation)과 가설 검정(Hypothesis Test)

추정에는 모수를 하나의 값으로 추정하는 점추정(point estimation)과 범위로 추정하는 구간추정(interval estimation)이 있다. 모수에 대한 가장 흔한 구간추정은 신뢰구간(confidence interval)이다. 구간추정을 위해서는 대개 표준오차(standard error)가 필요하다.

## 6.1 추정량의 바람직한 성질

A라는 추정량(통계량, 확률변수)으로 $\alpha$라는 모수(parameter)를 추정하고자 하는 경우 다음과 같은 measure를 생각할 수 있다.

$$\hat{\mu} = \overline{X} = \frac{\sum X_i}{n}$$

$$\widehat{\sigma^2} = S^2 = \frac{\sum (X_i - \overline{X})^2}{n-1}$$

$$\hat{\pi} = \frac{X}{n}$$

$$\hat{\rho} = \frac{\sum (X_i - \overline{X})(Y_i - \overline{Y})}{[\sum (X_i - \overline{X})^2 \sum (Y_i - \overline{Y})^2]^{1/2}}$$

여기에서 모수는 모평균($\mu$), 모분산($\sigma^2$), 모비율($\pi$), 모상관계수($\rho$)나 pdf 내에 있는 상수들이다.

위에서 모수 위에 hat 기호가 붙어 있는데, 이것은 해당 모수에 대한 추정량이라는 상징적 기호(symbol)이다. 실제로 어떤 확률변수를 그 추정량으로 사용할지에 대해서는 한 가지 방법만 있는 것이 아니다.

### 6.1.1. 불편성(unbiasedness)

$$E(A) = \alpha$$

확률변수 A의 기대값이 $\alpha$이다.

**예제 6-1**

앞에서 정의한 $\overline{X}$와 $S^2$이 불편추정량임을 보이시오. 반면에 $\hat{\sigma}^2$를 MLE인 $\frac{\sum(X_i - \overline{X})^2}{n}$를 사용하면 편의추정량(biased estimator)이 됨을 보이시오.

### 6.1.2. 일치성(consistency)

$$\lim_{n\to\infty} A = \alpha$$

표본크기(n)가 클수록 통계량 A가 모수$\alpha$에 가까이 간다.

더 자세히는 약 대수의 법칙(weak law of large numbers)과 강 대수의 법칙(strong law of large numbers)이 있다.

- Weak law of large numbers

  $\overline{X} \xrightarrow{P} \mu$ when $n \to \infty$ (P=probablistically) 또는

  $\lim_{n\to\infty} Pr(|\overline{X}_n - \mu| < \epsilon) = 1$, for any positive $\epsilon$

- Strong law of large numbers

  $\overline{X} \xrightarrow{a.s.} \mu$ when $n \to \infty$ (a.s. = almost surely) 또는

$$Pr(\lim_{n\to\infty}|\overline{X}_n - \mu| < \epsilon) = 1\text{, for any positive } \epsilon$$

### 6.1.3. 최소 분산성(minimum variance) 또는 최대 효율성(maximal efficiency)

$$Var(A) \le Var(\text{any other estimator})$$

통계에서는 추정량의 분산(variance), 즉 표준오차(standard error)가 작을수록 효율적(efficient)이라고 한다.

**예제 6-2**

$Y_1, Y_2, \cdots, Y_n$이 1부터 1보다 큰 자연수 $\theta$까지의 일양 분포(discrete uniform distribution)로부터 왔다. $\theta$를 추정하기 위해 다음의 두 추정량을 고안해 보았다. 어느 것이 더 효율적인지 계산해 보시오.

$$\hat{\theta}_1 = 2\overline{Y} - 1$$

$$\hat{\theta}_2 = \frac{n+1}{n} Y_{(n)}$$

[Hint] Wackerly's Mathematical Statistics with Applications 7e, p.446 Example 9.1 (Duxbury, 2008)

$$V(\hat{\theta}_1) = \frac{\theta^2 - 1}{3n}$$

$$V(\hat{\theta}_2) = \frac{\theta^2}{n(n+2)}$$

**예제 6-3**

일군의 사람들이 모여서 오징어게임을 하고 있다. 당신은 경찰로서 몰래 이들을 관찰하고 있는데, 옷에는 일련번호가 붙어 있었다. 20명을 관측한 결과는 다음과 같다.

196, 51, 244, 207, 56, 420, 146, 151, 340, 132, 382, 31, 366, 241, 294, 166, 127, 286, 390, 361

(안 보이는 번호는 사망했을 수도 있다.) 이들이 번호를 1번부터 중복 없이 하나씩 증가시켜 가면서 붙였다고 가정하면 총 몇 명이 게임을 시작했는지 추정하고, 여러 가지 방법에 의해 신뢰구간을 구하시오.

**풀이** R script

```
d0 = c(196, 51, 244, 207, 56, 420, 146, 151, 340, 132, 382, 31, 366,241,294, 166, 127, 286, 390, 361)
n = length(d0)

th1 = mean(d0)*2 - 1; th1                              # 457.7
sd1 = sqrt((th1^2 - 1)/(3*n)) ; sd1                    # 59.08867
ci1 = th1 + c(-1, 1)*qt(0.975, n - 1)*sd1 ;            # 334.026 581.374

Yn = max(d0)
th2 = Yn*(n + 1)/n ; th2                               # 441
sd2 = sqrt(th2^2/(n*(n + 2))) ; sd2                    # 21.02385
ci2 = th2 + c(-1, 1)*qt(0.975, n - 1)*sd2 ; ci2        # 396.9966  485.0034
ci3 = c(Yn, ci2[2]) ; ci3                              # 420.0000  485.0034
```

$\widehat{\theta_1}$은 bootstrap에 의한 신뢰구간이 적절하지만, $\widehat{\theta_2}$는 유효하지 않다. 그 이유를 생각해 보시오.

모수에 대한 신뢰구간을 추정할 때 위의 두 가지 $\hat{\theta}$의 $\pm 2SE$를 이용한 것 외에도 세 번째 신뢰구간을 생각할 수 있는데, 이것은 다음과 같다.

논리적으로 생각해 보면 추정의 대상이 되는 $\theta$(sampling space의 upper bound)가 이미 관찰된 Y(n)(관찰값들의 최대값)보다 작을 수는 없다. 즉, 신뢰구간의 하한이 Y(n)보다 크거나 같아야 한다. 아래 시뮬레이션을 보면 이 세 번째 신뢰구간이 가장 좁고 coverage는 동일함을 알 수 있다. 다만, 세 번째 신뢰구간에서 하한에 등호가 있어야 함에 유의한다.

Simulation R script

```
N = 2000
Nboot = 2000
nMax = 456
nSamp = 20
q0975 = qnorm(0.975)
qt0975 = qt(0.975, nSamp - 1)
Res = as.data.frame(matrix(ncol=10, nrow=N))
colnames(Res) = c("th1", "LL1", "UL1", "in1", "th2", "LL2", "UL2", "in2", "LL3", "in3")
for (i in 1:N) {
  d1 = sample(nMax, nSamp)

  th1 = mean(d1)*2 - 1
  sd1 = sqrt((th1^2 - 1)/(3*nSamp))
  ci1 = th1 + c(-1, 1)*qt0975*sd1
  Res[i, 1] = th1
  Res[i, 2:3] = ci1
  Res[i, 4] = ifelse(ci1[1] < nMax & ci1[2] > nMax, T, F)

  Yn = max(d1)
  th2 = Yn*(nSamp + 1)/nSamp
  sd2 = sqrt(th2^2/(nSamp*(nSamp + 2)))
  ci2 = th2 + c(-1, 1)*qt0975*sd2
  Res[i, 5] = th2
  Res[i, 6:7] = ci2
  Res[i, 8] = ifelse(ci2[1] < nMax & ci2[2] > nMax, T, F)
  Res[i, 9] = Yn
  Res[i, 10] = ifelse(Yn <= nMax & ci2[2] > nMax, T, F)
}
colMeans(Res)
```

```
mean(Res[,3] - Res[,2]) # width of ci1,  246.0836 -> Worst
mean(Res[,7] - Res[,6]) # width of ci2, 91.15236
mean(Res[,7] - Res[,9]) # width of ci3, 67.32675 -> Best
dev.new()
hist(Res[,1], breaks=30)
dev.new()
hist(Res[,5], breaks=30)
```

엄밀하게는 복원 추출이어야 하므로 위 R script에서 `sample` 함수에 `replace=T` 옵션이 필요하다.

Bootstrap에 의한 $\hat{\theta_1}$과 $\hat{\theta_2}$의 신뢰구간이 coverage하는 확률을 구하는 R script는 다음과 같다. 두 번째의 coverage가 불충분함을 알 수 있다.

```
N = 2000
Nboot = 2000
nMax = 456
nSamp = 20
Res2 = matrix(ncol=2, nrow=N)
for (i in 1:N) {
  d1 = sample(nMax, nSamp)
  ResBoot1 = rep(NA, Nboot)
  ResBoot2 = ResBoot1
  for (j in 1:Nboot) {
    b1 = sample(d1, nSamp, replace=T)
    ResBoot1[j] = 2*mean(b1) - 1
    ResBoot2[j] = max(b1)*(nSamp + 1)/nSamp
  }
  ci3 = quantile(ResBoot1, c(0.025, 0.975))
  ci4 = quantile(ResBoot2, c(0.025, 0.975))
```

```
  Res2[i, 1] = ifelse(ci3[1] <= nMax & ci3[2] >= nMax, T, F)
  Res2[i, 2] = ifelse(ci4[1] <= nMax & ci4[2] >= nMax, T, F)
}

colMeans(Res2) # coverage 0.9335 0.6135
```

위 문제는 German tank problem으로 알려져 있는데, Wikipedia 등에서 더 자세한 정보를 찾아볼 수 있다. 이외에도 통계량의 특성과 관련하여 충분성(sufficiency) 등이 있으나, 이론 통계가 아닌 경우에는 크게 관심을 두지 않아도 된다.

## 6.2 모평균의 추정

모평균은 앞에서 정의한 표본평균 $(\overline{X})$으로 점추정한다. 그러면 앞의 세 가지 성질을 모두 가진다. 표준오차(SE)는 $\sigma/\sqrt{n}$ 이므로 이를 이용해서 신뢰구간을 구할 수 있다. 만약 $\sigma$를 모르는 경우에는 SE의 추정량으로 S를 사용하고, t 분포를 사용한다.

상대표준오차(relative standard error)는 SE를 평균(없는 경우 평균의 추정값)으로 나누어 준 것이다.

### 6.2.1. 구간추정

- $X_i$들이 정규분포를 따르고 $\sigma$를 알 때(이런 경우는 거의 없다.)

$$\left(\overline{X} - z_{\alpha/2}\frac{\sigma}{\sqrt{n}}, \overline{X} + z_{\alpha/2}\frac{\sigma}{\sqrt{n}}\right)$$

- $X_i$들이 정규분포를 따른다는 것은 알지만 $\sigma$를 모를 때(정규분포를 따르는지 확신할 수 없을 때도 많다.)

$$\left(\overline{X}-t(n-1,\alpha/2)\frac{S}{\sqrt{n}},\overline{X}+t(n-1,\alpha/2)\frac{S}{\sqrt{n}}\right)$$

- 표본크기(n)가 크고 $\sigma$를 알 때($X_i$들의 분포와 무관하게)

$$\left(\overline{X}-z_{\alpha/2}\frac{\sigma}{\sqrt{n}},\overline{X}+z_{\alpha/2}\frac{\sigma}{\sqrt{n}}\right)$$

- 표본크기(n)가 크고 $\sigma$를 모를 때($X_i$들의 분포와 무관하게)

$$\left(\overline{X}-z_{\alpha/2}\frac{\sigma}{\sqrt{n}},\overline{X}+z_{\alpha/2}\frac{\sigma}{\sqrt{n}}\right)$$

또는 좀 더 보수적으로(conservatively) 하면 다음과 같다.

$$\left(\overline{X}-t(n-1,\alpha/2)\frac{S}{\sqrt{n}},\overline{X}+t(n-1,\alpha/2)\frac{S}{\sqrt{n}}\right)$$

위에서 보수적으로라는 것은 신뢰구간이 넓어지고, 귀무 가설을 기각하기 어려워진다는 뜻이다.

## 6.3 모비율의 추정

추정량: $\hat{\pi}= X/n$

표준오차(SE): $SE(\hat{\pi}) = \sqrt{\pi(1-\pi)/n}$

만약 n이 충분히 크다면 위 값으로 정규분포에 근사하여 구간추정도 할 수 있지만, 가능하다면 이항 분포(binomial distribution)를 이용하여 더 정확한 신뢰구간을 구하는 것이 좋다.

가설 검정 시에는 위 표준오차에 귀무 가설의 $\pi$ 값을 쓰는 것이 좋을 수 있다(score test).

n개 중에 x개가 원하는 것일 때, R에서는 `prop.test(x, n)`과 같이 하여 정규근사 신뢰구간을 구할 수 있고, `binom.test(x, n)`과 같이 하여 정확한(exact) 신뢰구간을 구할 수 있다.

**예제 6-4**

표본크기가 10인데, 3개가 원하는 특성을 가진 것이었다. 모집단에서 원하는 특성의 비율에 대하여 점추정과 구간추정을 하시오.

```
binom.test(3, 10)
```

```
    Exact binomial test

data:  3 and 10
number of successes = 3, number of trials = 10, p-value = 0.3438
alternative hypothesis: true probability of success is not equal to 0.5
95 percent confidence interval:
 0.06673951 0.65245285
sample estimates:
probability of success
                   0.3
```

## 6.4 모분산의 추정

모분산은 앞에서 정의한 표본분산($S^2$)으로 점추정한다. 그러면 역시 앞의 세 가지 성질을 모두 가진다.

최대우도추정(Maximum Likelihood Estimation, MLE)에 의하면 모분산은 다음과 같이 추정한다.

$$\widehat{\sigma^2} = \sum \frac{(X_i - \mu)^2}{n}$$

이 경우 불편성의 특징이 사라지게 된다. 표본크기(n)가 크다면 큰 문제가 되지는 않으며, 복잡한 모델링과 시뮬레이션에서는 MLE도 많이 사용한다.

신뢰구간 추정은 다음과 같이 카이제곱 분포를 이용할 수 있다.

$$\left(\frac{(n-1)S^2}{\chi^2(n-1,\alpha/2)}, \frac{(n-1)S^2}{\chi^2(n-1,1-\alpha/2)}\right)$$

R에서는 qchisq를 사용한다.

**예제 6-5**

표준정규분포를 따르는 난수 20개를 발생시키고, 분산의 95% 신뢰구간을 구하시오.

```
n = 20
alpha = 0.05
x = rnorm(n)
S2 = var(x)
ci = (n - 1)*S2 / c(qchisq(1 - alpha/2, n - 1), qchisq(alpha/2, n - 1)) ; ci
```

```
[1] 0.4693501 1.7312317
```

위는 비대칭 신뢰구간이다.

## 6.5 신뢰구간을 좁히려면

- 효율성이 높은(표준오차가 적은) 통계량을 사용한다.
- noise(불필요한 variability)를 줄인다.
- 표본크기를 크게 한다.

신뢰구간은 대칭인 경우 점추정(Point Estimate, PE)에다가 오차한계(margin of error, bound on the error of estimation)를 빼고 더하면서 구한다.

오차한계(margin of error, 오차범위, 허용오차)는 대개 해당 분포의 quantile과 표준오차(SE)의 곱이다.

95% 신뢰구간을 구하는 경우 정규분포나 t 분포의 quantile은 대개 2 근처(1.96 ~ 2.x)이므로 신뢰구간은 대체로 다음과 같다.

$$(PE - 2SE,\ PE + 2SE)$$

달리 말하면, 차이를 검정하는 경우 표준오차(SE)가 점추정치(PE)의 반(50%) 이하가 되어야 신뢰구간이 0을 포함하지 않게 되고, 통계적으로 유의하게 된다.

## 6.6 단일군 평균, 비율 추정을 위한 표본 크기 계산

정규분포를 따르는 무한 모집단의 경우 오차한계(margin of error, bound on the error of estimation)를 B 이하로 하고자 하는 부등식은 다음과 같다.

$$z_{\alpha/2}\frac{\sigma}{\sqrt{n}} < B$$

이것을 B 이하로 만들기 위해서는 위 수식을 변형하면 다음과 같다.

$$n > (z_{\alpha/2}\sigma/B^2) \approx 4(\sigma/B)^2$$

모비율의 추정 시 오차한계를 B 이하로 하기 위한 표본크기 공식은 다음과 같다.

$$n > p(1-p)(z_{\alpha/2}B)^2 \approx 4p(1-p)B^2$$

위에서 표본크기를 보수적으로 하고 싶을 때는 p에 0.5를 대입하면 된다.

$$n > 1/B^2$$

유한 모집단에서 n명을 무작위로 뽑는 것을 단순 무작위 추출(simple random sampling, 단순 무작위 표집)이라고 부르지만, 엄밀하게는 개개 관찰(observation)이 서로 독립이 아니어서 무작위(random)가 아니다.

유한 모집단에서의 표본크기 계산에는 유한 모집단의 크기 N이 포함되며, 공식이 무한 모집단에 비해 복잡해진다.

참고로 그 공식은 다음과 같다.

$$n \geq \frac{N\sigma^2}{(N-1)B^2/4+\sigma^2}$$

위 식에서 N이 무한대가 되면 공식은 무한 모집단의 경우와 같아진다.

## 6.7 최대우도추정법(Maximum Likelihood Estimation, MLE)

정의: $\theta_1, \theta_2, \cdots, \theta_k$인 k개의 파라미터에 의존하는 우도함수가 있다고 할 때, 우도를 최대화하는 $\theta$들을 구하는 것을 최대우도추정법이라 한다.

우도(likelihood): 확률밀도함수가 f(y)라고 생각되는 확률변수 Y에 대해 n개의 관측값(observation value) $(i=1,\cdots,n)$이 있을 때 likelihood를 다음과 같이 정의한다.

$$l = \prod_{i=1}^{n} f(y_i)$$

그런데 f(y)의 모양(shape)을 결정하는 parameter인 $\mu$, $\sigma^2$을 나타내기 위해 다음과 같이 쓰기도 한다.

$$l(\vec{y};\mu,\sigma^2) = \prod_{i=1}^{n} f(y_i;\mu,\sigma^2)$$

또는

$$l(\vec{y}\,|\mu,\sigma^2) = \prod_{i=1}^{n} f(y_i|\mu,\sigma^2)$$

여기에서 vector인 $\vec{y}$는 $\boldsymbol{y}$(볼드체)로 표현할 수도 있으나, 혼동을 줄이기 위해 위에 화살표를 표시했다. 여기에서 $y$는 확률변수가 아닌 관측치이므로 소문자로 표현한다. 연습으로 정규분포를 따르는 확률변수 Y의 관측치들이 $y_i$일 때 이의 likelihood 식은 다음과 같다.

$$l = \left(\frac{1}{\sqrt{2\pi\sigma^2}}\right)^n e^{-\frac{\sum(y-\mu)^2}{2\sigma^2}}$$

확률은 항상 0에서 1까지의 값(실수)을 갖지만 likelihood는 이론적으로 0보다 크거나 같고 1보다 커져서 양의 무한대(∞)에 가까운 값을 가질 수도 있다. 실제로는 대부분 0에 매우 가까워서 −2 log likelihood (−2LL) 값을 계산에 사용하게 된다. 관측을 나타내는 확률변수를 Y라 하고 i번째 대상자의 j번째 관측치를 $y_{ij}$라 하며, 그 시점에서의 평균과 분산을 각각 $\mu_{ij}$와 $\sigma_{ij}^2$라 할 때 −2 log likelihood는 다음과 같이 쓸 수 있다.

$$-2LL_i = n_i \log(2\pi) + \sum_{j=1}^{n_i} \log(\sigma_{ij}^2) + \sum_{j=1}^{n_i} \frac{(\mathrm{y}_{ij}-\mu_{ij})^2}{\sigma_{ij}^2}$$

$\mu_{ij}$를 $E(Y_{ij})$, $\sigma_{ij}^2$를 $V(Y_{ij})$라고도 쓸 수 있으며, 많은 경우에 $E(Y_{ij})$는 몇(j) 번째이냐에 따라 달라지지만, $V(Y_{ij})$는 몇 번째와 상관없이 동일하게 어떤 상수($\sigma^2$)로 가정(homoscedastic)하는 경우도 많다. 이런 점에 유의해서 식을 봐야 한다. 만약 $\mu_{ij}$를 $\mu$로 하고, $\sigma_{ij}^2$를 $\sigma^2$으로 단순화시켜 가정하고 이 likelihood를 최대화하는 문제를 푸는 경우($\mu$와 $\sigma^2$에 대해 편미분하여 기울기가 0이 되는 값을 찾는다.)에는 다음과 같은 해를 얻을 수 있고, 이를 최대우도추정량(Maximum Likelihood Estimator, MLE)이라 한다.

$$\hat{\mu} = \overline{y_{i.}} = \frac{1}{n_i}\sum_{j=1}^{n_i}$$

$$\widehat{\sigma^2} = \frac{1}{n_i}\sum_{j=1}^{n_i}(y_{ij} - \overline{y_{i.}})^2$$

여기에서 특이한 것은 모분산(population variance)의 추정량(estimator)으로 흔히 사용되는 표본분산 $S^2$과 분모가 약간 다르다는 점이다.

$$\widehat{\sigma^2} = S^2 = \frac{1}{n_i - 1}\sum_{j=1}^{n_i}(y_{ij} - \overline{y_{i.}})^2$$

$\sigma^2$의 추정량으로 흔히 사용되는 표본분산 $S^2$에 비해 MLE는 편의된(biased) 추정량이긴 하나 일치추정량(consistent estimator)이면서 효율적(efficient)이고, 기존 MLE를 다른 함수에 대입해도 일치성이 유지되는 등 여러 가지 좋은 특성 때문에 계속 사용되고 있다.

특히

$$\left(E\left[\frac{\partial \log(l)}{\partial \alpha}\right]^2\right)^{-1}$$

와

$$-\left(E\left[\frac{\partial^2 \log(l)}{\partial \alpha^2}\right]\right)^{-1}$$

(여기서 $\alpha$는 $\mu$ 또는 $\sigma^2$)이 MLE의 분산이 된다는 점이 특이하다.

따라서

$$\left(\left[\frac{\partial \log(l)}{\partial \alpha}\right]^2\right)^{-1}$$

또는

$$\left(-\frac{\partial^2 \log(l)}{\partial \alpha^2}\right)^{-1}$$

를 MLE (PE의) 분산(일반적으로는 분산-공분산 행렬)의 추정량으로 사용할 수 있다. 즉, 이것으로 MLE (PE)의 standard error를 추정할 수 있다.

여기서 주의할 점은 분자가 −2LL이 아닌 그냥 log likelihood이므로 흔히 사용하는 목적함수(objective function)로부터 계산할 때는 이를 보정해 주어야 한다.

## 6.8 대립 가설(Alternative Hypothesis)과 귀무 가설(Null Hypothesis)

통계적 가설 검정(또는 줄여서 검정이라고도 함)은 먼저 가설을 설정한 뒤, 관찰(실험) 자료로 유의확률을 계산하여 가설의 기각/채택을 결정하는 과정이다.

이때 입증하고자 하는 가설을 대립 가설(alternative hypothesis)이라 하고, 대립 가설 입증에 실패했을 때 채택하는 가설을 귀무 가설(null hypothesis)이라 한다.

대개는 차이가 있다는 것이 대립 가설이고, 차이가 없다는 것이 귀무 가설이지만, 동등성을 입증하고자 할 때는 (어떤 동등 범위 내에서) 차이가 없다는 것이 대립 가설이 된다.

귀무 가설이 (미지의) 진실인데, 대립 가설을 채택하면 제1종 오류가 발생했다고 한다. 반대로 대립 가설이 (미지의) 진실인데, 귀무 가설을 채택하는 오류를 제2종 오류라고 한다.

〈표 6.1〉 가설 검정에서 오류의 종류

| 진실 \ 채택 | 귀무 가설 ($H_0$) | 대립 가설 ($H_1$) |
|---|---|---|
| 귀무 가설 ($H_0$) | 옳은 채택 | 제1종 오류 |
| 대립 가설 ($H_1$) | 제2종 오류 | 옳은 채택 |

제1종 오류를 범할 확률의 최대 허용 한계를 유의수준(significance level, $\alpha$값)이라 하고, 귀무 가설하에서 귀무 가설과 멀어지는 방향으로 자료가 나타날 확률을 유의확률(p-value)이라 한다. 제2종 오류를 범할 확률의 최대 허용 한계는 $\beta$값이라 한다.

대립 가설이 참일 때, 대립 가설을 채택할 확률을 검정력(power)이라 하는데, 이는 $1-\beta$와 같다.

기각역(rejection region, critical region)이란 통계량이 이 영역의 값을 가질 때 귀무 가설을 기각하고 대립 가설을 채택하겠다고 미리 정해 놓은 영역을 의미한다.

귀무 가설을 채택하는 영역과 기각역의 경계값을 critical value, cut-off point, threshold value 등으로 부를 수 있는데, 이 값은 유의수준을 보장하면서도 검정력을 최대로 하는 값으로 정해야 한다.

실무에서 의사결정 시 p-value보다 effect size(효과 크기, 주로 평균이나 비율의 차이 또는 평균의 비율임)가 더 중요할 수도 있기 때문에 이런 것을 고려하지 않고 p-value만 중요하게 생각해서는 안 된다.

대립 가설(입증하고자 하는 가설)을 채택하지 못하고 귀무 가설(입증 실패 시 채택하는 가설)을 채택한다고 귀무 가설을 입증한 것이 아니다.

p−value 0.05 이하로 귀무 가설을 기각하고 대립 가설을 채택하였다면 사후 검정력(post-hoc power)이 낮더라도 대립 가설을 채택한 것은 여전히 유효하다.

사후 검정력은 대립 가설 입증에 실패하였을 때, 실패의 원인이 표본 크기가 너무 작은 것인지, 실제의 효과 크기가 예상보다 너무 작았는지 등을 알아보기 위해서 계산하는 것이다.

즉, 사후 검정력이 대립 가설을 채택한 것에 문제가 없었는지 확인하는 수단은 아니라는 것이다.

## 6.9 Regularity Condition

수리통계학(mathematical statistics) 교재를 보면 regularity condition이라는 용어를 간혹 보게 된다.

regularity condition 대신 regular case나 regular problem이라는 용어가 나올 때도 있으며, 이런 용어가 안 나오는 교재도 있다.

통계학에는 많은 정리(theorem)가 있는데, regularity condition이란 어떤 정리가 성립하기 위한 조건을 의미한다. 따라서 어느 정리이냐에 따라 regularity condition은 달라진다. 그런데 이 조건은 대개 Lebesgue monotone convergence theorem, Fatou's lemma, Lebesgue dominated convergence theorem, Fubini theorem, Radon-Nikodym theorem, Borel-Cantelli lemma 등 측도론(measure theory)에 나오는 정리(theorem)들이다.

공통적인 것 몇 가지만 들면 다음과 같다.

1. 실수 또는 실수행렬 영역에서만 적용한다.
2. 어떤 함수(예를 들어, likelihood function)의 값이 모두 양수(positive)이다.
3. 편미분 또는 미분이 존재한다. 어떤 경우에는 2차 편미분까지 존재해야 한다.

4. 적분값이 발산하지 않는다.
5. 중적분(multiple integral) 시에 적분의 순서를 바꾸어도 된다.
6. 미분과 적분의 순서를 바꾸어도 된다.
7. 역행렬이 존재해야 한다.

위 6번은 일반적인 것은 아니다. 일반적으로는 적분 기호 바깥의 일반 미분은 적분 기호 안으로 들어갔을 때 편미분으로 바뀐다. 인터넷에서 'differentiation under integral sign'이라는 키워드로 찾아보면 Leibniz integral rule로 나온다.

위 7번을 필요로 하지 않는 것들도 있다.

## 6.10 왜 단순한 통계 방법보다 복잡한 통계 방법을 사용할까

통계학자들이 더 복잡한 통계 방법을 자꾸 고안하는 것은 $\alpha$ error는 더 크게 하지 않고 $\beta$ error를 줄이기 위한 경우가 많다. 즉, 동일한 자료라도 연구자가 입증하고자 하는 가설을 더 잘 입증하기(검정력을 높이기) 위한 방법을 찾고 있는 것이다.

## 6.11 맺음말

1. 과학자에게는 p-value로 하는 가설 검정보다는 신뢰구간 추정이 대개 더 유용하다.
2. 귀무 가설 기각 시 채택하는 가설이 대립 가설이므로 '귀무 가설 기각'이라는 말은 있지만, '대립 가설 기각'이라는 말은 없다.
3. 귀무 가설 기각에 실패하여 귀무 가설을 채택한 경우에 귀무 가설을 입증한 것은 아니라는 점을 명심해야 한다. 즉, 다음의 두 문장은 통계학에서 같은 것이 아니다.

(두 약의 효과가) 다르지 않다. ≠ (두 약의 효과가) 같다.

4. 만약 귀무 가설의 내용을 입증하고자 한다면 귀무 가설과 대립 가설을 바꾸어서 새로 통계적으로 입증하여야 한다.

# 연습문제

**1** 현재 우리가 실시하는 귀무 가설 기각 시에 대립 가설을 채택하는 paradigm은 기본적으로 Neyman-Pearson의 주장에 근거하고 있다. 이에 대한 Fisher의 의견과 두 진영 간의 논쟁을 조사하여 요약하시오.

**2** 현재 유의수준($\alpha$)은 0.05(5%)를 사용하는 것이 일반적이다. 유의수준을 0.05가 아닌 다른 값을 쓰는 예를 조사해 보시오.

**3** p-value로 결정(decision based on p-value)하는 것을 비판하는 자료들을 찾아서 정리해 보시오.

**4** 다음과 같이 정규분포를 따를 것이라고 추측되는 10개의 관측값이 있다.

```
x = c(8.75, 10.37, 8.33, 13.19, 10.66, 8.36, 10.97, 11.48, 11.15, 9.39)
```

(a) 만약 위의 자료가 평균=8, 표준편차=1인 정규분포에서 왔다고 가정했을 때 likelihood를 구하시오.

(b) 만약 위의 자료가 평균=9, 표준편차=1.5인 정규분포에서 왔다고 가정했을 때 likelihood를 구하시오.

(c) 위의 두 경우에 어느 쪽 likelihood가 더 큰가?

(d) 다음의 R script로 likelihood profile을 관찰하여라.

```
fy = function(mu, sigma) -log(prod(dnorm(x, mean=mu, sd=sigma))) # -log likelihood

nPoint = 101
Mu = seq(8, 12, length.out=nPoint)
Sig = seq(1, 3, length.out=nPoint)
mLL = matrix(NA, nrow=nPoint, ncol=nPoint)
for (i in 1:nPoint) for (j in 1:nPoint) mLL[i, j] = fy(Mu[i], Sig[j])

contour(Mu, Sig, mLL)
persp(Mu, Sig, mLL, theta=30)
require(rgl) # install this package first if you don't have.
persp3d(Mu, Sig, mLL, col="lightblue", alpha=0.5)
```

(e) 만약 sigma를 2로 고정하고, mu를 변화시켜 가면서 본다면 어떤 그래프가 되는지 보시오. 참고로 위의 mLL matrix의 51번째 열이 sigma=2인 경우이다.

```
plot(Mu, mLL[, 51], type="l")
```

(f) 다음의 R script를 이용하여 maximum likelihood 값과 그때의 mean과 sd를 구하시오. 또한 standard error를 얼마로 추정할 수 있는지 알아보시오.

```
fx = function(Theta) -log(prod(dnorm(x, mean=Theta[1], sd=Theta[2])))
r1 = optim(c(8, 1), fx, method="BFGS", hessian=T) ; r1
r1$par # point estimate
r1$value # -log likelihood
exp(-r1$value) # likelihood
sqrt(diag(solve(r1$hessian))) # standard error
```

(g) 다음의 R script를 이용하여 위 결과와 유사한지 확인하시오.

```
require(MASS)
fitdistr(x, dnorm, list(mean=mean(x), sd=sd(x)))
```

(h) $y = f(x) + \epsilon$인 모형에서 $\epsilon$을 평균이 0이고, 분산이 $\sigma^2$인 정규분포로 가정하자. f(x)는 확률변수를 포함하지 않은 arbitrary function일 수 있는데, $f(x) = \dfrac{\beta_0 \cdot x}{\beta_1 + x}$인 비선형 모형을 예로 생각하자.

이때 $\vec{\theta} = (\beta_0, \beta_1, \sigma^2)$ parameter를 MLE로 추정할 수 있는가?

(i) 정규분포의 경우에 다음과 같은 결과를 보여 주는 함수를 optim을 사용하여 20줄 이내로 작성해 보시오.

```
> MLEnorm(lh)
         mean        var        sd
PE 2.40000000 0.29791891 0.5458195
SE 0.07878226 0.06081085 0.0557060
```

(j) 위 함수를 변형하여 density function name과 initial parameter 값을 받아 다음과 같은 결과를 돌려주는 함수를 작성하시오.

```
> MLEdist(lh, dnorm, list(mean=0, sd=1))
         mean        sd
PE 2.39999996 0.5458189
SE 0.07878218 0.0557068

> MLEdist(lh, dlnorm, list(meanlog=0, sdlog=1))
      meanlog      sdlog
PE 0.84922735 0.23072958
SE 0.03330295 0.02354699
```

# 07 두 군의 비교

# 07 두 군의 비교(Comparison of Two Groups)

두 군의 비교는 여러 군 비교의 특별한 경우이다. 따라서 여러 군을 비교하는 경우를 먼저 설명하면 따로 두 군의 비교를 할 필요가 없으나, 사용 빈도나 중요도를 고려하여 따로 설명한다.

즉, 선형 회귀에서 x 변수(독립변수, 설명변수)의 값을 0과 1로 놓고 선형 회귀를 하면 두 군을 비교하는 것과 같다.

또한 두 군이지만 분산분석을 실시하면 independent two-group t-test와 같은 결과를 얻을 수 있다.

여러 군의 비율 비교는 카이제곱 검정을 이용할 수 있으며, 이것의 특수한 형태가 두 군의 비율 비교이다.

여기에서 비율은 영어로 proportion으로, 역시 비율(또는 비)로 주로 번역되는 ratio와 혼동을 피하기 위해 번역어로는 분율이 더 정확하나, 많은 사람이 그대로 비율이라고 쓰기 때문에 혼동이 되지 않는다면 분율이라는 용어 대신 비율이라는 용어를 썼다. 하지만 독자는 proportion인지 ratio인지 잘 구분해서 봐야 한다.

평균은 y변수가 연속형/정량형일 때 주로 사용하며, 분율은 한 개인/관측치가 0 또는 1로만 나타나는 경우에 사용한다.

결과변수(y 값)의 다른 형태로 생존분석(survival analysis)에서 쓰는 time-to-event가 있으나, 이 장에서는 다루지 않고 생존분석에서 다룬다.

## 7.1 두 군의 평균 비교

$X_1, X_2, \cdots, X_{n_1} \overset{i.i.d}{\sim} N(\mu_1, \sigma_1^2)$이고,

$Y_1, Y_2, \cdots, Y_{n_2} \overset{i.i.d}{\sim} N(\mu_2, \sigma_2^2)$ 이고,

$X_i$와 $Y_i$ 간에도 서로 독립일 때,

$$\overline{X} = \frac{\sum_{i=1}^{n_1} X_i}{n_1}$$

$$S_1^2 = \frac{\sum_{i=1}^{n_1} (X_i - \overline{X})^2}{n_1 - 1}$$

$$\overline{Y} = \frac{\sum_{i=1}^{n_2} Y_i}{n_2}$$

$$S_2^2 = \frac{\sum_{i=1}^{n_2} (Y_i - \overline{Y})^2}{n_2 - 1}$$ 라 하면,

$$E(\overline{X} - \overline{Y}) = \mu_1 - \mu_2$$

$$V(\overline{X} - \overline{Y}) = V(\overline{X}) + V(\overline{Y}) = \frac{\sigma_1^2}{n_1} + \frac{\sigma_2^2}{n_2}$$ 이다.

$$Z = \frac{(\overline{X} - \overline{Y}) - (\mu_1 - \mu_2)}{\sqrt{\sigma_1^2/n_1 + \sigma_2^2/n_2}} \sim N(0, 1^2)$$

따라서 $\mu_1 - \mu_2$에 대한 $100(1-\alpha)$ 신뢰구간은 다음과 같다.

$$(\overline{X}-\overline{Y}) \pm z_{\alpha/2}\sqrt{\sigma_1^2/n_1+\sigma_2^2/n_2}$$

또한 차이가 $\delta_0$라는 귀무 가설에 대한 검정통계량 $Z$의 식은 다음과 같다.

$$Z=\frac{(\overline{X}-\overline{Y})-\delta_0}{\sqrt{\sigma_1^2/n_1+\sigma_2^2/n_2}}$$

모분산을 모르는 경우에는 아래와 같이 위의 공식에 표본분산을 대입하고 자유도가 $n_1+n_2-2$인 t 분포를 사용하면 된다.

- 모평균의 차($\mu_1-\mu_2$)에 대한 신뢰구간

$$(\overline{X}-\overline{Y}) \pm t_{n_1+n_2-2,\alpha/2}\sqrt{S_1^2/n_1+S_2^2/n_2}$$

과거에는 귀무 가설을 등분산으로 놓고 등분산 여부를 검정(F test)한 뒤, 귀무 가설을 채택하면 합동분산을 구해서 분모에 사용하였으나, 이제는 등분산 가정을 하지 않고 자료를 분석하는 것이 추세이다.

다만, 위 공식에서 자유도를 Satterthwaite 방식으로 보정해 준 test를 Welch's two sample t-test라고 하며, R에서의 default 분석법이다.

두 군에서의 Satterthwaite 자유도 공식은 다음과 같다.

$$\widehat{V(\overline{X})}=S_{\overline{X}}^2=\frac{S_1^2}{n_1}$$

$$\widehat{V(\overline{Y})}=S_{\overline{Y}}^2=\frac{S_2^2}{n_2}$$

$$Df=\frac{(S_1^2/n_1+S_2^2/n_2)^2}{\left(\frac{S_1^2}{n_1}\right)^2/(n_1-1)+\left(\frac{S_2^2}{n_2}\right)^2/(n_2-1)}=\frac{(S_{\overline{X}}^2+S_{\overline{Y}}^2)^2}{\left(S_{\overline{X}}^2\right)^2/(n_1-1)+\left(S_{\overline{Y}}^2\right)^2/(n_2-1)}$$

**예제 7-1**

한 군에서의 관찰값이 1, 3, 5이고, 다른 군에서의 관찰값이 2, 4, 6, 8이었다. R을 이용하여 Welch's two sample t−test를 시행하시오.

```
x = c(1, 3, 5)
y = c(2, 4, 6, 8)
r1 = t.test(x, y) ; r1
```

```
	Welch Two Sample t-test

data:   x and y
t = -1.1547, df = 4.9592, p-value = 0.3008
alternative hypothesis: true difference in means is not equal to 0
95 percent confidence interval:
 -6.463423  2.463423
sample estimates:
mean of x mean of y
        3         5
```

다음은 위의 결과가 어떻게 나왔는지 일일이 재현한 것이다.

```
sampMeans = c(mean(x), mean(y))          # sample means
PE = sampMeans[1] - sampMeans[2]         # Point Estimate of difference
ns = c(length(x), length(y))             # sample sizes of groups
vars = c(var(x), var(y))/ns              # estimates of variances of sample means
SE = sqrt(sum(vars))                     # Standard Error
nullHypo = 0                             # Difference under null hypothesis
t.val = (PE - nullHypo)/SE ; t.val       # t value
```

```
[1] -1.154701
```

```
dfs = ns - 1                                  # degree of freedoms of sample means
Df = sum(vars)^2/sum(vars^2/dfs) ; Df         # Satterthwaite Degree of Freedom
```

```
[1] 4.959184
```

```
p.val = 2*pt(-abs(t.val), Df)                 # p value
alpha = 0.05                                  # significance level
ci = PE + c(-1, 1)*qt(1 - alpha/2, Df)*SE ; ci  # 100*(1 - alpha)% Confidence Interval
```

```
[1] -6.463423  2.463423
```

### 7.1.1. R t.test 함수 흉내 내기

```
attr(t.val, "names") = "t"
attr(Df, "names") = "df"
attr(ci, "conf.level") = 1 - alpha
attr(sampMeans, "names") = c("mean of x", "mean of y")
attr(nullHypo, "names") = "difference in means"

r2 = list()
r2$statistic = t.val
r2$parameter = Df
r2$p.value = p.val
r2$conf.int = ci
r2$estimate = sampMeans
r2$null.value = nullHypo
r2$stderr = SE
r2$alternative = "two.sided"
r2$method = "Welch Two Sample t-test"
r2$data.name = "x and y"
class(r2) = "htest"
r2
```

```
	Welch Two Sample t-test

data:  x and y
t = -1.1547, df = 4.9592, p-value = 0.3008
alternative hypothesis: true difference in means is not equal to 0
95 percent confidence interval:
```

```
 -6.463423   2.463423
sample estimates:
mean of x mean of y
        3         5
```

위에서 자유도를 구하기 위해 sum(vars)^2/sum(vars^2/dfs)를 사용하였는데, 이것은 2개뿐 아니라 더 많은 분산을 합할 때의 자유도를 구할 때도 사용할 수 있다.

만약 두 군의 자료처럼 보이지만 자료가 쌍으로(paired) 되어 있다면 두 값의 차이를 구하고, 단일군에 대한 추론을 하면 된다.

**예제 7-2**

다음은 2017년 국민체력실태조사 자료에서 주로 사용하는 손과 아닌 손의 악력을 비교해 보는 R script이다. 20명의 자료로 independent two-group t-test를 한 경우와 paired t-test를 한 경우를 비교하시오. 또한 20명의 자료를 단순 무작위 추출(simple random sampling)하여 같은 작업을 반복하시오.

**풀이**

자료 불러오기

```
d2 = read.csv("http://r.acr.kr/2017KoBody.csv", as.is=T)
```

전체 two-group t-test

```
t.test(d2$Grip, d2$GripD)            # n=5200
```

```
     Welch Two Sample t-test

data:  d2$Grip and d2$GripD
t = 10.4, df = 10390, p-value < 2.2e-16
alternative hypothesis: true difference in means is not equal to 0
95 percent confidence interval:
 1.733074 2.538066
sample estimates:
```

```
mean of x mean of y
32.89139   30.75582
```

20명의 independent two-group t-test와 paired t-test 비교

```
t.test(d2$Grip[1:20], d2$GripD[1:20])
```

```
    Welch Two Sample t-test

data:  d2$Grip[1:20] and d2$GripD[1:20]
t = 0.43394, df = 37.947, p-value = 0.6668
alternative hypothesis: true difference in means is not equal to 0
95 percent confidence interval:
 -5.663054    8.753054
sample estimates:
mean of x mean of y
   31.710   30.165
```

```
t.test(d2$Grip[1:20], d2$GripD[1:20], paired=T) # paired t-test
```

```
    Paired t-test

data:  d2$Grip[1:20] and d2$GripD[1:20]
t = 2.2315, df = 19, p-value = 0.03789
alternative hypothesis: true mean difference is not equal to 0
95 percent confidence interval:
 0.09590648 2.99409352
sample estimates:
mean difference
          1.545
```

무작위로 20명을 추출하여 two-group t-test와 paired t-test 비교

```
n = 20
id0 = sample(1:5200, n)
t.test(d2$Grip[id0], d2$GripD[id0])
```

```
     Welch Two Sample t-test

data:  d2$Grip[id0] and d2$GripD[id0]
t = 0.49924, df = 37.000, p-value = 0.6205
alternative hypothesis: true difference in means is not equal to 0
95 percent confidence interval:
 -4.7963      7.9363
sample estimates:
mean of x mean of y
  33.86   32.29
```

```
t.test(d2$Grip[id0], d2$GripD[id0], paired=T)
```

```
     Paired t-test

data:  d2$Grip[id0] and d2$GripD[id0]
t = 2.9263, df = 19, p-value = 0.008663
alternative hypothesis: true mean difference is not equal to 0
95 percent confidence interval:
 0.4470631 2.6929369
sample estimates:
mean difference
         1.57
```

왼손잡이와 오른손잡이로 추정되는 사람의 수

```
table(sign(d2$Grip - d2$GripD)) # 900, 64, 4236
```

```
  -1     0     1
 900    64  4236
```

## 7.2 t-test와 단순 선형 회귀(simple linear regression)의 관계

두 군의 평균을 비교하는 t.test는 사실 연속형 결과(종속)변수에다가 이분형 설명(독립)변수를 0과 1로 코딩하여 단순 선형 회귀(simple linear regression)한 것과 같다.

아래 결과를 보면 p-value가 0.000285(선형 회귀에서는 am의 $\beta$계수인 $\beta_1$의 p-value)이고, 차이에 대한 95% 신뢰구간(선형 회귀에서는 $\beta_1$의 신뢰구간)이 (3.64151, 10.84837)로 동일함을 볼 수 있다.

```
x = mtcars[mtcars$am == 0, "mpg"] # fuel efficiency of automatic transmission
y = mtcars[mtcars$am == 1, "mpg"] # fuel efficiency of manual transmission
t.test(y, x, var.equal=T)
```

```
     Two Sample t-test
data: y and x
t = 4.1061, df = 30, p-value = 0.000285
alternative hypothesis: true difference in means is not equal to 0
95 percent confidence interval:
  3.64151 10.84837
sample estimates:
mean of x  mean of y
24.39231   17.14737
```

```
r1 = lm(mpg ~ am, mtcars)
summary(r1) # beta1 is the estimate about the difference
```

```
Call:
lm(formula = mpg ~ am, data = mtcars)

Residuals:

    Min       1Q    Median      3Q      Max
-9.3923  -3.0923  -0.2974  3.2439   9.5077
```

```
Coefficients:
             Estimate    Std. Error t value  Pr(>|t|)
(Intercept)    17.147       1.125   15.247  1.13e-15 ***
am              7.245       1.764    4.106  0.000285 ***
---
Signif. codes:   0 '***' 0.001 '**' 0.01 '*' 0.05 '.' 0.1 ' ' 1

Residual standard error: 4.902 on 30 degrees of freedom
Multiple R-squared:  0.3598,   Adjusted R-squared:  0.3385
F-statistic: 16.86 on 1 and 30 DF,  p-value: 0.000285
```

```
confint(r1) # confidence interval of betas. compare with t test result
```

```
                 2.5%      97.5%
(Intercept)  14.85062   19.44411
am            3.64151   10.84837
```

위의 결과는 오차(error)의 분산이 공통분산(등분산, 等分散)이라고 가정한 경우이다.

## 7.3 두 군의 분율(proportion) 비교

각 군의 표본 크기(sample size, $n_1$, $n_2$)가 크다면 정규분포로 근사해서 구할 수도 있을 것이나, 요즘은 컴퓨터가 발달하여 이항 분포를 사용하여 더 정확히 계산할 수 있다.

두 군의 모비율 $\pi_1, \pi_2$에 대한 추정치 $p_1$, $p_2$를 이용하여 다음과 같이 SE를 구하고, 이를 이용하여 신뢰구간을 구할 수 있다.

$$\widehat{\pi_1} = p_1 = \frac{y_1}{n_1}$$

$$\widehat{\pi_2} = p_2 = \frac{y_2}{n_2}$$

$$SE(\widehat{\pi_1}) = \sqrt{\frac{\pi_1(1-\pi_1)}{n_1}}$$

$$SE(\widehat{\pi_2}) = \sqrt{\frac{\pi_2(1-\pi_2)}{n_2}}$$

$$\widehat{SE}(\widehat{\pi_1}) = \sqrt{\frac{p_1(1-p_1)}{n_1}}$$

$$\widehat{SE}(\widehat{\pi_2}) = \sqrt{\frac{p_2(1-p_2)}{n_2}}$$

- 위험도 차이(Risk Difference)

$$RD = \pi_1 - \pi_2$$

$$\widehat{RD} = p_1 - p_2$$

$$\widehat{SE}(\widehat{RD}) = \sqrt{\frac{p_1(1-p_1)}{n_1} + \frac{p_2(1-p_2)}{n_2}}$$

RD의 신뢰구간은 다음과 같다.

$$(p_1 - p_2) \pm z_{\alpha/2}\widehat{SE}(\widehat{RD})$$

이런 신뢰구간을 Wald Confidence Interval(CI)이라 한다. Wald CI는 소표본이거나 확률이 0이나 1에 가까울 때 성능이 나빠진다. 여기에 대한 대안으로 모든 cell에 0.5나 1을 더하여 계산하거나, Score CI를 구하는 방법이 있다.

두 군의 비율이 있을 때 차이(Risk Difference, RD)를 구할 수도 있지만, 상대위험도(Relative Risk, RR)나 오즈비(Odds Ratio, OR)을 구할 때도 있다. 각각의 정의와 표준오차의 공식은 다음과 같다.

- 상대위험도(Relative Risk, RR)

$$RR = \frac{\pi_1}{\pi_2}$$

$$\widehat{RR} = \frac{p_1}{p_2}$$

$$\widehat{SE}(\log\widehat{RR}) = \sqrt{\frac{1}{y_1} - \frac{1}{n_1} + \frac{1}{y_2} - \frac{1}{n_2}}$$

• 오즈비(Odds Ratio, OR)

$$OR = \frac{\pi_1/(1-\pi_1)}{\pi_2/(1-\pi_2)}$$

$$\widehat{OR} = \frac{p_1/(1-p_1)}{p_2/(1-p_2)}$$

$$\widehat{SE}(\log \widehat{OR}) = \sqrt{\frac{1}{y_1} + \frac{1}{n_1 - y_1} + \frac{1}{y_2} - \frac{1}{n_2 - y_2}}$$

즉, RR은 분율의 비이고, OR은 비율의 비이다.

위의 세 가지를 구하는 함수의 내용은 다음과 같다.

```
RD = function(y1, n1, y2, n2, conf.level=0.95) # Risk Difference
{
  p1 = y1/n1
  p2 = y2/n2
  pe = p1 - p2
  se = sqrt(p1*(1 - p1)/n1 + p2*(1 - p2)/n2)     # SE of pe
  z.crit = qnorm(0.5 + conf.level/2)
  lower = pe - z.crit*se
  upper = pe + z.crit*se
  Res = data.frame(p1=p1, p2=p2, RD=pe, SE=se, lower=lower, upper=upper)
  return(Res)
}

RR = function(y1, n1, y2, n2, conf.level=0.95) # Relative Risk
{
  p1 = y1/n1
  p2 = y2/n2
  pe = p1/p2
  selog = sqrt(1/y1 - 1/n1 + 1/y2 - 1/n2)          # SE of log(pe)
  z.crit = qnorm(0.5 + conf.level/2)
  lower = exp(log(pe) - z.crit*selog)
```

```
  upper = exp(log(pe) + z.crit*selog)
  Res = data.frame(p1=p1, p2=p2, RR=pe, SElog=selog, lower=lower, upper=upper)
  return(Res)
}

OR = function(y1, n1, y2, n2, conf.level=0.95)             # Odds Ratio
{
  o1 = y1/(n1 - y1)                                         # odd 1
  o2 = y2/(n2 - y2)                                         # odd 2
  pe = o1/o2
  selog = sqrt(1/y1 + 1/(n1 - y1) + 1/y2 + 1/(n2 - y2))   # SE of Log(pe)
  z.crit = qnorm(0.5 + conf.level/2)
  lower = exp(log(pe) - z.crit*selog)
  upper = exp(log(pe) + z.crit*selog)
  Res = data.frame(odd1=o1, odd2=o2, OR=pe, SElog=selog, lower=lower, upper=upper)
  return(Res)
}
```

**예제 7-3**

NEJM 318:262−264 (1988)에 출판된 논문은 아스피린 복용과 심근경색증(Myocardial Infarction, MI) 발생에 대한 연구이며, 결과는 다음과 같았다. RD, RR, OR을 추정하시오.

〈표 7.1〉 아스피린 복용에 따른 급성 심근경색증 발생

| Group | MI occured | No MI | Total |
|---|---|---|---|
| Aspirin | 104 | 10,933 | 11,037 |
| Placebo | 189 | 10,845 | 11,034 |

- Wald CI and test for Difference

```
require(sasLM)
RD(104, 11037, 189, 11034)  # no continuity correction
```

```
          p1          p2            RD           SE       lower         upper
1 0.00942285  0.01712887  -0.007706024  0.001539964  -0.0107243  -0.004687751
```

```
RR(104, 11037, 189, 11034) # Active first, Placebo later

           p1          p2        RR      SElog     lower     upper
1  0.00942285  0.01712887  0.550115  0.1213473  0.4336731  0.6978217

OR(104, 11037, 189, 11034) # Active first, Placebo later

         odd1        odd2         OR     SElog     lower     upper
1  0.009512485  0.01742739  0.5458355  0.1228416  0.429041  0.694424

prop.test(c(104, 189), c(11037, 11034)) # default will use continuity correction.

      2-sample test for equality of proportions with continuity correction

data:  c(104, 189) out of c(11037, 11034)
X-squared = 24.429, df = 1, p-value
= 7.71e-07 alternative hypothesis:
two.sided
95 percent confidence interval:
 -0.010814914 -0.004597134
sample estimates:
    prop1        prop 2
0.00942285    0.01712887
```

- Score CI and test for Difference, RR, and OR

```
RDmn1(104, 11037, 189, 11034) # Risk Difference

          p1           p2            RD          lower         upper
0.009422850  0.017128874  -0.007706024  -0.010788543  -0.004716840

RRmn1(104, 11037, 189, 11034) # RR (active first)

          p1           p2            RR          lower         upper
 0.00942285   0.01712887    0.55011498     0.43322316    0.69847602
```

```
ORmn1(104, 11037, 189, 11034) # OR (active first)
```

```
       odd1         odd2          OR        lower        upper
0.009512485  0.017427386  0.545835457  0.429279021  0.694040668
```

단일군의 경우에 다음의 함수로 Score CI를 구할 수 있다.

```
ScoreCI = function(y, n, conf.level=0.95)
{
  z = qnorm(0.5 + conf.level/2)
  z2 = z^2
  mp = (y + 0.5*z2)/(n + z2) # mid point but not point estimate
  eb = z/(n + z2)*sqrt(y*(n - y)/n + z2/4) # error bound
  Res = data.frame(Prop = y/n, lower = mp - eb, upper = mp + eb)
  return(Res)
}
```

```
round(ScoreCI(104, 11037)*100, 3) # in percent
```

```
   Prop  lower  upper
1 0.942  0.778   1.14
```

위의 특이한 점은 비대칭 신뢰구간이라는 것이다.

그런데 단일군의 경우에는 binom.test가 있으므로 굳이 위의 함수를 사용할 필요가 없으나, 두 군의 비율 차이에 대한 신뢰구간을 구하고자 할 때는 score CI가 많이 사용된다.

다음은 sasLM package 내의 관련 함수의 핵심 내용이다.

```
RDmn1 = function(y1, n1, y2, n2, conf.level=0.95, eps=1e-8)
{
  p1 = y1/n1                # p of test (active) group
  p2 = y2/n2                # p of control (placebo) group
  RD = p1 - p2              # point estimate of risk difference (RD)
  v0 = qchisq(conf.level, 1) # delta ofv for confidence interval
```

```
  Obj = function(rd) {   # find dp points of increased obj fx value (ofv) by v0
    mLL = function(p1t) -dbinom(y1, n1, p1t, log=T) - dbinom(y2, n2, p1t - rd, log=T)
    p1t = nlminb(p1, mLL, lower=max(0, RD), upper=min(1, RD + 1))$par
    p2t = max(0, min(p1t - rd, 1))   # MLE p1t, p2t with fixed rd
    var0 = (p1t*(1 - p1t)/n1 + p2t*(1 - p2t)/n2)*(n1 + n2)/(n1 + n2 - 1)
    return(((rd - RD)^2/var0 -v0)^2)   # find roots of increased ofv by v0
  }

  options(warn=-1)
  LL = nlminb(max(eps - 1, RD - eps), Obj, lower=max(-1, RD - 1), upper=RD)$par
  UL = nlminb(min(1 - eps, RD + eps), Obj, lower=RD, upper=min(RD + 1, 1))$par
  options(warn=1)

  return(data.frame(p1 = p1, p2 = p2, RD = RD, lower = LL, upper = UL))
}
```

```
RRmn1 = function(y1, n1, y2, n2, conf.level=0.95, eps=1e-8)
{
  p1 = y1/n1                    # p of test (active) group
  p2 = y2/n2                    # p of control (placebo) group
  RR = p1/p2                    # point estimate of relative risk (RR)
  v0 = qchisq(conf.level, 1)    # delta ofv for confidence interval

  Obj = function(rr) {   # find rr points of increased obj fx value (ofv) by v0
    mLL = function(p2t) -dbinom(y1, n1, p2t*rr, log=T) - dbinom(y2, n2, p2t, log=T)
    p2t = nlminb(p2, mLL, lower=0, upper=1)$par
    p1t = p2t*rr                # MLE p1d, p2d with fixed ratio rr
    var0 = (p1t*(1 - p1t)/n1 + RR*RR*p2t*(1 - p2t)/n2)*(n1 + n2)/(n1 + n2 - 1)
    return(((p1t - p2t*RR)^2/var0 - v0)^2) # find the root of increased ofv by v0
  }

  options(warn=-1)
  LL = nlminb(max(eps, RR - eps), Obj, lower=0, upper=RR)$par
  UL = nlminb(RR + eps, Obj, lower=RR)$par
  options(warn=1)

  return(data.frame(p1 = p1, p2 = p2, RR = RR, lower = LL, upper = UL))
}
```

```
ORmn1 = function(y1, n1, y2, n2, conf.level=0.95, eps=1e-8)
{
  p1 = y1/n1
  p2 = y2/n2
  o1 = y1/(n1 - y1)                # odd of test (active) group
  o2 = y2/(n2 - y2)                # odd of control (placebo) group
  OR = o1/o2                       # point estimate of odds ratio (OR)
  v0 = qchisq(conf.level, 1)       # delta ofv for confidence interval

  Obj = function(or) {             # find or points of increased obj fx value (ofv) by v0
    mLL = function(p2t) {
      p1t = p2t*or/(1 + p2t*(or - 1))
      -dbinom(y1, n1, p1t, log=T) - dbinom(y2, n2, p2t, log=T)
    }
    p2t = nlminb(p2, mLL, lower=0, upper=1)$par
    p1t = p2t*or/(1 + p2t*(or - 1))# MLE p1d, p2d with fixed odds ratio or
    div = (p1 - p1t)/(p1t*(1 - p1t)) - (p2 - p2t)/(p2t*(1 - p2t))
    var0 = (1/(n1*p1t*(1 - p1t)) + 1/(n2*p2t*(1 - p2t)))*(n1 + n2)/(n1 + n2 - 1)

    return((div^2/var0 - v0)^2)# find the root of increased ofv by v0
  }

  options(warn=-1)
  LL = nlminb(max(eps, OR - eps), Obj, lower=0, upper=OR)$par
  UL = nlminb(OR + eps, Obj, lower=OR)$par
  options(warn=1)

  return(data.frame(odd1 = o1, odd2 = o2, OR = OR, lower = LL, upper = UL))
}
```

R의 PropCIs, PF package와 SAS에서도 Miettinen과 Nurminen(이하 MN으로 표기)에 의한 score CI를 구해 준다. 하지만 이들의 방법은 risk difference(RD)의 경우에는 문제가 없지만, RR의 경우에는 3차 방정식으로 근사하여 해를 구하기 때문에 유효숫자가 2자리정도밖에 안 되며, OR의 경우에는 초기값(initial guess)에서 1.001배씩 증가 또는 감소시키면서 해를 찾기 때문에 유효숫자가 3자리 정도밖에 되지 않는다. 다른 소프트웨

어를 사용할 때는 이런 점에 유의한다.

NEJM에 2021년 12월 16일에 발표된 COVID-19 치료제인 Molnupiravir 3상 임상시험의 자료분석에는 위의 MN 방식을 사용하였고, 증상 발현 후 3일 이내에 치료를 시작한 strata와 4일 또는 5일째에 치료를 시작한 strata로 나누어진 자료를 가중치(weighting)를 사용하여 common risk difference를 구하였다. 다음은 strata가 있는 자료를 `RDmn` 함수를 사용하여 common RD를 구하는 예시이다.

```
d1 = data.frame(y1=c(25, 23), n1=c(339, 370), y2=c(28, 40), n2=c(335, 364)) ; d1
```

```
      y1    n1    y2    n2
1     25    339   28    335
2     23    370   40    364
```

```
RDmn(d1)
```

```
$Strata

          p1          p2            RR         lower        upper
1  0.07374631  0.08358209  -0.009835777  -0.05174840   0.031572839
2  0.06216216  0.10989011  -0.047727948  -0.08980705  -0.007330023

$Common

          p1          p2            RD         lower        upper
 0.067708565 0.097294030  -0.029585465  -0.058936760  -0.000855763
```

Percent 단위가 되려면 위의 결과에 100을 곱해야 한다.

Strata가 있는 자료에서 common RR을 구하는 경우에는 `RRmn` 함수를 사용하고, common OR을 구하는 경우에는 `ORmn` 함수를 사용하면 된다.

앞의 연구는 전향적 무작위 배정 연구(prospective randomized trial)이기 때문에 RR이 계산 가능하지만, 증례-대조군(case-control) 연구에서는 OR만 계산할 수 있고 RR은 계산할 수 없다.

발생 빈도가 낮은 경우에는 OR을 RR의 근사값으로 사용할 수 있다. 만약 $\pi_1$, $\pi_2$가 0.2보다 클 때는 OR의 제곱근을 RR의 근사값으로 사용할 수 있다.

**예제 7-4**

British Med J. Sep. 1950 739–748에 출판된 흡연과 폐암의 증례 대조군 연구 결과이다. OR을 추정하시오.

〈표 7.2〉 증례-대조군에 의한 흡연과 폐암의 관련성

| Smoker | Yes | No | Total |
|---|---|---|---|
| Case | 688 | 21 | 709 |
| Control | 650 | 59 | 709 |

```
OR(y1=688, n1=709, y2=650, n2=709)
```

```
       odd1       odd2        OR      SElog     lower     upper
1   32.7619   11.01695  2.973773  0.2599234  1.786737  4.949427
```

```
ORmn1(y1=688, n1=709, y2=650, n2=709)
```

```
     odd1        odd2        OR       lower      upper
32.761905   11.016949   2.973773   1.794878   4.925924
```

## 7.4 두 군의 분산 비교

두 모분산 비교를 위한 가정은 다음과 같다.

$X_1, X_2, \cdots, X_n \overset{i.i.d}{\sim} N(\mu_1, \sigma_1^2)$인 확률표본

$Y_1, Y_2, \cdots, Y_n \overset{i.i.d}{\sim} N(\mu_2, \sigma_2^2)$인 확률표본

두 확률표본 $X_i$ 와 $Y_i$ 는 서로 독립

i.i.d. = independently and identically distributed

위의 조건하에서 아래가 성립한다.

$$\frac{S_1^2/\sigma_1^2}{S_2^2/\sigma_2^2} \sim F(n_1-1, n_2-1)$$

따라서 귀무 가설이 다음과 같을 때

$$H_0 : \sigma_1^2/\sigma_2^2 = 1$$

검정통계량은 다음과 같다.

$$F = \frac{S_1^2}{S_2^2}$$

신뢰구간은 다음과 같이 구할 수 있다.

$$\frac{S_1^2}{S_2^2}F(n_2-1, n_1-1, 1-\alpha/2) < \frac{\sigma_1^2}{\sigma_2^2} < \frac{S_1^2}{S_2^2}F(n_2-1, n_1-1, \alpha/2)$$

위 식에서 자유도의 순서가 바뀌었기 때문에 분모가 아닌 분자에 있음에 유의한다. R에서는 `var.test` 함수를 이용하여 쉽게 할 수 있다.

## 7.5 참고문헌

1. Miettinen, O., & Nurminen, M. (1985). Comparative analysis of two rates. *Stat Med. 4*, 213–226.

# 연습문제

1 NCT04575597(NEJM 2021-12-16 Molnupiravir Phase 3 on COVID-19)의 결과를 strata 없이 분석하시오. 편의를 위해 수치를 제공하면 다음과 같다.
추적 기간은 28일(day 29까지)이다. 사건은 사망 또는 day 29에서의 입원 상태이다. Modified ITT에서 active 군에서는 385명 중 28명에서 사건이 발생했고, placebo 군에서는 377명 중 53명에서 발생했다. All randomized ITT 군에서 active 군에서는 709명 중 48명에서 발생했고, placebo 군에서는 699명 중 68명에서 발생했다.

2 NCT02702388에서 strata information 없이 주분석을 재현하시오. 편의상 수치를 제공하면 다음과 같다.
저용량군에서는 75명 중 43명에서 재발하였고, 고용량군에서는 77명 중 31명에서 재발하였다.

3 다음은 어떤 개발 중인 신약의 2상 임상시험 결과이다.

| | 위약군 | 저용량군 | 고용량군 |
|---|---|---|---|
| 대상자 수 | 40 | 40 | 40 |
| 치료 실패 수 | 2 | 1 | 1 |

1) 3상 임상시험을 위약대조군과 비교하여 두 군으로 임상시험을 한다면 적절한 표본크기를 구하시오.

2) 실제로 회사는 군당 300명으로 3상 임상시험을 하기로 하였다. 검정력을 구하시오.

**4** "van Dyck CH et tal. Lecanemab in Early Alzheimer's Disease. N Engl J Mmed. 2023; 388(1): 9-21" 논문에서 결과를 이용하여 sample size를 다시 계산하시오.

**5** PropCIs package의 diffscoreci, riskscoreci, orscoreci 함수에 n1 = 2, n2 = 2이면서 y1과 y2가 0에서 2까지 변할 때의 값을 계산하고, sasLM의 RDmn1, RRmn1, ORmn1 함수의 결과와 비교하시오. 값이 많이 다른 경우에 어느 것이 맞는지 확인해 보시오.

```
library(PropCIs)
riskscoreci(0, 1, 0, 1, conf.level=0.95)$conf.int
riskscoreci(0, 1, 1, 1, conf.level=0.95)$conf.int
riskscoreci(1, 1, 0, 1, conf.level=0.95)$conf.int # Different !
riskscoreci(1, 1, 1, 1, conf.level=0.95)$conf.int
riskscoreci(0, 2, 0, 2, conf.level=0.95)$conf.int
riskscoreci(0, 2, 1, 2, conf.level=0.95)$conf.int
riskscoreci(0, 2, 2, 2, conf.level=0.95)$conf.int
riskscoreci(1, 2, 0, 2, conf.level=0.95)$conf.int
riskscoreci(1, 2, 1, 2, conf.level=0.95)$conf.int
riskscoreci(1, 2, 2, 2, conf.level=0.95)$conf.int
riskscoreci(2, 2, 0, 2, conf.level=0.95)$conf.int # Different !
riskscoreci(2, 2, 1, 2, conf.level=0.95)$conf.int
riskscoreci(2, 2, 2, 2, conf.level=0.95)$conf.int

library(sasLM)
RRmn1(0, 1, 0, 1)
RRmn1(0, 1, 1, 1)
RRmn1(1, 1, 0, 1) # Different !
RRmn1(1, 1, 1, 1)

RRmn1(0, 2, 0, 2)
RRmn1(0, 2, 1, 2)
RRmn1(0, 2, 2, 2)
RRmn1(1, 2, 0, 2)
RRmn1(1, 2, 1, 2)
RRmn1(1, 2, 2, 2)
RRmn1(2, 2, 0, 2) # Different !
RRmn1(2, 2, 1, 2)
RRmn1(2, 2, 2, 2)
```

# 08 간단한 시뮬레이션들

# 08 간단한 시뮬레이션들(Simple Simulations)

## 8.1 카이제곱 분포의 자유도

### 8.1.1. 카이제곱 분포의 정의

앞 장에 이미 나왔지만, 카이제곱 분포를 따르는 확률변수는 다음과 같은 정의에 따라 생성할 수 있다.

$$Z_i \overset{i.i.d}{\sim} N(0,1^2)$$

$$V = Z_1^2 + Z_2^2, \cdots, Z_k^2 \sim \chi^2(k)$$

$Z_i$s are independent and identically distributed(i.i.d.).

### 8.1.2. Setting

```
Df = 10      # Degree of Freedom, Number of Zs to be added for Chi-square variable V
nV = 5000    # Number of Chi-square Variables (Vs)
```

### 8.1.3. Generate Zs (standard normal distribution) and Vs (chi-square distribution)

#### 8.1.3.1. First V variable (rV) adding 10 Z variables

```
mZ = matrix(rnorm(nV*Df), nrow=nV, ncol=Df)    # matrix of Zs
rV = rowSums(mZ^2)                             # sum of 10 independent Zs
length(rV)                                     # Should be equal to nV
```

```
 [1] 5000
```

#### 8.1.3.2. Second V variable (rV2) of chi-square distribution

```
mZ2 = mZ
mZ2[, 10] = -rowSums(mZ[,1:(Df - 1)])/(Df - 1) # 10th Z
rV2 = rowSums(mZ2^2)                           # sum of 9 free and 1 derived Zs.
```

### 8.1.4. Get theoretical values

```
x = seq(0, 30, length.out=101)
y1 = dchisq(x, df=Df)
y2 = dchisq(x, df=Df - 1)
```

### 8.1.5. Plot

```
# dev.new(width=14, height=7)
plot(x, y2, type="l", col="red", ylab="Density") # This is taller, so plot first
lines(density(rV2), lty=2, col="red")
lines(x, y1)
```

```
lines(density(rV), lty=2)
legend(17, 0.1,
       c("Df=10 Theoretical", "Df=10 Simulation", "Df=9 Theoretical", "Df=9 Simulation"),
       lty=c(1,2,1,2), col=c(1,1,2,2))
```

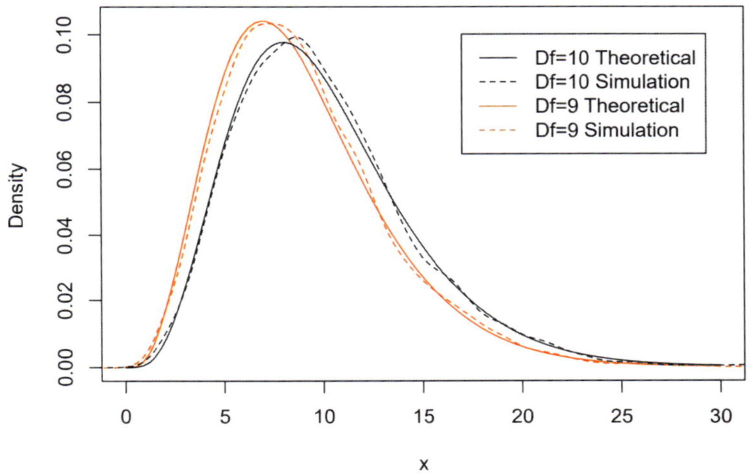


[그림 8.1] Degree of freedom and Chi-square distribution

## 8.1.6. Fit and get Df using MASS::fitdistr()

### 8.1.6.1. Degree of freedom of rV

```
mean(rV) # because E(V) = k (df)
```

```
[1] 9.973559
```

### 8.1.6.2. Degree of freedom of rV2

```
mean(rV2)
```

```
[1] 9.086426
```

#### 8.1.6.3. Other way using MASS:fitdistr

```
require(MASS)
fitdistr(rV, dchisq, start=list(df=mean(rV)), lower=0)
```

```
      df
10.00869288
(0.06015057)
```

```
fitdistr(rV2, dchisq, start=list(df=mean(rV2)), lower=0)
```

```
     df
9.12664244
(0.05715603)
```

## 8.2 Simple Bootstrap

주어진 자료에서 같은 sample size (n)의 자료를 복원 추출하는 것을 N회(주로 2000회 정도) 반복하여 통계량들의 percentile로 신뢰구간을 구한다.

### 8.2.1. 난수 발생시키기

```
mu1 = 0
sig1 = 1
n1 = 20

x = rnorm(n1, mu1, sig1)
```

### 8.2.2. 공식(Formula)으로 CI 구하기

```
alpha1 = 0.05
mx = mean(x)
mx + c(-1, 1)*qnorm(1 - alpha1/2)*sig1/sqrt(n1) # using normal distribution
```

```
[1] -0.4834549   0.3930676
```

```
mx + c(-1, 1)*qt(1 - alpha1/2, n1 - 1)*sd(x)/sqrt(n1) # using t distribution
```

```
[1] -0.3347330   0.6979314
```

### 8.2.3. Bootstrapping으로 CI 구하기

```
N = 2000
Res = rep(NA, N)
for (i in 1:N) {
  Res[i] = mean(x[sample(n1, n1, replace=T)])
}
```

- 일반적인 percentile (quantile) 신뢰구간

```
ci0 = quantile(Res, c(alpha1/2, 1 - alpha1/2)) # if symmetric, percentile CI
ci0
```

```
       2.5%       97.5%
 -0.4201508   0.3048236
```

- Reverse percentile CI (reflection method) (별로 추천하지 않음)

```
2*mx - rev(ci0)
```

```
      97.5%          2.5%
-0.01627869    1.01355321
```

주의할 점: 한 사람(대상자, 개체)에서 여러 번 측정한 경우(예를 들어, 농도 자료가 그렇다.)에는 한 개체 자료 전체가 resampling unit이 된다. 예를 들어, 100명에게서 1000개의 관측값이 있다면 resampling은 (개별 관측값이 아니고) 100개의 ID로 한다.

## 8.3 Welch t-test의 검정력 구하기

$X_1 \sim N(10, 2^2)$과 $X_2 \sim N(12, 2^2)$으로부터 각각 10개의 난수를 발생시켜 t 검정을 하는 것은 다음과 같다.

```
x1 = rnorm(10, 10, 2)
x2 = rnorm(10, 12, 2)
t.test(x1, x2)
```

```
     Welch Two Sample t-test

data: x1 and x2
t = -1.6245, df = 13.539, p-value = 0.1273
alternative hypothesis: true difference in means is not equal to 0
95 percent confidence interval:
 -2.9748010  0.4153159
sample estimates:
mean of x mean of y
10.28960   11.56934
```

만약 위의 것을 Sim.t라는 함수를 만들어 수행한다면 다음과 같이 할 수 있다.

```
Sim.t = function(mu1, mu2, sig1, sig2, n1, n2)
{
  x1 = rnorm(n1, mu1, sig1)
  x2 = rnorm(n2, mu2, sig2)
  t.test(x1, x2)$p.value
}
Sim.t(10, 12, 2, 2, 10, 10)
```

```
[1] 0.0006798321
```

R에서 기본적으로 제공하는 `power.t.test` 함수를 이용하여 각 군당 10명, 두 군의 평균의 차이는 2, 표준편차는 2로 동일한 경우에 대한 검정력은 다음과 같이 구할 수 있다.

```
power.t.test(n=10, delta=2, sd=2)
```

```
     Two-sample t test power calculation

              n = 10
          delta = 2
             sd = 2
      sig.level = 0.05
          power = 0.5619846
    alternative = two.sided

NOTE: n is number in *each* group
```

위 함수는 각 군의 표본 크기가 다르거나 표준편차가 다른 경우에는 사용할 수 없다. 따라서 다음과 같은 시뮬레이션 함수를 작성하여 좀 더 일반적인 경우에도 구할 수 있다.

```
Power.t = function(mu1, mu2, sig1, sig2, n1, n2, N=2000)
{
  Res = rep(NA, N)
  for (i in 1:N) {
```

```
    x1 = rnorm(n1, mu1, sig1)
    x2 = rnorm(n2, mu2, sig2)
    Res[i] = t.test(x1, x2)$p.value
  }
  return(sum(Res < 0.05)/N)
}
```

만약 power.t.test 함수를 이용하여 풀었던 문제를 우리가 작성한 Power.t 함수를 이용하여 푼다면 다음과 같다.

```
Power.t(10, 12, 2, 2, 10, 10)
```

```
[1] 0.546
```

두 군의 크기가 다르거나 표준편차가 다른 경우에도 다음과 같이 구할 수 있다.

```
Power.t(10, 12, 2, 3, 30, 30)
```

```
[1] 0.8415
```

지금까지는 귀무 가설($H_0$)이 $\mu_1 = \mu_2$이고, 따라서 대립 가설이 $\mu_1 \neq \mu_2$인 경우이다. 이 경우 두 평균의 차이가 얼마인지에 대한 설정이 없으므로 이것만으로는 검정력(power)을 구할 수 없다. 이때 가정하는 두 군의 차이값에 대한 미지의 진실을 가정하고 이에 따라 검정력을 구하게 된다. 이때 두 값의 차이에 대한 가정을 '최소검출자'라고도 한다.

만약 귀무 가설이 $\mu_1 - \mu_2 < 2$(즉, 대립 가설이 $\mu_1 - \mu_2 \geq 2$이다.)가 된다면 위의 R script를 어떻게 바꾸어야 하는지 생각해 보라.

## 8.4 2x2 카이제곱 검정의 검정력 구하기

다음은 위와 유사한 개념으로 2 × 2 table 자료의 카이제곱 검정에서 검정력을 구하는 함수이다. 어느 한 cell의 크기가 5 미만이면 카이제곱 검정이 아니라 Fisher's exact test를 하도록 하였다. (엄밀히는 기대도수가 5 미만이면서 그런 cell이 전체의 20~25%가 넘으면 Fisher's exact test를 해야 한다. 이런 cell이 없다고 Fisher's exact test를 못하는 것은 아니다.) 이와 같이 두 가지 검정이 혼재되어 있다면 하나의 공식으로 표현할 수 없기 때문에 시뮬레이션이 바람직한 방법이 된다.

```
Power.chisq = function(n, p1, p2, N=10000, alpha=0.05)
{
  Res = rep(NA, N)
  for (i in 1:N) {
    n11 = rbinom(1, n, p1)
    n12 = n - n11
    n21 = rbinom(1, n, p2)
    n22 = n - n21
    A = matrix(c(n11, n12, n21, n22), ncol=2, byrow=T)
    if (any(A < 5)) {
      Res[i] = fisher.test(A)$p.value
    } else {
      Res[i] = chisq.test(A)$p.value
    }
  }
  return(mean(Res < alpha))
}

Power.chisq(44, 0.5, 0.2) # about 0.8
```

```
[1] 0.8061
```

위 함수를 잘 활용하면 표본 크기(sample size)를 구하는 함수를 만들 수 있다.

그런데, 여기에서도 `t.test` 함수 때와 같은 문제를 고려해 볼 수 있다. 즉, 귀무 가설이 단지 '$p_1$과 $p_2$가 다르다'인 경우가 있고, $p_1 - p_2 < 0.1$과 같이 특정값을 제시할 때가 있다. 후자의 경우 위의 R script를 어떻게 바꾸어야 하는지 생각해 보라.

## 8.5 타원 그리기

R에서 bivariate normal distribution을 시각적으로 표현하고 싶을 때는 먼저 타원을 그릴 수 있어야 한다.

다음과 같이 개발 중인 math package 내의 `ellipse` 함수를 이용하여 보자.

math package는 아직 CRAN에 올라가 있지 않으므로 다음과 같이 설치해야 한다.

```
install.packages("math", repos="http://r.acr.kr")

require(math)

ellipse = function(center=c(0, 0), radius=c(2, 1), alpha=0, npoints=100, add=F, ...)
{
  theta = seq(0, 2*pi, length=npoints + 1)
  x0 = radius[1]*cos(theta)
  y0 = radius[2]*sin(theta)
  x = x0*cos(alpha) - y0*sin(alpha) + center[1]
  y = x0*sin(alpha) + y0*cos(alpha) + center[2]
  LongAxis = max(radius)
  xlm = center[1] + c(-1, 1)*LongAxis
  ylm = center[2] + c(-1, 1)*LongAxis
  if (add) {
    lines(x, y, xlim=xlm, ylim=ylm, ...)
  } else {
```

```
    plot(x, y, xlim=xlm, ylim=ylm, type="l", ...)
  }
  invisible(cbind(x, y))
}
```

위 함수는 타원의 중심(두 중심의 중점)의 좌표, 반지름 두 개(긴 것과 짧은 것, 장반경과 단반경), 중심축의 각도(두 중심을 이은 직선이 x축과 이루는 각도, radian 단위)와 타원을 그리는 데 사용할 점의 개수를 입력 인자(argument)로 받는다.

Default는 중심(0, 0)에 반지름(2, 1)이고, 중심축이 수평(0 radian)인 타원을 그려 준다.

아래에서 asp=1 옵션을 준 이유는 가로 세로가 정확한 scale로 그려지도록 하기 위해서이다.

```
math::ellipse(asp=1)
points(0, 0, pch="*")
abline(h = 0, lty=3)
abline(v = 0, lty=3)
```

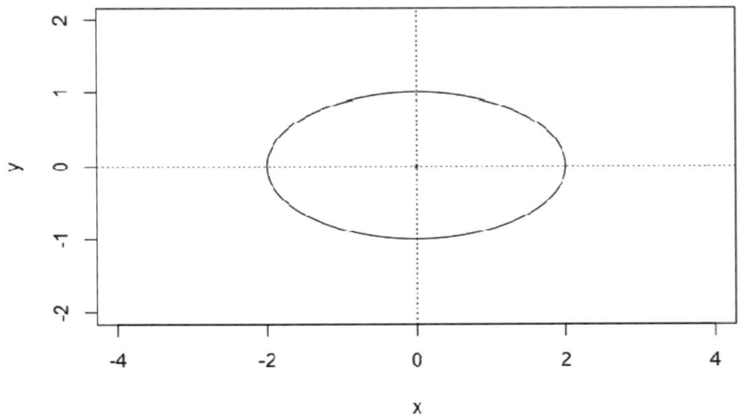


[그림 8.2] An example of ellipse

장반경과 단반경을 3과 2로 늘리고, 45도($pi/4$ radian)로 회전한 타원은 다음과 같이 그릴 수 있다.

```
math::ellipse((c(0, 0), c(3, 2), pi/4, asp=1)
points(0, 0, pch="*")
abline(a = 0, b = 1, lty=2)
abline(a = 0, b = -1, lty=2)
abline(h = 0, lty=3)
abline(v = 0, lty=3)
```

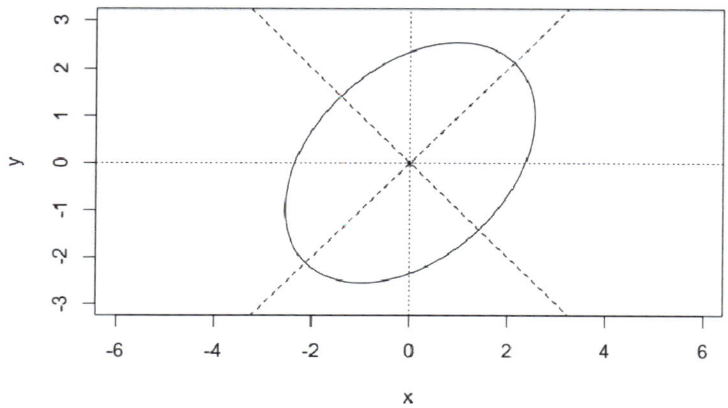


[그림 8.3] Rotation of ellipse

만약 중심의 위치도 (1,1) 좌표로 옮긴다면 다음과 같이 될 것이다.

```
math::ellipse(c(1, 1), c(3, 2), pi/4, asp=1)
points(1, 1, pch="*")
abline(a = 0, b = 1, lty=2)
abline(a = 2, b = -1, lty=2)
abline(h = 0, lty=3)
abline(v = 0, lty=3)
```

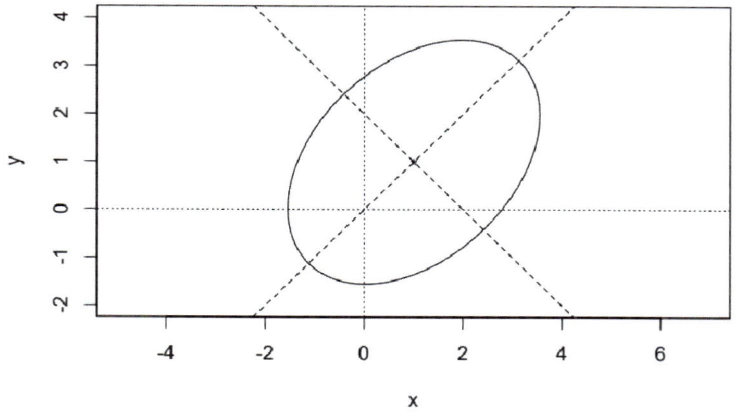


[그림 8.4] Rotation and shifting of ellipse

중심축이 회전한 타원을 그리게 되면, x축에서 바라본 range와 y축에서 바라본 range가 장반경과 단반경의 정확한 2배가 되지 않는다. 따라서 이를 구하는 함수는 다음과 같다.

```
ellipRange = function(center=c(0, 0), radius=c(2, 1), alpha=0)
{
  x0max = sqrt(radius[1]^2*cos(alpha)^2 + radius[2]^2*sin(alpha)^2)
  y0max = sqrt(radius[1]^2*sin(alpha)^2 + radius[2]^2*cos(alpha)^2)
  xrange = center[1] + c(-1, 1)*x0max
  yrange = center[2] + c(-1, 1)*y0max
  return(cbind(xrange, yrange))
}
```

첫 번째로 그린 타원은 축이 수평이므로 장반경과 단반경만으로 바로 구할 수 있다.

```
ellipRange()
```

```
     xrange yrange
[1,]     -2     -1
[2,]      2      1
```

하지만 회전한 경우에는 다음과 같이 나오게 된다.

```
ellipRange(c(0, 0), c(3, 2), pi/4)
```

```
         xrange    yrange
[1,]   -2.54951  -2.54951
[2,]    2.54951   2.54951
```

```
ellipRange(c(1, 1), c(3, 2), pi/4)
```

```
         xrange    yrange
[1,]   -1.54951  -1.54951
[2,]    3.54951   3.54951
```

```
ellipRange(c(1, 1), c(3, 2), pi/6)
```

```
          xrange     yrange
[1,]   -1.783882  -1.291288
[2,]    3.783882   3.291288
```

## 8.6 Joint Confidence Region

### 8.6.1. Drawing bivariate normal using distribution function and sampled data

다음은 bivariate normal distribution에서 95% 신뢰영역(confidence region)을 그리는 R script이다. 이것은 joint confidence region이라고도 한다.

```
ci = 0.95
npoints = 100
dimR = 2                                    # plotting dimension
npara = 5                                   # mu: 2, mCov: 3

mu0 = c(0, 0)
mCov0 = matrix(c(1, 0.5, 0.5, 1), nrow=2)
eg0 = eigen(mCov0)
alpha0 = atan(eg0$vectors[2, 1]/eg0$vectors[1, 1])
radius0 = sqrt(qchisq(ci, dimR)*eg0$values)      # from normal distribution

r1 = ellipse(mu0, radius0, alpha0, col="red", asp=1)
points(mu0[1], mu0[2], pch="*", col="red")
abline(a=0, b=1, lty=2)
abline(a=0, b=-1, lty=2)
abline(h=0, lty=3)
abline(v=0, lty=3)
```

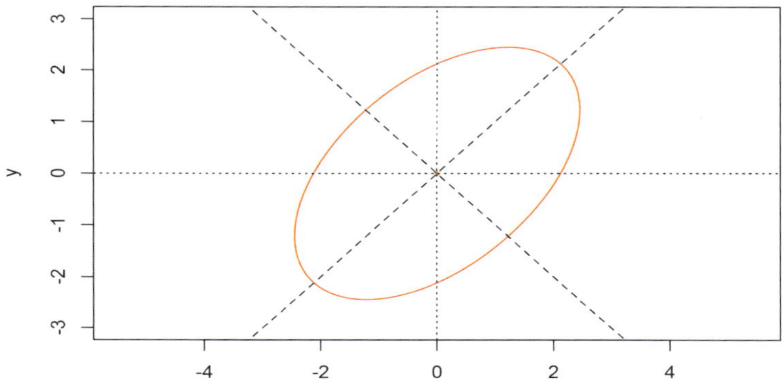


**[그림 8.5]** Joint confidence region of bivariate normal

이제 위의 이론적인 그림에 난수를 이용해서 구한 점들과 이로 추정된 평균 벡터, 분산-공분산 행렬을 이용하여 그려 보자.

```
require(MASS)
Data = mvrnorm(npoints, mu0, mCov0)
head(Data, 10)
```

```
              [,1]        [,2]
 [1,] -0.40097161  0.30708006
 [2,]  0.30676436  1.72851130
 [3,]  0.05263311  1.01479620
 [4,] -0.80182295 -0.29155240
 [5,]  1.68623643  0.58771518
 [6,] -0.63267545  0.76567146
 [7,] -0.60720673  0.54218817
 [8,]  0.45455423 -0.64158363
 [9,] -0.47251392 -0.04316106
[10,]  0.06142228 -0.05260522
```

```
mu = colMeans(Data) ; mu
```

```
[1] -0.04766929 0.05485751
```

```
mCov = cov(Data) ; mCov
```

```
          [,1]      [,2]
[1,] 0.8751536 0.4123766
[2,] 0.4123766 0.8521441
```

```
eg = eigen(mCov) # sorted as descening order
alpha = atan(eg$vectors[2,1]/eg$vectors[1,1]) ; alpha*180/pi
```

```
[1] 43.5506
```

```
radius = sqrt(dimR*qf(ci, dimR, npoints - npara)*eg$values) # from sample data

math::ellipse(mu0, radius0, alpha0, col="red", asp=1)
math::ellipse(mu, radius, alpha, asp=1, add=T)
points(Data)
points(mu0[1], mu0[2], pch="*", col="red")
points(mu[1], mu[2], pch="+")
abline(a=0, b=1, lty=2, col="red")
abline(a=0, b=-1, lty=2, col="red")
abline(h=0, lty=3)
abline(v=0, lty=3)
```

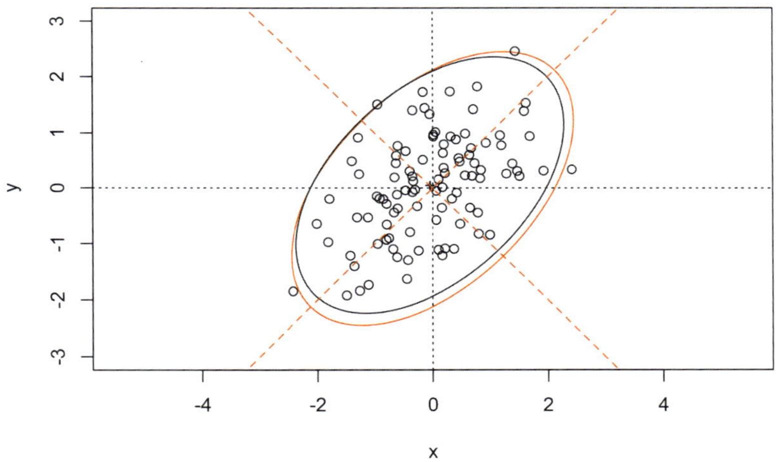


[그림 8.6] Simulated data and confidence region

상당히 유사하게 겹치는 것을 볼 수 있다.

추정된 평균벡터와 분산공분산 행렬을 이용해서 각 축에서 바라본 95% 신뢰구간을 구하면 다음과 같다.

```
ellipRange(mu0, radius0, alpha0) # True value
```

```
        xrange      yrange
[1,]  -2.447747   -2.447747
[2,]   2.447747    2.447747
```

```
ellipRange(mu, radius, alpha) # Estimated value
```

```
        xrange      yrange
[1,]  -2.374111   -2.240797
[2,]   2.278772    2.350512
```

## 8.7 3D Plot Using rgl

```
library(rgl)
npoints = 101
x = seq(-3, 3, length=npoints)
y = x

mvdnorm = function(v, mu=c(0, 0), mCov=matrix(c(1, 0, 0, 1), nrow=2))
{
  n = length(mu)
  d = det(2*pi*mCov)^(-0.5)*exp(-0.5*t(v - mu) %*% solve(mCov) %*% (V - mu)))
  return(as.numeric(d))
}
mvdnorm(c(1, 1), mu0, mCov0) # Test of mdvnorm

z = matrix(nrow=npoints, ncol=npoints)
for (i in 1:npoints) {
  for (j in 1:npoints) {
    z[i, j] = mvdnorm(c(x[i], y[j]), mu=mu0, mCov=mCov0)
  }
}

open3d()
```

```
clear3d("all")
bg3d(color="#887788")
light3d()
zscale = 10
surface3d(x, y, z*zscale, color="#FF2222", alpha=0.5)

z2 = rep(NA, npoints)
for (i in 1:npoints) z2[i] = mvdnorm(r1[i,], mu=mu0, mCov=mCov0)
lines3d(r1[,1], r1[,2], z2*10)
summary(z2)

z3 = matrix(rep(0, npoints*npoints), nrow=npoints)
spheres3d(Data[,1], Data[,2], z3, radius=0.1, color="#CCCCFF")

z4 = matrix(rep(10*median(z2), npoints*npoints), nrow=npoints)
surface3d(x, y, z4, color="#000000")
```

### 8.7.1. 결과 그림

위의 R script를 직접 실행하면서 그림을 회전해 보는 것이 좋다.

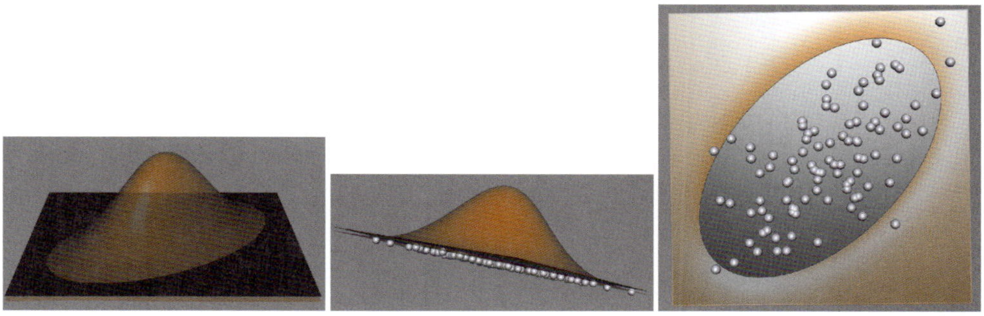

Joint confidence region과 관련해서는 car package의 `ellipse`, `dataEllipse`, `confidenceEllipse` 등의 함수도 있다.

## 8.8 상관관계(Correlation)

Correlation은 기본적으로 두 변수 모두 확률변수로 간주하는 것이다. 여기서는 두 변수가 연속형 변수인 경우이다.

$$
\begin{aligned}
Y_1 &= \alpha_0 + \alpha_1 x_1 + \epsilon_1 \\
Y_2 &= \beta_0 + \beta_1 x_2 + \epsilon_2 \\
E(Y_1)E(Y_2) &= (\alpha_0 + \alpha_1 x_1)(\beta_0 + \beta_1 x_2) \\
&= \alpha_0\beta_0 + \alpha_0\beta_1 x_2 + \alpha_1\beta_0 x_1 + \alpha_1\beta_1 x_1 x_2 \\
Y_1 Y_2 &= \alpha_0\beta_0 + \alpha_0\beta_1 x_2 + \alpha_0\epsilon_2 \\
&\quad + \alpha_1\beta_0 x_1 + \alpha_1\beta_1 x_1 x_2 + \alpha_1 x_1 \epsilon_2 \\
&\quad + \beta_0\epsilon_1 + \beta_1 x_2 \epsilon_1 + \epsilon_1\epsilon_2 \\
E(Y_1 Y_2) &= \alpha_0\beta_0 + \alpha_0\beta_1 x_2 + \alpha_1\beta_0 x_1 + \alpha_1\beta_1 x_1 x_2 + E(\epsilon_1\epsilon_2) \\
COV(Y_1, Y_2) &= E(Y_1 Y_2) - E(Y_1)E(Y_2) \\
&= E(\epsilon_1\epsilon_2) \\
COV(\epsilon_1, \epsilon_2) &= E(\epsilon_1\epsilon_2) - E(\epsilon_1)E(\epsilon_2) \\
&= E(\epsilon_1\epsilon_2) \\
\therefore COV(Y_1, Y_2) &= COV(\epsilon_1, \epsilon_2) \\
SD(Y_1) &= SD(\epsilon_1) \\
SD(Y_2) &= SD(\epsilon_2) \\
\therefore COR(Y_1, Y_2) &= COR(\epsilon_1, \epsilon_2)
\end{aligned}
$$

위 식을 보면 아래 기본식이 이해된다.

$$
\begin{aligned}
&COV(aX + b, cY + d) = ac\,COV(X, Y) \\
&COR(aX + b, cY + d) = sign(ac)\,COR(X, Y)
\end{aligned}
$$

다음은 correlation과 관련한 시뮬레이션이다.

```
Sim = function(a0, a1, b0, b1, x1min, x1max, x2min, x2max, nSim, sig1, sig2, rho)
{
  x1 = seq(x1min, x1max, length.out=nSim)
  x2 = seq(x2min, x2max, length.out=nSim)
  xs = cbind(x1, x2)

  ve1 = sig1^2
  ve2 = sig2^2
  coves = rho*sig1*sig2
  mCov = matrix(c(ve1, coves, coves, ve2), ncol=2)

  require(MASS)
  es = mvrnorm(n=nSim, mu=c(0, 0), Sigma=mCov)
  ys = cbind(a0 + a1*x1 + es[,1], b0 + b1*x2 + es[,2])
  vx1 = (x1max - x1min)^2/12
  vx2 = (x2max - x2min)^2/12
  covxs = sqrt(vx1)*sqrt(vx2)

  vy1 = a1^2*vx1 + ve1
  vy2 = b1^2*vx2 + ve2
  covys = a1*b1*covxs + coves
  corys = covys/sqrt(vy1)/sqrt(vy2)

  list(covE = var(es), covEt = matrix(c(ve1, coves, coves, ve2), ncol=2),
       corE = cor(es), corEt = matrix(c(1, rho, rho, 1), ncol=2),
       covX = var(xs), covXt = matrix(c(vx1, covxs, covxs, vx2), ncol=2),
       corX = cor(xs), corXt = matrix(c(1, 1, 1, 1), ncol=2),
       covY = var(ys), covYt = matrix(c(vy1, covys, covys, vy2), ncol=2),
       corY = cor(ys), corYt = matrix(c(1, corys, corys, 1), ncol=2))
}
```

위에서 만든 함수로 시뮬레이션한 결과이다.

```
r1 = Sim(0, 1, 2, -0.5, 1, 10, 100, 200, 2000, 1, 2, 0.7)
print(cbind(r1$corE, NA, r1$corEt), na.print="")
```

```
          [,1]      [,2] [,3] [,4] [,5]
[1,] 1.0000000 0.7140977       1.0  0.7
[2,] 0.7140977 1.0000000       0.7  1.0
```

```
print(cbind(r1$covX, NA, r1$covXt), na.print="")
```

```
          x1        x2
x1  6.760133  75.11259  6.75  75.0000
x2 75.112594 834.58438 75.00 833.3333
```

```
print(cbind(r1$corX, NA, r1$corXt), na.print="")
```

```
   x1 x2
x1  1  1   1 1
x2  1  1   1 1
```

```
print(cbind(r1$covY, NA, r1$covYt), na.print="")
```

```
           [,1]      [,2] [,3]   [,4]     [,5]
[1,]   7.709293 -35.94947        7,75 -36.1000
[2,] -35.949467 212.15903      -36.10 212.3333
```

```
print(cbind(r1$corY, NA, r1$corYt), na.print="")
```

```
           [,1]       [,2] [,3]       [,4]       [,5]
[1,]  1.0000000 -0.8889031        1.0000000 -0.8899124
[2,] -0.8889031  212.15903       -0.8899124  1.0000000
```

앞의 결과가 어떻게 나왔는지 식을 유도하 보면 다음과 같다. 이제는 x가 변하는 값이어서 x를 잠정적으로 확률변수(X)로 취급하여야 한다.

$$
\begin{aligned}
Y_1 &= \alpha_0 + \alpha_1 X_1 + \epsilon_1 \\
Y_2 &= \beta_0 + \beta_1 X_2 + \epsilon_2 \\
COV(Y_1, Y_2) &= COV(\alpha_1 X_1 + \epsilon_1, \beta_1 X_2 + \epsilon_2) \\
COR(Y_1, Y_2) &= COR(\alpha_1 X_1 + \epsilon_1, \beta_1 X_2 + \epsilon_2) \\
V(\alpha_1 X_1 + \epsilon_1) &= \alpha_1^2 V(X_1) + V(\epsilon_1) + 2\alpha_1 COV(X_1, \epsilon_1) \\
&= \alpha_1^2 V(X_1) + V(\epsilon_1) \\
V(\beta_1 X_2 + \epsilon_2) &= \beta_1^2 V(X_2) + V(\epsilon_2) + 2\beta_1 COV(X_2, \epsilon_2) \\
&= \beta_1^2 V(X_2) + V(\epsilon_2) \\
E(\alpha_1 X_1 + \epsilon_1) &= \alpha_1 E(X_1) \approx \alpha_1 \overline{x_1} \\
E(\beta_1 X_2 + \epsilon_2) &= \beta_1 E(X_2) \approx \beta_1 \overline{x_2} \\
E[(\alpha_1 X_1 + \epsilon_1)(\beta_1 X_2 + \epsilon_2)] &= E[\alpha_1 \beta_1 X_1 X_2 + \alpha_1 X_1 \epsilon_2 + \beta_1 X_2 \epsilon_1 + \epsilon_1 \epsilon_2] \\
&= E(\alpha_1 \beta_1 X_1 X_2 + 0 + 0 + E(\epsilon_1 \epsilon_2) \\
&= COV(\alpha_1 X_1, \beta_1 X_2) + \alpha_1 E(X_1) \beta_1 E(X_2) + E(\epsilon_1 \epsilon_2) \\
COV(Y_1, Y_2) &= E(Y_1 Y_2) - E(Y_1) E(Y_2) \\
&= COV(\alpha_1 X_1, \beta_1 X_2) + E(\epsilon_1 \epsilon_2) \\
&= \alpha_1 \beta_1 COV(X_1, X_2) + COV(\epsilon_1, \epsilon_2) \\
COR(Y_1, Y_2) &= \frac{\alpha_1 \beta_1 COV(X_1, X_2) + COV(\epsilon_1, \epsilon_2)}{\sqrt{\alpha_1^2 V(X_1) + V(\epsilon_1)}\ \sqrt{\beta_1^2 V(X_2) + V(\epsilon_2)}}
\end{aligned}
$$

만약

$$\alpha_1 \beta_1 COV(X_1, X_2) \gg COV(\epsilon_1, \epsilon_2)$$

AND

$$\alpha_1^2 V(X_1) \gg V(\epsilon_1)$$

AND

$$\beta_1^2 V(X_2) \gg V(\epsilon_2)$$

이라면,

$$COR(Y_1, Y_2) \approx \frac{COV(X_1, X_2)}{\sqrt{V(X_1)}\sqrt{V(X_2)}} = COR(X_1, X_2)$$

만약

$$\alpha_1^2 V(X_1) \gg V(\epsilon_1)$$

AND

$$\beta_1^2 V(X_2) \gg V(\epsilon_2)$$

이라면,

$$COR(Y_1, Y_2) \approx COR(X_1, X_2) + \frac{\rho_{\epsilon_1, \epsilon_2}}{\alpha_1 \sigma_{X_1}/\sigma_{\epsilon_1} \cdot \beta_1 \sigma_{X_2}/\sigma_{\epsilon_2}}$$

단순 선형 관계 시뮬레이션에서는

$$X_1 \sim Uniform(x_{1,\min}, x_{1,\max})$$
$$X_2 \sim Uniform(x_{2,\min}, x_{2,\max})$$
$$X_2 = \frac{x_{2,\max} - x_{2,\min}}{x_{1,\max} - x_{1,\min}}(X_1 - x_{1,\min}) + x_{2,\min}$$
$$E(X_1) = (x_{1,\max} + x_{1,\min})/2$$
$$E(X_2) = (x_{2,\max} + x_{2,\min})/2$$
$$V(X_1) = (x_{1,\max} - x_{1,\min})^2/12$$
$$V(X_2) = (x_{2,\max} - x_{2,\min})^2/12$$
$$COV(X_1, X_2) = \sqrt{V(X_1)}\sqrt{V(X_2)} = \sigma(X_1)\sigma(X_2) \qquad \because COR(X_1, X_2) = 1$$
$$COV(\epsilon_1, \epsilon_2) = \rho\sigma(\epsilon_1)\sigma(\epsilon_2)$$

일반적인 선형 회귀 모형과의 관계는 다음과 같다.

$$Y = \alpha_0 + \alpha_1 X + \epsilon$$

$$
\begin{aligned}
V(Y) &= \alpha_1^2 V(X) + V(\epsilon) + 2\alpha_1 COV(X,\epsilon) \\
&= \alpha_1^2 V(X) + V(\epsilon)
\end{aligned}
$$

$$
\begin{aligned}
COV(X, Y) &= COV(X, \alpha_0 + \alpha_1 X + \epsilon) \\
&= E(\alpha_0 X + \alpha_0 X^2 + X\epsilon) - E(X)E(\alpha_0 + \alpha_1 X + \epsilon) \\
&= \alpha_0 E(X) + \alpha_1 E(X^2) + E(X\epsilon) - (\alpha_0 E(X) + \alpha_1 E(X)^2 + E(X)E(\epsilon)) \\
&= \alpha_1 (V(X) + E(X)^2) + COV(X,\epsilon) + E(X)E(\epsilon) - \alpha_1 E(X)^2 - E(X)E(\epsilon) \\
&= \alpha_1 V(X)
\end{aligned}
$$

$$
\begin{aligned}
COR(X, Y) &= \frac{COV(X, Y)}{\sqrt{V(X)}\sqrt{V(Y)}} = \frac{\alpha_1 V(X)}{\sqrt{V(X)}\sqrt{V(Y)}} = \alpha_1 \frac{\sqrt{V(X)}}{\sqrt{V(Y)}} \\
&= \frac{\alpha_1 \sqrt{V(X)}}{\sqrt{\alpha_1^2 V(X) + V(\epsilon)}}
\end{aligned}
$$

$$
\begin{aligned}
COV(Y,\epsilon) &= E(Y\epsilon) - E(Y)E(\epsilon) \\
&= E(\alpha_0 \epsilon + \alpha_1 X\epsilon + \epsilon^2) \\
&= \alpha_0 E(\epsilon) + \alpha_1 E(X)E(\epsilon) + E(\epsilon^2) \\
&= V(\epsilon)
\end{aligned}
$$

$$
\begin{aligned}
COR(Y,\epsilon) &= \frac{V(\epsilon)}{\sqrt{\alpha_1^2 V(X) + V(\epsilon)}\sqrt{V(\epsilon)}} \\
&= \frac{\sqrt{V(\epsilon)}}{\sqrt{\alpha_1^2 V(X) + V(\epsilon)}} \\
&= \frac{1}{\sqrt{\alpha_1^2 V(X)/V(\epsilon) + 1}}
\end{aligned}
$$

다음은 앞의 시뮬레이션이다.

```
Sim2 = function(a0, a1, x1min, x1max, nSim, sig1)
{
  x1 = seq(x1min, x1max, length.out=nSim)
  e1 = rnorm(n=nSim, mean=0, sd=sig1)
  y1 = a0 + a1*x1 + e1

  ve1 = sig1^2
  vx1 = (x1max - x1min)^2/12
  vy1 = a1^2*vx1 + ve1
  r1 = summary(lm(y1 ~ x1))
  d1 = cbind(e1, x1, y1)
```

```
  covex = 0
  covey = ve1
  covxy = a1*vx1
  m1 = matrix(c(ve1, covex, covey, covex, vx1, covxy, covey, covxy, vy1), ncol=3)
  list(coveXY = var(d1), coveXYt = m1,
       coreXY = cor(d1), coreXYt = cov2cor(m1),
       rx = r1 , r = sqrt(r1$r.squared))
}

r2 = Sim2(a0 = 1, a1 = 2, x1min = 0, x1max = 1, nSim = 20000, sig1 = 0.5)
print(cbind(r2$coveXY, NA, r2$coveXYt), na.print="")

              e1            x1         y1
 e1    0.2515003583  -0.0003798788  0.2507406  0.25  0.00000000  0.2500000
 x1   -0.0003798788   0.0833458344  0.1663118  0.00  0.08333333  0.1666667
 y1    0.2507406006   0.1663117899  0.5833642  0.25  0.16666667  0.5833333

print(cbind(r2$coreXY, NA, r2$coreXYt), na.print="")

              e1           x1          y1
 e1   1.000000000  -0.002623819  0.6546143   1.0000000  0.0000000  0.6546537
 x1  -0.002623819   1.000000000  0.7542429   0.0000000  1.0000000  0.7559289
 y1   0.654614285   0.754242862  1.0000000   0.6546537  0.7559289  1.0000000

r2$rx

 Call:
 lm(formula = y1 ~ x1)

 Residuals:
      Min        1Q    Median        3Q       Max
 -2.04656  -0.34449  -0.00258   0.34225   1.78274
```

```
Coefficients:
             Estimate  Std. Error   t value  Pr(>|t|)
(Intercept)  1.004498   0.007092     141.6   <2e-16 ***
x1           1.995442   0.012284     162.4   <2e-16 ***
---
Signif. codes:   0 '***' 0.001 '**' 0.01 '*' 0.05 '.' 0.1 ' ' 1

Residual standard error: 0.5015 on 19998 degrees of freedom
Multiple R-squared:  0.5689,   Adjusted R-squared:  0.5689
F-statistic:   2.639e+04 on 1 and 19998 DF, p-value: < 2.2e-16
```

```
r2$r
```

```
[1] 0.7542429
```

마지막으로 다음의 경우를 생각해 보자.

$$Y = \beta_0 + \beta_1(X + \epsilon_1) + \epsilon_2$$

$$\begin{aligned} E(Y) &= \beta_0 + \beta_1 E(X) + \beta_1 E(\epsilon_2) + E(\epsilon_2) \\ &= \beta_0 + \beta_1 E(X) \end{aligned}$$

$$\begin{aligned} V(Y) &= \beta_1^2 V(X) + \beta_1^2 V(\epsilon_1) + V(\epsilon_2) + 2\beta_1^2 COV(X, \epsilon_1) \\ &\quad + 2\beta_1 COV(X, \epsilon_2) + 2\beta_1 COV(\epsilon_1, \epsilon_2) \\ &= \beta_1^2 V(X) + \beta_1^2 V(\epsilon_1) + V(\epsilon_2) \end{aligned}$$

$$\begin{aligned} COV(X+\epsilon_1, Y) &= COV(X+\epsilon_1, \beta_0 + \beta_1 X + \beta_1 \epsilon_1 + \epsilon_2) \\ &= E[(X+\epsilon_1)Y] - E(X+\epsilon_1)E(Y) \\ &= \beta_0 E(X) + \beta_1 E(X^2) + \beta_1 E(X\epsilon_1) + E(X\epsilon_2) \\ &\quad + \beta_0 E(\epsilon_1) + \beta_1 E(X\epsilon_1) + \beta_1 E(\epsilon_1^2) + E(\epsilon_1\epsilon_2) \\ &\quad - \beta_0 E(X) - \beta_1 E(X)^2 \\ &= \beta_1 \{ V(X) + E(X)^2 \} + \beta_1 V(\epsilon_1) - \beta_1 E(X)^2 \\ &= \beta_1 V(X) + \beta_1 V(\epsilon_1) \end{aligned}$$

$$\begin{aligned} COV(Y, \epsilon_1) &= E(Y\epsilon_1) - E(Y)E(\epsilon_1) \\ &= E(\beta_0\epsilon_1 + \beta_1 X\epsilon_1 + \beta_1\epsilon_1^2 + \epsilon_1\epsilon_2) \\ &= \beta_0 E(\epsilon_1) + \beta_1 E(X\epsilon_1) + \beta_1 V(\epsilon_1) + E(\epsilon_1\epsilon_2) \\ &= \beta_1 V(\epsilon_1) \end{aligned}$$

$$\begin{aligned} COV(Y, \epsilon_2) &= E(Y\epsilon_2) - E(Y)E(\epsilon_2) \\ &= E(\beta_0\epsilon_2 + \beta_1 X\epsilon_2 + \beta_1\epsilon_1\epsilon_2 + \epsilon_2^2) \\ &= \beta_0 E(\epsilon_2) + \beta_1 E(X\epsilon_2) + \beta_1 E(\epsilon_1\epsilon_2) + E(\epsilon_2^2) \\ &= V(\epsilon_2) \end{aligned}$$

Y와 잔차(residual) 간에는 correlaticn을 가지므로 Y가 아닌 $\hat{Y}$와 잔차(residual) 간의 plot을 해야 한다.

앞 모형의 시뮬레이션은 다음과 같다.

```
Sim3 = function(b0, b1, x1min, x1max, nSim, sig1, sig2)
{
  x1 = seq(x1min, x1max, length.cut=nSim)
  e1 = rnorm(n=nSim, mean=0, sd=sig1)
  x2 = x1 + e1
  e2 = rnorm(n=nSim, mean=0, sd=sig2)
  y1 = b0 + b1*(x1 + e1) + e2

  ve1 = sig1^2
  ve2 = sig2^2
  vx1 = (x1max - x1min)^2/12
  vx2 = vx1 + ve1
  vy1 = b1^2*vx1 + b1^2*ve1 + ve2

  ce1x1 = 0
  ce2x1 = 0
  ce1x2 = ve1
  ce2x2 = 0
  cx1x2 = vx1
  cx1y = b1*vx1
  cx2y = b1*vx1 + b1*ve1
  ce1y = b1*ve1
  ce2y = ve2
  ce1e2 = 0

  r1 = summary(lm(y1 ~ x2))
  d1 = cbind(y1, x1, x2, e1, e2)

  m1 = matrix(c(vy1, cx1y, cx2y, ce1y, ce2y,
```

```
              cx1y, vx1, cx1x2, ce1x1, ce2x1,
              cx2y, cx1x2, vx2, ce1x2, ce2x2,
              ce1y, ce1x1, ce1x2, ve1, ce1e2,
              ce2y, ce2x1, ce2x2, ce1e2, ve2), ncol=5)
  list(coveXY = var(d1), coveXYt = m1,
       coreXY = cor(d1), coreXYt = cov2cor(m1),
       rx = r1 , r = sqrt(r1$r.squared))
}
```

```
Sim3(1, 2, 1, 2, 2000, 0.3, 0.5)
```

```
$coveXY
          y1            x1          x2          e1            e2
y1 0.9806339  0.1715200320 0.362991505 0.191471473  0.2546508899
x1 0.1715200  0.0834584376 0.086046032 0.002587594 -0.0005720318
x2 0.3629915  0.0860460319 0.178574925 0.092528893  0.0058416557
e1 0.1914715  0.0025875943 0.092528893 0.089941298  0.0064136875
e2 0.2546509 -0.0005720318 0.005841656 0.006413688  0.2429675784

$coveXYt


          [,1]       [,2]       [,3] [,4] [,5]
[1,] 0.9433333 0.16666667 0.34666667 0.18 0.25
[2,] 0.1666667 0.08333333 0.08333333 0.00 0.00
[3,] 0.3466667 0.08333333 0.17333333 0.09 0.00
[4,] 0.1800000 0.00000000 0.09000000 0.09 0.00
[5,] 0.2500000 0.00000000 0.00000000 0.00 0.25

$coreXY

          y1           x1         x2         e1           e2
y1 1.0000000  0.599551195 0.86742667 0.64471986  0.521696093
x1 0.5995512  1.000000000 0.70483179 0.02986630 -0.004017084
x2 0.8674267  0.704831791 1.00000000 0.73010875  0.028044749
e1 0.6447199  0.029866304 0.73010875 1.00000000  0.043386444
e2 0.5216961 -0.004017084 0.02804475 0.04338644  1.000000000
```

```
$coreXYt
           [,1]      [,2]      [,3]     [,4]      [,5]
[1,] 1.0000000 0.5944383   0.857311 0.6177584 0.5147987
                                  1
[2,] 0.5944383 1.0000000   0.693375 0.0000000 0.0000000
                                  2
[3,] 0.8573111 0.6933752   1.000000 0.7205767 0.0000000
                                  0
[4,] 0.6177584 0.0000000   0.720576 1.0000000 0.0000000
                                  7
[5,] 0.5147987 0.0000000   0.000000 0.0000000 1.0000000
                                  0

$rx

Call:
lm(formula = y1 ~ x2)


Residuals:
    Min      1Q  Median      3Q     Max
-1.8509 -0.3302  0.0100  0.3409  1.6557

Coefficients:
             Estimate  Std. Error t value  Pr(>|t|)

(Intercept)  0.95359    0.04048   23.56   <2e-16 ***
x2           2.03271    0.02609   77.93   <2e-16 ***
---

Signif. codes: '***' 0.001 '**' 0.01 '*' 0.05 '.' 0.1  ' ' 1
Residual standard error: 0.4928 on 1998 degrees of freedom
Multiple R-squared:  0.7524,   Adjusted R-squared:  0.7523
F-statistic:  6072 on 1 and 1998 DF,      p-value: < 2.2e-16

$r
[1] 0.8674267
```

# 연습문제

**1** $f(x+y) = x + y,\ 0 < x < 1,\ 0 < y < 1$일 때, 공식으로 계산한 공분산 값과 시뮬레이션에 의한 값이 유사한지 비교하고 plotting해 보시오. Acceptance-rejection method를 이용한 R script는 다음과 같다.

```
N = 2000
Res = matrix(NA, nrow=N, ncol=2)
k = 1
while (k <= N) {
  x = runif(2)
  if (runif(1, 0, 2) < x[1] + x[2]) {
    Res[k, ] = x
    k = k + 1
  }
}
colMeans(Res) # Theoretical value, 7/12 = 0.5833333
cov(Res) # Theoretical value, -1/144 = -0.006944444

## 3d plotting
x = seq(0, 1, by=0.01)
y = seq(0, 1, by=0.01)
z = outer(x, y, "+")
require(rgl)
persp3d(x, y, z, alpha=0.5)
points3d(Res[, 1], Res[, 2], 0)
```

**2** 제1상 임상시험 중에 가장 대표적인 First-In-Human(FIH) Study는 대개 Single Ascending Dose(SAD) Study이다. 이 Study는 대개 하나의 용량군이 8명으로 구성되는데, 6명이 active drug을 투약 받고 2명이 placebo를 투약 받는다. 용량 증량을 2배, 1.5배, 또는 1.33배로 증량할 때, 저용량군의 평균 Cmax가 다음 용량군의 평균 Cmax보다 높을 확률을 구하시오. 시험 약물이 선형적 약동학(linear pharmacokinetics) 특성을 보이며, CV 값은 10, 30, 50%인 경우를 가정한다. R script 예시는 다음과 같다.

```
simCmax = function(Cmax0 = 100, Mult = 2, CV = 50, n = 6, N = 2000)
{
  Res = matrix(nrow=N, ncol=2)
  SD0 = Cmax0*CV/100
  Cmax1 = Cmax0*Mult
  SD1 = Cmax1*CV/100 # same CV for both dose group
  for (i in 1:N) {
    Res[i, 1] = mean(rnorm(n, Cmax0, SD0))
    Res[i, 2] = mean(rnorm(n, Cmax1, SD1))
  }
  return(sum(Res[, 1] > Res[, 2])/N)
}

simCmax()            # 2 times dose escalation (doubling scheme)
simCmax(Mult = 1.5)  # 1.33 times dose escalation
simCmax(Mult = 1.33) # 1.33 times dose escalation
```

**3** 실제로 AUC와 Cmax는 정규분포보다는 로그정규분포에 가까운 경우가 많다. 위 문제를 바꾸어 AUC가 로그정규분포를 따른다면 R script는 어떻게 바뀌어야 하겠는가? 단, 비교는 기하평균과 산술평균을 모두 비교하며 CV는 original scale에서 10, 30, 50% 등으로 가정하라. 위 문제에 비하여 역전될 확률이 어떻게 변하였는가?

```
simAUC = function(AUC0 = 100, Mult = 2, CV = 50, n = 6, N = 2000)
{
 Res = matrix(nrow=N, ncol=4)
 logMu0 = log(AUC0)
 logMu1 = log(AUC0*Mult)
 logSD0 = sqrt(log((CV/100)^2 + 1)) # original scale CV to log scale sigma
 logSD1 = logSD0                    # same SD (sigma) for both dose group
```

```
  for (i in 1:N) {
    r1 = rnorm(n, logMu0, logSD0)
    r2 = rnorm(n, logMu1, logSD1)
    Res[i, 1] = mean(exp(r1)) # arithmetic mean in original scale
    Res[i, 2] = mean(exp(r2)) # arithmetic mean in original scale
    Res[i, 3] = exp(mean(r1)) # geometric mean
    Res[i, 4] = exp(mean(r2)) # geometric mean

  }

  return(c(sum(Res[, 1] > Res[, 2])/N, sum(Res[, 3] > Res[, 4])/N))
}
simAUC()             # 2 times dose escalation (doubling scheme)
simAUC(Mult = 1.5)  # 1.33 times dose escalation
simAUC(Mult = 1.33) # 1.33 times dose escalation
```

**4** A와 B 간에는 양의 상관관계, B와 C 간에도 양의 상관관계를 가지지만, A와 C 간에는 음의 상관관계를 가질 수가 있다. 다음의 R script를 참고하여 시뮬레이션하고, 그 의미를 biomarker와 연관시켜 생각해 보시오.

```
require(MASS)
Mu0 = c(1, 2, 3) ; Mu0
Cov0 = matrix(c(1, 0.7, -0.1, 0.7, 1, 0.5, -0.1, 0.5, 1), nrow=3) ; Cov0
chol(Cov0) # Checking if Cov0 is a positive definite matrix

n = 300
d1 = mvrnorm(n, Mu0, Cov0)
colnames(d1) = c("x", "y", "z")

summary(d1)
cov(d1)
cor(d1)

d2 = as.data.frame(d1)
par(mfrow=c(2, 2))
```

```
plot(y ~ x, d1)
abline(lm(y ~ x, d2))
plot(z ~ y, d1)
abline(lm(z ~ y, d2))
plot(z ~ x, d1)
abline(lm(z ~ x, d2))
```

# 09 선형 모형의 모형식과 설계행렬

# 09 선형 모형의 모형식(Formula)과 설계행렬(Design Martrix)

## 9.1 단순 선형 모형의 표현

좁은 의미의 선형 모형(linear model)은 연속형 결과변수(반응변수, 종속변수, y변수)를 연속형 또는 범주형 설명변수(독립변수, x변수)의 선형식으로 설명하고자 하는 모형이다.

설명변수(x변수)가 연속형인 경우의 선형분석방법이 선형회귀분석(regression analysis)이고, 설명변수가 범주형인 경우의 분석방법이 분산분석(analysis of variance, ANOVA)이다. 설명변수에 연속형과 범주형이 섞여 있는 경우 공분산분석(analysis of covariance, ANCOVA)을 한다. 실제로 분산분석이나 공분산분석을 하기 위해서는 (내부적으로) 회귀적합(regression fitting)을 먼저 한다.

일반적으로는 t-검정, 카이제곱 검정, 선형회귀분석, 분산분석, 공분산분석, 이분형 로지스틱 회귀분석의 모형을 통칭해서 선형 모형(linear model)이라 한다.

혹자는 분포를 지수족 분포함수로 확대한 일반화 선형 모형(generalized linear model)과 무작위 효과(random effect, 변량효과, 임의효과)를 함께 고려한 혼합 효과 모형(mixed effects model)까지 포함해서 선형 모형이라고 생각한다.

연구자가 상정한 어떠한 모형이 다음과 같은 수식 관계를 가지고 있다고 하자.

$$y = \beta_0 + \beta_1 \cdot x_1 + \beta_2 \cdot x_2 + \cdots + \beta_k \cdot x_k$$

이때 $\beta_0$를 절편(intercept)이라고 한다. $\beta_1, \cdots, \beta_k$는 그에 상응하는 $x_i$들의 계수(coefficient)이다.

위의 모형 수식에는 확률변수를 포함시키지 않았고, 이렇게 확률변수가 포함되지 않은 모형을 구조모형(structural model)이라고 한다.

만약 위의 수식을 행렬로 나타내면 다음과 같다.

$$y = X\beta$$

이때 X를 설계행렬(design matrix)이라고 하며, 이제 y와 $\beta$는 scalar가 아닌 열벡터(column vector)를 의미한다.

절편이 있는 모형의 경우 절편($\beta_0$)과 곱해질 값이 필요해서 설계행렬의 첫 열(column)은 모두 1이 된다.

위의 구조모형 수식만으로 어떻게 독립변수(x 변수)로 결과변수(y 변수)를 계산하는지 알 수 있다.

하지만 실제 자료에는 잡음(noise)이 섞여 있고, 이를 통계에서는 확률변수 $\epsilon$을 이용해서 표현한다.

따라서 위의 구조모형이 예측하는 값을 F라고 할 때, 가장 단순한 통계모형은 additive homoscedastic error model로서 다음과 같이 쓸 수 있다.

$$Y = F + \epsilon$$

결과변수를 대문자 Y로 표기한 것은 결과변수가 확률변수가 되었기 때문이다. 즉, $\epsilon$이 확률변수이며, 여기에다 일반적인 사칙연산을 한 결과는 새로운 확률변수이기 때문이다.

이를 행렬이 포함된 수식으로 표현하자면 다음과 같다.

$$Y = X\beta + \epsilon$$

이제 $\epsilon$도 Y와 차원(dimension)이 같은 column vector가 된다.

이제 k가 3까지 있는 경우를 R의 formula로 나타내면 다음과 같다.

```
y ~ x1 + x2 + x3
```

위 식에서 $\beta$들은 따로 표현하지 않는다. 절편을 따로 표시하지 않아도 절편이 포함된 모형을 나타낸다. 굳이 절편이 없는 모형을 표현하고 싶다면 −1이나 +0을 다음과 같이 추가하여야 한다.

y ~ x1 + x2 + x3 − 1

y ~ x1 + x2 + x3 + 0

선형 모형에서는 절편이 있는 모형을 주로 사용하기 때문에 따로 명시하지 않는 한 절편이 있는 모형을 의미한다.

$x_i$가 연속형 변수일 때는 연속형 변수 하나는 설계행렬에서 하나의 열을 차지하며, 값은 그대로 dataset과 같은 값을 가진다.

R에서는 설계행렬(design matrix)을 모형행렬(model matrix)이라고 부르며, `model.matrix`라는 함수로 볼 수 있다.

```
d1 = data.frame(Age = c(25, 51, 75, 34, 21, 48))
model.matrix(~ Age, d1)
```

```
  (Intercept) Age
1           1  25
2           1  51
3           1  75
4           1  34
5           1  21
6           1  48
attr(,"assign")
[1] 0 1
```

하지만 $x_i$가 범주형 변수일 때는 그 범주형 변수가 갖는 (원래는) 수준(level)의 수만큼 열(column)을 갖게 된다.

```
d2 = data.frame(Treatment = c("A", "A", "B", "B", "C", "C"))
x1 = model.matrix(~ Treatment, d2) ; x1
```

```
  (Intercept) TreatmentB TreatmentC
1           1          0          0
2           1          0          0
3           1          1          0
4           1          1          0
5           1          0          1
6           1          0          1
attr(,"assign")
[1] 0 1 1
attr(,"contrasts")
attr(,"contrasts")$Treatment
[1] "contr.treatment"
```

범주형 자료의 설계행렬은 각 수준(level)별로 하나의 열(column)을 가지며, 그 값은 0(FALSE의 의미) 또는 1(TRUE의 의미)만 갖는다. 그런데 위의 결과를 보면 Treatment A를 받은 경우를 표시하는 컬럼이 나오지 않는다. 그러면 왜 R의 내장 함수인 `model.matrix`는 열(column)이 하나 빠진 설계행렬을 return할까?

이는 절편(intercept)이 포함된 모형에서는 모든 수준을 나타내려면 $\beta$ coefficient를 구하는 중간 과정에 필요한 $X'X$의 역행렬이 존재하지 않기 때문이다. 역행렬이 존재하지 않는 행렬을 선형대수(linear algebra)에서는 '비정칙 행렬(singular matrix)'이라고 하며, 비정칙(singular)임을 확인하는 방법으로 대표적인 것은 행렬식(determinant)이 0인지 확인하는 것이다.

만약 모든 수준(level)이 포함된 설계행렬을 `model.matrix`로 보고 싶다면 절편을 제외한 모형을 써서 볼 수 있다.

```
x0 = model.matrix(~ Treatment - 1, d2) ; x0
```

```
  TreatmentA TreatmentB TreatmentC
1          1          0          0
2          1          0          0
3          0          1          0
4          0          1          0
5          0          0          1
6          0          0          1
```

```
attr(,"assign")
[1] 1 1 1
attr(,"contrasts")
attr(,"contrasts")$Treatment
[1] "contr.treatment"
```

이러한 경우들에서는 $X'X$ 행렬이 역행렬을 가짐을 알 수 있다.

```
solve(crossprod(x1))
```

```
              (Intercept) TreatmentB TreatmentC
(Intercept)           0.5       -0.5       -0.5
TreatmentB           -0.5        1.0        0.5
TreatmentC           -0.5        0.5        1.0
```

```
solve(crossprod(x0))
```

```
            TreatmentA TreatmentB TreatmentC
TreatmentA         0.5        0.0        0.0
TreatmentB         0.0        0.5        0.0
TreatmentC         0.0        0.0        0.5
```

만약 절편과 함께 모든 수준이 포함된 설계행렬을 보고 싶다면 sasLM package의 `ModelMatrix` 함수를 이용하여 다음과 같이 볼 수 있다.

```
require(sasLM)
x2 = ModelMatrix(~ Treatment, d2) ; x2$X
```

```
  (Intercept) TreatmentA TreatmentB TreatmentC
1           1          1          0          0
2           1          1          0          0
3           1          0          1          0
4           1          0          1          0
5           1          0          0          1
6           1          0          0          1
```

그런데 이 경우에는 역행렬이 존재하지 않음을 다음과 같이 확인할 수 있다.

```
solve(crossprod(x2$X))
```

```
Error in solve.default(crossprod(x2$X)) :
  system is computationally singular: reciprocal condition number = 1.38778e-17
```

참고로 `ModelMatrix` 함수는 설계행렬 뿐 아니라, 다른 정보도 return하기 때문에 설계행렬만 보려면 뒤에 '$X'를 붙여주어야 한다.

## 9.2 상호작용(Interaction)의 표현

통계에서 말하는 상호작용항(interaction term)은 위에서 만든 설계행렬에서 해당 열을 서로 단순히 수학적으로 곱한 열(또는 열들)을 의미한다.

R에서의 모형식(formula)은 다음과 같다.

```
y ~ A:B
```

둘 사이의 상호작용항은 일차항인 A 또는 B 단독 효과와는 달리 2차항이다. 보통은 저차수의 항이 더 중요하므로 저차수의 항이 없는 상태에서 고차항을 추가하는 경우는 흔하지 않다. 따라서 저차수의 항과 상호작용항이 모두 있는 모형은 다음과 같다.

```
y ~ A + B + A:B
```

이를 좀 더 단순하게 다음과 같이 표현할 수 있다.

```
y ~ A*B
```

## 9.3 Nested Model의 표현

A가 B를 nest하는 모형이란 서로 다른 A 수준 아래의 B의 수준 값들이 같더라도 다른 것을 의미한다는 뜻이다. 예를 들어, A에는 A1, A2라는 수준이 있고, B에도 B1과 B2라는 수준이 있다고 하자. 이때 (A1, B1) 조합에서의 B1과 (A2, B1) 조합에서의 B1은 서로 다른 B1임을 의미한다. 학급과 학생을 예로 든다면, 1반의 1번과 2반의 1번은 1번이라는 공통의 속성을 가진 것이 아니라 서로 다른 사람으로, 즉 별개의 개체로 간주해야 한다는 뜻이다. 생물이나 의학 자료에서는 이때 아예 별개의 ID를 부여하는 것이 혼란을 줄인다.

만약 1번이라는 공통의 속성이 존재한다고 가정하고 이것의 효과를 추정한다면, 이 경우 B 인자는 A 인자의 nested factor가 아니라 crossed factor라고 한다.

B가 A에 nested인 경우 R의 모형식은 다음과 같다.

```
y ~ A/B
```

그런데 이것은 기술적으로(technically) 다음과 같이 써도 동일하다.

```
y ~ A + A:B
y ~ A + B %in% A
```

R에서는 보통 4 수준까지 정도의 nesting을 지원해 준다.

```
y ~ A/B/C/D   # supported in many packages
y ~ A/B/C/D/E # not supported in many packages
```

R에서의 모형식(formula)과 설계행렬(design matrix)에 대한 더 자세한 설명은 『S-PLUS Guide to Statistics』(1998)의 Chapter 2 'Specifying Models in S-PLUS'를 참고한다.

## 9.4 추정 가능한 함수(Estimable Function)

**Estimable function의 정의**

X가 설계행렬일 때, $L(X'X)^{-}(X'X) = L$을 만족하는 row vector L을 estimable function이라 한다. 그렇지 않으면 'inestimable'이라고 한다.

참고문헌: Golub, G. H., & Styan, G. P. H. (1973). Numerical Computations for Univariate Linear Models. *JSCS 2*, 253−274.

Estimable function은 회귀분석(regression analysis)이나 분산분석(ANOVA)에서 중요한 역할을 하는데, 이에 대해서는 해당 chapter를 참고한다.

사실 estimable function의 original definition은 위와 다른데, 그것이 궁금한 경우 'Scheffe, H. (1959). *The Analysis of Variance*.'를 참고한다.

## 9.5 대비(Contrast)

확률변수의 선형결합(linear combination)을 만들 때, 확률변수 앞에 곱해지는 계수들의 합이 0이면 이를 대비(contrast)라고 한다. 위의 확률변수는 주로 추정량이며, 대부분 $\beta$ coeffcient들이다.

예를 들어, 다음과 같은 $\beta$ coefficient들의 선형결합이 있다고 하자.

$$\beta_0 - 2\beta_1 + \beta_2$$

이때 선형결합을 만드는 계수들만 모아 보면 (1, −2, 1)이라는 vector가 되고, 이 원소들의 합은 0이 된다. 따라서 이 vector는 contrast이다.

# 연습문제

1 다양한 모형과 자료를 가지고 설계행렬을 확인해 보시오. (모형만으로는 설계행렬이 나오지 않으며, data가 함께 있어야 한다.)

# 10 선형 회귀

# 10 선형 회귀(Linear Regression)

## 10.1 최소제곱법에 의한 선형 회귀(Linear Regression by Least Square)

### 10.1.1. 단순 선형 회귀 모형(Simple Linear Regression Model)

**[예시]** 다음과 같은 관찰 자료가 있다고 하자. ($n$ = 4, $y$는 결과변수, $x$는 설명변수)

| $y$ | $x$ |
|---|---|
| 60 | 1 |
| 74 | 3 |
| 73 | 5 |
| 95 | 7 |

위에 대한 단순한 모형을 다음과 같은 수식으로 표현할 수 있다(i는 관찰번호).

$$Y_i = \beta_0 + \beta_1 x_i + \epsilon_i, \qquad i = 1, 2, \cdots, n$$

위의 경우에 n은 4이다.
표현을 더 단순화하기 위해 X를 다음과 같은 matrix라 하자.

$$X = \begin{bmatrix} 1 & 1 \\ 1 & 3 \\ 1 & 5 \\ 1 & 7 \end{bmatrix}$$

$\beta$들은 다음과 같이 vector로 표현할 수 있다.

$$\beta = \begin{bmatrix} \beta_0 \\ \beta_1 \end{bmatrix}$$

또한 $\epsilon_i$를 $\epsilon$이라는 vector로 표현하면,

모형 수식은 다음과 같이 쓸 수 있다.

$$y = X\beta + \epsilon$$

### 10.1.2. 최소 제곱법에 의한 추정(Estimation by Least Square Method)

$$\begin{aligned}
y &= X\beta + \epsilon \\
\epsilon &= y - X\beta \\
SSE &= \epsilon^T \epsilon \qquad \text{Objective function for least square method} \\
&= (y - X\beta)^T (y - X\beta) \\
&= y^T y - \beta^T X^T y - y^T X\beta + \beta^T X^T X\beta \qquad \because (y^T X\beta)^T = \beta^T X^T y \\
&= y^T y - 2\beta^T X^T y + \beta^T X^T X\beta
\end{aligned}$$

$$\begin{aligned}
\frac{\partial SSE}{\partial \beta} &= -2X^T y + 2X^T X\beta \\
&= -2X^T y + 2X^T X\hat{\beta}
\end{aligned}$$

$$X^T X\hat{\beta} = X^T y$$

$$\therefore \hat{\beta} = (X^T X)^- X^T y$$

Y: random variable for observation

X: design (model) matrix

$\beta$: coefficient constants

$\epsilon$: random variable for residual, $\epsilon \sim MVN(\vec{0}, R)$. The simplest R is $\sigma^2 I_n$.

MVN means multivariate normal distribution.

SSE: sum of squared error, objective function for least square (LS) method

여기에서 $I_n$은 n by n identity matrix를 의미한다.

R에서 선형 회귀는 주로 `lm` 함수를 사용한다. 이보다 저수준(low level) 함수로 `lm.fit`

과 `lsfit`을 제공하고 있다. `lm` 함수는 내부적으로 design matrix X를 QR decomposition 하여 $\beta$를 추정한다. 그 근거는 다음과 같다.

Q matrix는 orthogonal matrix이어서 자기의 transpose와 곱하면 I matrix가 된다.

R matrix는 triangular matrix이어서 역행렬을 구하기 쉽다.

$$X^TX\beta = X^Ty$$
$$R^TQ^TQR\beta = R^TQ^Ty$$
$$R^TR\beta = R^TQ^Ty$$
$$R\beta = Q^Ty$$
$$\beta = R^{-1}Q^Ty$$

Design matrix를 QR decomposition한 후에 하면 그렇지 않은 것보다 numerically stable한 것으로 보인다.

분산(분산의 scale factor, scale parameter)인 $\sigma^2$에 대한 MVUE는 Mean Squared Error (MSE)를 사용하며 SSE를 자유도로 나누어 준 것이다. 자유도는 관찰값의 수(n)에서 $X$ 또는 $X^TX$의 rank 또는 $\beta$ 개수를 뺀 것인데, full-rank라면 n−p가 된다.

(이후 Var(X) 는 V(X) 로 표기한다.)

$$\widehat{\sigma^2} = MSE = SSE/(n-p) \ \ (p\ is\ the\ count\ of\ \beta\ parameters.)$$
$$V(\hat{\beta}) = (X^TX)^{-1}\sigma^2$$
$$\hat{V}(\hat{\beta}) = (X^TX)^{-1}\widehat{\sigma^2} = (X^TX)^{-1}MSE$$

따라서 $\hat{\beta}$의 SE는 다음과 같다.

$$SE(\hat{\beta}) = \sqrt{diag(V(\hat{\beta}))}$$
$$\widehat{SE}(\hat{\beta}) = \sqrt{diag(\hat{V}(\hat{\beta}))}$$

$V(\hat{\beta})$를 보면 $\sigma^2$앞에 $(X^TX)^{-1}$가 곱해져 있다. 따라서 이를 variance inflation factor (VIF, 분산팽창계수)라 부른다. 이는 실험설계에 의해서 달라지는 값이므로 실험설계 시에도 고려하는 것이 좋다.

만약, $X^TX$가 full rank가 아니어서 역행렬이 존재하지 않는다면 SAS, SPSS와 같은 소프트웨어는 g2 type generalized inverse를 사용하여 다음과 같이 구한다.

$$G = (X^T X)^-$$
$$V(\hat{\beta}) = G X^T G^T \sigma^2$$
$$\hat{V}(\hat{\beta}) = G X^T G^T \widehat{\sigma^2} = G X^T G^T MSE$$

다시 모형과 관련하여 정리하면,

$$Y = X\beta + \epsilon$$
$$E(Y) = E(X\beta + \epsilon) = E(X\beta) + E(\epsilon) = X\beta + 0 = X\beta$$
$$V(Y) = V(X\beta + \epsilon) = V(X\beta) + V(\epsilon) = 0 + \sigma^2 = \sigma^2 I_n$$

개별 x에서 평균 반응(mean response)에 대한 예측은 다음과 같다.

$$\hat{Y} = X\hat{\beta}$$
$$E(\hat{Y}) = E(X\hat{\beta}) = XE(\hat{\beta}) = X\beta$$
$$V(\hat{Y}) = V(X\hat{\beta}) = XV(\hat{\beta})X^T = X(X^T X)^{-1} X^T \sigma^2$$

다음은 individual에 대한 예측값들의 확률분포를 나타내는 확률변수이다.

$$\hat{Y} + \epsilon = X\hat{\beta} + \epsilon$$
$$E(\hat{Y} + \epsilon) = E(X\hat{\beta} + \epsilon) = XE(\hat{\beta}) + E(\epsilon) = X\beta + 0 = X\beta$$
$$V(\hat{Y} + \epsilon) = V(\hat{Y}) + V(\epsilon) = V(X\hat{\beta}) + \sigma^2 I_n = [I_n + X(X^T X)^{-1} X^T]\sigma^2$$

### 10.1.3. 신뢰구간(Confidence interval)

평균 반응(mean response)에 대한 예측값이나 개별 값(individual prediction)에 대한 예측값은 모두 $X\beta$로 같으나, SE는 다르기 때문에 구간도 달라진다.

$$\hat{V}(\hat{Y}) = X(X^T X)^{-1} X^T \widehat{\sigma^2} = X(X^T X)^{-1} X^T MSE$$
$$\widehat{SD}(\hat{Y}) = \sqrt{diag(\hat{V}(\hat{Y}))}$$

따라서 오차한계(margin of error, error bound on the estimation)는 다음과 같다.

$$B = t(n-p, \alpha/2)\widehat{SD}$$

따라서 신뢰구간은 다음과 같다.

$$(\hat{Y} - B, \hat{Y} + B)$$

### 10.1.4. 예측구간(Prediction interval)

$$\hat{V}(\hat{Y}+\epsilon) = (I_n + X(X^TX)^{-1}X^T)\widehat{\sigma^2} = (I_n + X(X^TX)^{-1}X^T)MSE$$

$$\widehat{SD}(\hat{Y}+\epsilon) = \sqrt{diag(\hat{V}(\hat{Y}+\epsilon))}$$

따라서 오차한계(margin of error, error bound on the estimation)는 다음과 같다.

$$B = t(n-p, \alpha/2)\widehat{SD}$$

따라서 예측구간은 다음과 같다(위와 SD만 다르다).

$$(\hat{Y} - B, \hat{Y} + B)$$

### 10.1.5. 최대우도법에 의한 추정(Maximum Likelihood Estimation, MLE)

$$\hat{Y} = X\hat{\beta}$$

$\epsilon = Y - \hat{Y} \sim MVN(\vec{0}, \sigma^2 I_n)$ 이므로

우도함수는 다음과 같다.

$$L = \left(\frac{1}{\sqrt{2\pi\sigma^2}}\right)^n \exp\left[-\frac{\epsilon^T\epsilon}{2\sigma^2}\right]$$

목적함수를 위 함수 그대로 두고 L을 최대화하는 $\beta$, $\sigma^2$을 해로 구하면 되나, 계산의 용이성을 위해 위의 값에 log를 취한 함수(l 또는 ll) 또는 다시 거기에다 −2를 곱한 함수

(−2LL)를 목적함수로 한다.

$$\ln L = ll = -\frac{n}{2}\ln 2\pi - \frac{n}{2}\ln\sigma^2 - \frac{1}{2\sigma^2}\epsilon^T\epsilon$$

$$-2\ln L = -2LL = n\ln 2\pi + n\ln\sigma^2 + \frac{\epsilon^T\epsilon}{\sigma^2}$$

위를 $\beta$ 와 $\sigma^2$($\sigma$가 아닌 $\sigma^2$을 한 덩어리로 본다.)에 대해 각각 편미분하여 목적함수를 0이 되도록 하는 값을 추정량(estimator, ^ 기호로 표시)으로 취하면 다음과 같다.

$$\hat{\beta} = (X^TX)^{-}X^Ty$$

$$\widehat{\sigma^2} = \frac{\epsilon^T\epsilon}{n} = \frac{\sum(Y - X\hat{\beta})^2}{n}$$

$\hat{\beta}$는 동일하지만, $\widehat{\sigma^2}$는 약간 작게 나온다(n−p가 아니라 n으로 나누기 때문에). 이것은 biased estimator인데, 이것을 unbiased estimator가 되도록 자유도로 보정해 주는 것을 REML(Restricted Maximum Likelihood) 방법이라고 한다.

모형 식에서 $\sigma^2 I_n$ matrix (R matrix)의 off-diagonal element에 0이 아닌 값을 주면 잔차 간의 correlation(독립변수가 시간이면 auto-correlation)을 표현할 수 있다.

주어진 자료를 plot하면 다음과 같다. 모든 자료분석에는 plot을 formal test 이전에 실시해야 한다(Anscombe's quartet 참고).

```
x = c(1, 3, 5, 7)
y = c(60, 74, 73, 95)
plot(x, y)
```

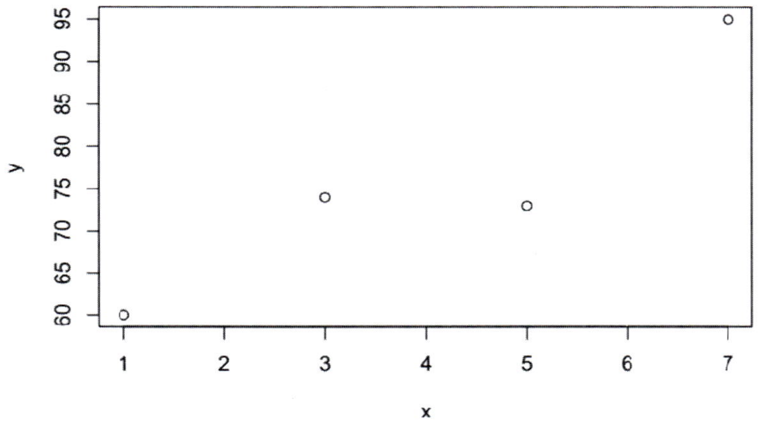


**[그림 10.1]** Scatter plot before regression

이 자료를 선형 모형에 회귀하면 다음과 같은 결과를 얻을 수 있다.

```
r1 = lm(y ~ x)
summary(r1)
```

```
Call:
lm(formula = y ~ x)

Residuals:
   1    2    3    4
 0.1  3.7 -7.7  3.9

Coefficients:
             Estimate  Std. Error  t value  Pr(>|t|)
(Intercept)   54.700      6.805    8.038   0.0151 *
x              5.200      1.485    3.502   0.0728 .
---
Signif. codes:  0 '***' 0.001 '**' 0.01 '*' 0.05 '.' 0.1 ' ' 1

Residual standard error: 6.641 on 2 degrees of freedom
Multiple R-squared:  0.8598,   Adjusted R-squared:  0.7897
F-statistic: 12.26 on 1 and 2 DF,  p-value: 0.07276
```

```
predict(r1, data.frame(x), interval="confidence")
```

```
    fit      lwr       upr
1 59.9 35.99413  83.80587
2 70.3 54.64993  85.95007
3 80.7 65.04993  96.35007
4 91.1 67.19413 115.00587
```

```
predict(r1, data.frame(x), interval="prediction")
```

```
    fit      lwr       upr
1 59.9 22.64539  97.15461
2 70.3 37.72179 102.87821
3 80.7 48.12179 113.27821
4 91.1 53.84539 128.35461
```

R 사용자는 R의 formula(여기서는 $y \sim x$) 사용에 익숙해야 한다. intercept(절편)는 표시하지 않으면 기본적으로 포함된다. intercept 없는 모형을 사용하려면 −1을 붙여 준다. 더 자세한 것은 『S−PLUS 4 Guide to Statistics』(1998) chapter 2를 참고한다. 여기 PDF link[1]가 있는데, 시간이 흘러 안 되는 경우 구글 검색으로 찾을 수 있다.

이 앞의 결과를 수식들을 이용하여 재현하면 다음과 같다.

```
intercept = TRUE
X = cbind(intercept, x) ; X
```

```
     intercept x
[1,]         1 1
[2,]         1 3
[3,]         1 5
[4,]         1 7
```

```
XpX = t(X) %*% X                      # t(X) %*% X = crossprod(X)
iXpX = solve(XpX)                     # inverse of XpX
b = iXpX  %*% t(X)  %*% y ; t(b)      # beta = t(X) %*% y = crossprod(X,y)
```

1) https://www2.stat.duke.edu/courses/Spring00/sta242/SGUIDE.PDF

```
      intercept   x
[1,]       54.7 5.2
```

```
# b = solve(crossprod(X), crossprod(X, y))        # fastest way
yhat = X %*% b ; t(yhat)                          # fitted y value
```

```
      [,1] [,2] [,3] [,4]
[1,]  59.9 70.3 80.7 91.1
```

```
e = y - yhat ; t(e)
```

```
      [,1] [,2] [,3] [,4]
[1,]   0.1  3,7 -7.7  3.9
```

```
SSE = sum(e^2)                           # Sum of Square Error
DFr = length(y) - qr(XpX)$rank ; DFr     # Degree of Freedom for residual
```

```
[1] 2
```

```
MSE = as.numeric(SSE/DFr) ; MSE          # estimate of error variance
```

```
[1] 44.1
```

```
Vcov = iXpX * MSE ; Vcov           # variance-covariance matrix of beta hat (b)
```

```
          intercept      x
intercept    46.305 -8.820
x            -8.820  2.205
```

```
SE = sqrt(diag(Vcov)) ; SE               # SEs of beta hats
```

```
 intercept          x
  6.804778   1.484924
```

```
t.val = b/SE ; t(t.val)                                   # t values of beta hats
```

```
     intercept        x
[1,]   8.03847 3.501862
```

```
p.val = 2*(1 - pt(abs(t.val), DFr)); t(p.val)            # p values of beta hats
```

```
      intercept          x
[1,] 0.01512558 0.07275816
```

```
Vyhat = X %*% Vcov %*% t(X)
alpha = 0.05
B = qt(1 - alpha/2, DFr)*sqrt(diag(Vyhat))   # margin of error for mean response
data.frame(yhat, lwr=yhat - B, upr=yhat + B) # confidence interval
```

```
  yhat      lwr       upr
1 59.9 35.99413  83.80587
2 70.3 54.64993  85.95007
3 80.7 65.04993  96.35007
4 91.1 67.19413 115.00587
```

```
B2 = qt(1 - alpha/2, DFr)*sqrt(MSE + diag(Vyhat))  # margin of error for individual prediction
data.frame(yhat, lwr=yhat - B2, upr=yhat + B2)  # prediction interval
```

```
  yhat      lwr       upr
1 59.9 22.64539  97.15461
2 70.3 37.72179 102.87821
3 80.7 48.12179 113.27821
4 91.1 53.84539 128.35461
```

## 10.2 다중 선형 회귀(Multiple Linear Regression)

만약 다음과 같이 x 변수가 하나 더 추가되어 다중 회귀가 되어도 위의 식들은 그대로 성립한다. 이렇듯 행렬은 $\sum$(summation)와 index(i, j, k 등)를 이용한 표기법에 비하여 식 표현을 매우 간결하고 일관되게 해서 좋다.

| y | x1 | x2 |
|---|---|---|
| 60 | 1 | 10 |
| 74 | 3 | 14 |
| 73 | 5 | 12 |
| 95 | 7 | 16 |

```
y = c(60, 74, 73, 95)
x1 = c(1, 3, 5, 7)
x2 = c(10, 14, 12, 16)
d2 = data.frame(y, x1, x2)
r2 = lm(y ~ x1 + x2, d2)
summary(r2)
```

```
Call:
lm(formula = y ~ x1 + x2, data = d2)

 Residuals:
 1  2  3  4
 2 -2  -2  2

Coefficients:
             Estimate  Std. Error t  value  Pr(>|t|)
(Intercept)    23.667      15.173   1.560     0.363
x1              2.667       1.491   1.789     0.325
x2              3.167       1.491   2.124     0.280
Residual standard error: 4 on 1 degrees of freedom
Multiple R-squared:  0.9746,    Adjusted R-squared:  0.9237
F-statistic: 19.16 on 2 and 1 DF,  p-value: 0.1595
```

```
predict(r2, d2, interval="confidence")
```

```
  fit       lwr      upr
1  58  13.98442 102.0156
2  76  31.98442 120.0156
3  75  30.98442 119.0156
4  93  48.98442 137.0156
```

```
predict(r2, d2, interval="prediction")
```

```
  fit       lwr      upr
1  58 -9.234916 125.2349
2  76  8.765084 143.2349
3  75  7.765084 142.2349
4  93 25.765084 160.2349
```

```
intercept = TRUE
X = cbind(intercept, x1, x2) ; X
```

```
     intercept x1 x2
[1,]         1  1 10
[2,]         1  3 14
[3,]         1  5 12
[4,]         1  7 16
```

```
XpX = t(X) %*% X                              # t(X) %*% X = crossprod(X)
iXpX = solve(XpX)                             # inverse of XpX
b = iXpX %*% t(X) %*% y                  # beta = solve(XpX, crossprod(X, y))
# b = solve(crossprod(X), crossprod(X, y))    # fastest way
t(b)                                          # Betas
```

```
     intercept       x1       x2
[1,]  23.66667 2.666667 3.166667
```

```
yhat = X %*% b ; t(yhat)                    # fitted y value
```

```
     [,1] [,2] [,3] [,4]
[1,]   58   76   75   93
```

```
e = y - yhat ; t(e)                         # residual
```

```
     [,1] [,2] [,3] [,4]
[1,]    2   -2   -2    2
```

```
SSE = sum(e^2)                              # Sum of Square Error
DFr = length(y) - qr(XpX)$rank ; DFr        # Degree of Freedom for residual
```

```
[1] 1
```

```
MSE = as.numeric(SSE/DFr) ; MSE             # estimate of error variance
```

```
[1] 16
```

```
Vcov = iXpX * MSE ; Vcov          # variance-covariance matrix of beta hat (b)
```

```
          intercept        x1         x2
intercept 230.22222 14.222222 -21.777778
x1         14.22222  2.222222  -1.777778
x2        -21.77778 -1.777778   2.222222
```

```
SE = sqrt(diag(Vcov)) ; SE                  # SEs of beta hats
```

```
intercept        x1        x2
15.173076  1.490712  1.490712
```

```
t.val = b/SE ; t(t.val)                          # t values of beta hats

       intercept        x1        x2
[1,]     1.55978  1.788854  2.124265

p.val = 2*(1 - pt(abs(t.val), DFr)) ; t(p.val)  # p values of beta hats

       intercept        x1        x2
[1,]   0.3629397 0.3245104 0.2800974

Vyhat = X %*% Vcov %*% t(X)
alpha = 0.05
B = qt(1 - alpha/2, DFr)*sqrt(diag(Vyhat))        # margin of error for mean response
data.frame(yhat, lwr=yhat - B, upr=yhat + B)      # confidence interval

  yhat      lwr      upr
1   58 13.98442 102.0156
2   76 31.98442 120.0156
3   75 30.98442 119.0156
4   93 48.98442 137.0156

B2 = qt(1 - alpha/2, DFr)*sqrt(MSE + diag(Vyhat)) # error margin for individual prediction
data.frame(yhat, lwr=yhat - B2, upr=yhat + B2)    # prediction interval

  yhat       lwr      upr
1   58 -9.234916 125.2349
2   76  8.765084 143.2349
3   75  7.765084 142.2349
4   93 25.765084 160.2349
```

**[예제]** 혈중 빌리루빈의 농도는 나이에 따라 정상치가 달라져야 할 것으로 보인다. 이를 통계적으로 입증하도록 노력해 보시오.

## 10.3 선형 회귀 모형의 분산분석

관찰값 $y_i$들의 전체 평균을 $\bar{y}$라 하고, (선형이든 비선형이든) 모형에 의한 y 값(즉, 잔차/오차 부분이 없는 값)을 $\hat{y}$라 했을 때 다음의 식이 성립한다.

$$y_i - \bar{y} = y_i - \hat{y}_i + \hat{y}_i - \bar{y}$$

신기하게도 다음도 성립한다.

$$\sum(y_i - \bar{y})^2 = \sum(y_i - \hat{y}_i)^2 + \sum(\hat{y}_i - \bar{y})^2$$

위의 것은

총변동 = (회귀 모형이 설명하지 못하는 변동) + (회귀 모형이 설명하는 변동)

이라고 할 수 있으며, 영어로는

SST(Sum of Squares Total) = SSE(Sum of Squares residual/Error) + SSR(Sum of Squares Regression)

오차(error)는 주로 확률변수를 가리키고, 잔차(residual)는 주로 값(value)을 의미하지만, 경우에 따라서 위 처럼 혼용하고 있다.

설명력($R^2$)을 다음과 같이 정의하여 모형이 얼마나 잘 적합되었는지를 나타내는 지표로 쓸 수 있다.

$$R^2 = \frac{SSR}{SST} = 1 - \frac{SSE}{SST}$$

제곱합(sum of squares)을 자신의 자유도로 나누어 준 것을 평균제곱(mean square)이라고 하는데, 이것의 비가 F 분포를 따른다.

$$\frac{SSR/df_{SSR}}{SSE/df_{SSE}} = MSR/MSE \sim F(df_{SSR}, df_{SSE})$$

따라서 SSR이 SSE에 비해 통계적으로 유의하게 큰지(비율이 1보다 큰지)를 통계적으로 (단측) 검정을 할 수 있다.

일반적으로 전체 평균($\overline{Y}$)으로부터의 deviation을 제곱합한 총변동을 corrected Sum of Squares(corrected SST)라 하고, 그렇지 않은 $\sum y_i^2$을 uncorrected Sum of Squares (uncorrected SST)라 한다. 분산분석에서는 전자를 주로 사용하기 때문에 (전체 평균 또는 절편이 자유도를 하나 소모하여) 분산분석에서 자유도가 n−1이 된다.

Corrected sum of squares total을 사용하는 분산분석표는 다음과 같다.

| Source | SS | DF | MS | F value | Critical F value | p−value |
|---|---|---|---|---|---|---|
| Regression | SSR | p−1 | MSR | MSR/MSE | F(p−1, n−p, $\alpha$) | 1−P(F value) |
| Residual | SSE | n−p | MSE | | | |
| Total | SST | n−1 | | | | |

Source: Source of Variability

SS: Sum of Squares

DF: Degree of Freedom

MS: Mean Square

n: count of observations, $y_1, y_2, \cdots, y_n$

p: count of parameters, $\beta_0, \beta_1, \cdots, \beta_{p-1}$

$R^2$는 설명력을 나타내므로 모형 간에 더 우수한 모형을 찾고자 할 때 쓰기도 한다. (모형 간의 비교 방법으로 다른 방법들이 있어서 현재는 이 방법은 추천하지 않는다.) 그런데 $\beta$ parameter의 개수를 늘리면 $R^2$는 항상 더 커지므로 관찰값 개수와 parameter 개수로 보정해 준 것을 더 많이 쓰는데, 그것을 adjusted $R^2$라고 부른다.

adjusted $R^2$를 구하는 공식은 다음과 같으며, $R^2$는 항상 0 이상 1 이하의 값을 갖지만 adjusted $R^2$는 음수가 나오기도 한다.

$$R^2_{adjusted} = 1 - (1 - R^2)\frac{DF_{correctedSST}}{DF_{residual}}$$

앞의 예제 $(y \sim x_1 + x_2\ model)$의 $R^2$와 분산분석 결과는 다음과 같다.

```
SST = sum((y - mean(y))^2)                  # corrected sum of squares total
SSE = sum((y - yhat)^2)                     # sum of squares error
SSR = SST - SSE                             # sum of squares regression
Rsq = SSR/SST ; Rsq                         # R-squared
```

```
[1] 0.9745628
```

```
n = length(y)                               # number of observation
p = length(b)                               # number of parameters
R2adj = 1 - (1 - Rsq)*(n - 1)/(n - p) ; R2adj   # Adjusted R-squared
```

```
[1] 0.9236884
```

```
SS = c(SSR, SSE, SST)
DF = c(p - 1, n - p, n - 1)
MS = c(SS[1:2]/DF[1:2], NA)
Fval = MS[1]/MS[2]
alpha = 0.05
Fcrit = qf(1 - alpha, p - 1, n - p)
pval = 1 - pf(Fval, p - 1, n - p)
r3 = cbind(SS, DF, MS, c(Fval, NA, NA), c(Fcrit, NA, NA), c(pval, NA, NA))
rownames(r3) = c("Regression", "Error", "Total")
colnames(r3) = c("Sum Sq", "Df", "Mean Sq", "F value", "F crit", "Pr(>F)")
class(r3) = "anova"      # to see in a better way
r3                       # compare with anova(r2) and summary(r2)
```

```
             Sum Sq  Df  Mean Sq  F value   F crit  Pr(>F)
Regression      613   2    306.5   19.156    199.5  0.1595
Error            16   1     16.0
Total           629   3
```

## 10.4 적합 결과 진단(Diagnostics)과 이상치(Outlier)

### 10.4.1. 적합 결과 진단(Diagnostics)

만약 $y_i$들을 어떤 순서에 따라 정렬할 수 있다면 그 잔차들이 자기상관성을 갖는지 Durbin-Watson Test로 검정해 볼 수 있다.

R에서는 car package의 `dwt` 함수가 있다.

`lm` 함수의 결과를 `plot` 함수에 넣어도 진단 그림이 출력된다.

좀 더 흔한 진단 그림에 대해서는 sasLM package의 `pD` 함수가 좋다.

다음은 `mtcars` 자료에서 배기량(엔진 크기)과 마력의 관계를 단순 선형 회귀한 후 진단 그림을 그리는 것이다.

```
r3 = lm(hp ~ disp, mtcars)
pD(r3)
```

그림에서 표준화 잔차(standardized residual)는 잔차를 자기의 표준편차(standard deviation)로 나누어 표준화한 것이다.

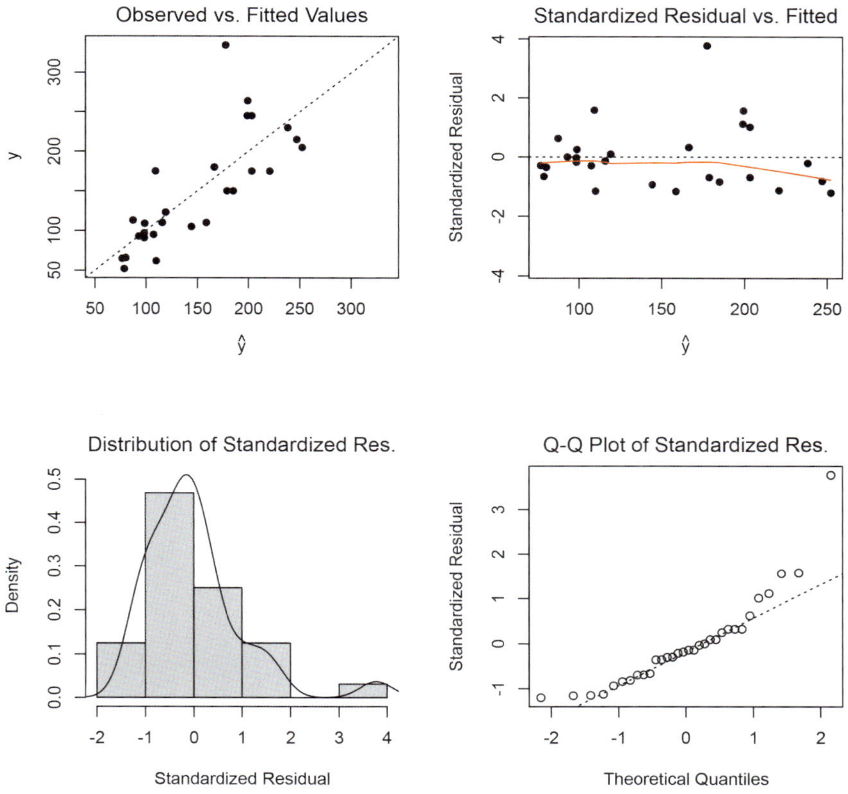


**[그림 10.2]** Diagnostic plot for regression

standardized residual은 `rstandard` 함수로 구할 수 있다. 관측값 $y_i$들과 잔차 간에는 거의 항상 correlation을 갖기 때문에 진단 그림으로는 사용하지 않는다. 위의 표준화 잔차는 internally studentized residual이라고도 부르며, 따라서 externally studentized residual도 있다. externally studentized residual은 `rstandard` 함수로 구할 수 있다. 개개의 잔차가 정말로 평균이 0인 정규분포를 독립적으로 따른다면 internally studentized residual은 약간 변형하여 tau 분포(혹은 Beta 분포)를 따르며, externally studentized residual은 t분포를 따른다. 하지만 실무에서는 엄밀한 분포로 formal test를 하기보다는 진단 그림에서 대체로 정규분포를 따르는 것으로 보이면 자료와 모형이 잘 맞는다고 판단한다.

DIFFTS, Cook's Distance, Mahalanobis Distance, COVRATIO 등 많은 measure들이 있으나 3상 임상시험에서는 별다른 의미가 없으며, 특이한 개체(생물인 경우 돌연변이 같은 것)를 찾는 것에는 도움이 될 수 있다.

### 10.4.2. 이상치(Outlier)와 영향점(Influencing Point), 지렛대 점(Leverage Point)

이상치나 영향점에 대한 진단은 많은 것이 개발되어 있으나, 실무에 별다른 도움이 되지 않는다.

자료 준비 과정(data cleaning)에서 입력 오류를 찾거나 탐색적 자료 분석 목적으로는 의미가 있을 수 있으나, 임상시험 검정에서는 이상치나 영향치가 있다 하더라도 제외해서 분석할 수는 없다.

## 10.5 다중 공선성(Multicollinearity)

x변수들 간에 상관관계가 높을 때는 역행렬 계산이 어렵고, 신뢰구간이 지나치게 넓게 나와서 유의성을 확보하지 못할 수 있다. 상관관계가 매우 높은 x변수들은 줄여 나가는 것이 좋을 수 있다.

R에서는 sasLM package의 `Coll` 함수로 점검해 볼 수 있다.

어떤 x변수는 다른 x변수들로 완벽하게 설명되는 경우가 있다(잔차 0). 그런 경우에도 함께 x변수로 넣으면 안 되며, R의 `alias` 함수로 점검할 수 있다.

## 10.6 변환(Transformation)

Log 변환은 흔히 할 수 있다. 나머지 변환은 신중해야 한다. 비선형관계를 선형관계로 만들기 위해 의미를 찾기 어려운 변환을 하는 것은 바람직하지 않다.

변환을 하게 되면 오차 모형(잔차의 분포 모형)도 달라지기 때문에 주의를 요한다. 특히

역수 변환은 0 근처에서 매우 큰 값이 될 수 있다.

단순한 변환이 아닌 복잡한 변환이 필요하다면 비선형 회귀 분석을 고려한다.

## 10.7 오차의 비균질 분산 모형(Heteroscedastic Variance Model for Error)

진단 그림에서 잔차가 무작위로 분포하지 않는 경우에 y값에 따라 다른 weighting을 줄 수 있다.

다음은 흔히 사용되는 통계(Error) 모형이다.

- Additive Error Model (homoscedastic variance)

$$Y = F + \epsilon$$

- Proportional Error Model

$$Y = F + F \cdot \epsilon$$

- Combined Error Model

$$Y = F + F \cdot \epsilon_1 + \epsilon_2$$

- Power Error Model

$$Y = F + F^{\alpha} \cdot \epsilon$$

- General Error Model

$$Y = f(F, \epsilon)$$

위 additive error 모형에서 분산이 모두 동일한 경우만 homoscedastic (error) model

이라 하고, 나머지 경우는 모두 heteroscedastic (error) model이라 한다.

위 power model에서 $\alpha$도 추정 가능하다. $\alpha$가 0.5인 경우 poisson error model이라고도 하는데, 이렇게 이름이 붙은 이유는 해당 예측점에서 평균과 분산이 같기 때문이다. possion distribution은 이산형 분포(discrete distribution)이므로 연속형 결과변수(Y)를 설명하는 데 좋은 명칭은 아니다. power error model에서 $\alpha$가 1이면 위의 proportional error model이 된다. power error model은 (여기에 약간의 가정을 더하면/제한을 가하면/조건을 덧붙이면) weighted least square model이 된다.

sasLM package의 `REG` 함수에는 `HC` 옵션이 있어서 이를 TRUE로 하면 heteroscedasticity를 고려한 분산공분산 행렬 HC0와 HC3을 출력하고, White's test 결과를 보여 준다.

heteroscedasticity가 크다고 판단되면 `Weights` 옵션을 사용하여 weighted regression을 할 수 있다.

Generalized Least Squares(GLS)는 $\epsilon$ 확률변수의 분산 구조를 일반적인 형태로 가정하는데, 필요한 모수($\sigma$)가 너무 많아지는 단점이 있어 잘 사용하지 않는다.

잔차 간의 correlation을 autocorrelation(자기상관)이라 하는데, 이것이 발생하면 자연과학에서는 통계 모형을 복잡하게 해서 해결하기 보다는 좀 더 제대로 된 구조 모형을 사용함으로써 자기상관을 제거하는 것이 바람직하다.

하지만 미분방정식도 사용할 수 있는 자연과학과 달리 많은 인문/사회/교육/심리 영역에서의 문제들은 복잡한 구조 모형을 상정할 수 없어서 단순한 구조 모형과 복잡한 통계 모형을 사용하고 있다.

결론적으로 자연현상을 설명하는 모형에서는 (비선형일지라도) 최적의 구조 모형과 단순한 통계 모형을 사용할 것을 권장한다. 무엇이 최적인가에 대해서는 다음에 논의한다.

## 10.8 모형 간의 비교와 선택

1. 잔차의 경향성, 분포 등의 진단적 그림을 눈으로 봐서 차이가 있다면 visual exploration에서 더 좋은 것을 선택한다.

2. 눈으로 구분할 수 없을 정도로 차이가 없다면 다음과 같은 formal measure를 사용한다.
   1) Wald type test에서 유의하지 않고 중요하지 않아 보이는 변수를 제거한다. 통계적으로 유의하지 않아도 연구자가 중요하다고 생각하는 변수나 보정(adjust)해 주어야 하는 변수는 계속 포함시킨다.
   2) 만약 두 모형이 포함관계에 있다면 (더 복잡한 모형의 계수를 상수로 고정하면 단순한 모형으로 변하는 경우) objective function 또는 그와 유사한 값을 이용하여 F test, Likelihood Ratio Test (chi-square test) 등을 이용한다.
   3) 만약 두 모형이 포함관계에 있지 않다면 Akaike Information Criterion(AIC), corrected AIC(AICc), Schwarz Bayesian Criterion(SBC), Bayesian Information Criterion(BIC) 등의 수단을 사용한다.

위에서 기술한 것 외에도 MSE, $R^2$, $R^2_{adjusted}$, Mallow's$C_p$,Q 등이 개발되어 있고, 이는 학술적으로는 흥미로울 수 있으나, 실무에서는 별로 유용하지 않다.

다만, $PRESS_p$는 아직까지 많이 활용되고 있지 않으나(개념적으로 delete-one diagnostics, machine learning의 n-fold validation과 유사하다.) 앞으로 많이 활용되길 기대한다.

### 10.8.1. 카이제곱 분포를 이용한 포함 관계의 두 경쟁 모형 비교(Likelihood Ratio Test, LRT)

선형이든 비선형이든 두 개의 경쟁하는 모형이 full model vs. reduced model 관계에 있으면서, 통계적으로 선호되는 모형을 선택하고자 하면 카이제곱 분포를 이용한 가능도비 검정(Likelihood Ratio Test, 우도비 검정)이 유용하다.

즉, $\Delta(-2LL) \overset{n\to\infty}{\sim} \chi^2(q)$이다.

위에서 LL은 log likelihood이며, n은 전체 관찰값(observation)의 개수, q는 두 모형 간의 parameter 개수의 차이이다.

이를 Wilks' theorem이라고 한다.

잔차가 정규분포일 때는 $\Delta(-2LL)$이 정확하게는 F 분포를 따른다고 설명되어 있는 논문이나 교재 등의 자료가 있는데, 이는 분산분석의 근거를 유도한 것이며, 일반적인 가능도비 검정(Likelihood Ratio Test, LRT)과 관련된 것은 아니다.

# 연습문제

1 Wald(type) test와 Likelihood Ratio Test(LRT)의 장단점을 비교해 보시오.

2 약동학적 선형성(pharmacokinetic linearity)이란 쉽게 말해서 용량을 두 배로 했을 때 농도가 두 배가 되는 것을 말한다. 이것을 점검하기 위해서는 다음의 두 모형으로 단순 선형 회귀를 하여 기울기인 $\beta_1$이 1 근처임을 보이면 된다. 이 모형의 논리적 근거(rationale)를 생각해 보시오.

$$\log(AUC) = \beta_0 + \beta_1 \log(DOSE)$$
$$\log(Cmax) = \beta_0 + \beta_1 \log(DOSE)$$

3 위 문제에서 기울기가 1 근처임을 보인다는 것은 신뢰구간도 충분히 좁아야 함을 의미한다. 어느 정도이면 충분하다고 말할 수 있을지 고찰해 보시오.

4 sasLM package에는 `lr`이라는 함수가 있는데, `lr(formula1, data1)`은 `summary(lm(formula1, data1))`과 대개 같은 결과를 보여 준다. 함수의 내용을 보고 결과가 어떻게 나오는지 이해해 보시오. 또한 어떤 경우에 `lr()`과 `summary(lm())`이 다른 결과를 보여 주는지 알아보시오.

5 White's test for heteroscedasticity와 HC0, HC1, HC2, HC3에 대해서 조사하시오.

# 11 분산분석

# 11 분산분석(Analysis of Variance)

## 11.1 개요(Introduction)

분산분석을 하는 방법은 여러 가지이다. 기본적으로는 두 변동(분산)의 비가 F 분포를 따름을 이용한 것이다. 이때 분모는 대개 MSE(Mean Squared Error)이지만, nested model과 같이 경우에 따라서는 다른 분산을 분모로 사용해야 한다.

R이나 대부분의 교과서는 SAS와 다른 방식으로 설명되어 있다.

여기서는 SAS를 기준으로 설명한다. R에서 SAS와 같은 결과를 얻고 싶으면 sasLM package를 사용한다.

ANOVA를 하기 위해서는 내부적으로 우선 regression을 해야 한다.

연속형(수치형, 정량형) 변수 하나는 $\beta$ 계수 하나를 사용하지만, 범주형 변수는 자신이 가지는 level의 수보다 하나 작은 개수의 $\beta$ 계수를 쓴다. 즉, 그만큼의 자유도를 소모한다.

추정된 $\beta$ 계수와 contrast라 불리는 vector(또는 vector들이 쌓인 matrix)를 곱하여 Sum of Squares(SS)를 구한다. 이때 $\beta$ 계수 추정 시에 사용된 g2 inverse를 사용한다(g2 inverse는 이후 설명).

SAS에서는 SS를 계산하기 위한 이 contrast vector (matrix)를 estimable function이라 부른다. 하지만 function이라는 용어가 일반적인 수학이나 프로그래밍을 주로 하는 사람에게는 혼란을 일으킬 것으로 보여 여기서는 계속 contrast라는 용어를 쓰기로 한다.

이때 contrast를 어떻게 구성하는가에 따라서 Type 1부터 Type 4까지의 SS가 산출된다.

다음은 contrast로 c(0, −1, 1)을 사용한 간단한 예이다.

```
anova(lm(uptake ~ Type, CO2))
```

```
Analysis of Variance Table

Response: uptake

          Df  Sum Sq  Mean Sq  F value     Pr(>F)
Type       1  3365.5   3365.5   43.519  3.835e-09 ***
Residuals 82  6341.4     77.3
---
Signif. codes:  0 '***' 0.001 '**' 0.01 '*' 0.05 '.' 0.1 ' ' 1
```

```
require(sasLM)
rx = REG(uptake ~ Type, CO2, summarize=FALSE)
cSS(t(c(0, -1, 1)), rx)
```

```
    Df    Sum Sq   Mean Sq  F value        Pr(>F)
  1  1  3365.534  3365.534  43.5191  3.834686e-09
```

위의 두 결과가 동일함을 알 수 있다.

cSS 함수는 corrected sum of squares의 약어로서 다음에서 보듯이 비교적 간단한 함수임을 알 수 있다.

```
cSS = function(K, rx, mu = 0, eps=1e-8)
{
  b = rx$coefficients
  iiv = G2SWEEP(K %*% rx$g2 %*% t(K), Augmented=FALSE, eps=eps)
  Kb = K %*% b - mu
  Q = t(Kb) %*% iiv %*% kb
  Df = attr(iiv, "rank")
  MS = ifelse(Df > 0, Q/Df, NA)
  if (rx$DFr > 0) {
    Fval = MS/(rx$SSE/rx$DFr)
```

```
    Pval = 1 - pf(Fval, Df, rx$DFr)
  } else {
    Fval = NA
    Pval = NA
  }
  Result = data.frame(Df, Q, MS, Fval, Pval)
  colnames(Result) = c("Df", "Sum Sq", "Mean Sq", "F value", "Pr(>F)")
  return(Result)
}
```

위에서 G2SWEEP 함수가 g2 inverse를 구하는 함수이다. 이 또한 생각보다 간단하다.

## 11.2 네 가지 유형의 제곱합(Four Types of Sum of Squares)

SAS 회사에서 ANOVA 시에 계산하는 Sum of Squares(SS)를 네 가지 유형으로 구분하여 제시하였다. 대부분의 교과서에는 SAS의 방식으로 설명하고 있지 않지만, 실무에서 피해갈 수 없는 문제이므로 여기에서 설명한다. 그런데 SAS가 계산하는 방식으로 SS를 구하려면 먼저 g2 type inverse matrix를 이해해야 하므로 이를 먼저 설명한다.

### 11.2.1. g2 type inverse matrix

g2 inverse란 행렬 generalized inverse의 type 2를 의미한다.

보통 역행렬은 정방행렬에 대해 정의되어 있고, determinant가 0이면 역행렬이 존재하지 않는다.

역행렬이 존재하지 않는 행렬을 singular matrix(비정칙 행렬)라 하고, 존재하면 non-singular matrix(정칙 행렬)라고 한다.

A라는 정방행렬이 있을 때 A의 역행렬은 다음의 조건을 만족하는 행렬로서 $A^{-1}$라 표기하고, 존재한다면 이것이 유일하다.

이런 행렬 A를 non-singular matrix라고 한다.

$$AA^{-1} = A^{-1}A = I$$

여기서 I는 A와 dimension이 같은 identity matrix(좌상 우하 대각선의 원소만 1이고 나머지는 0인 행렬)를 의미한다.

I의 dimension이 $n \times n$일 때 $I_n$으로 표기하기도 한다.

그런데 A가 정방행렬이 아니거나 정방행렬이어도 역행렬이 존재하지 않는 경우(singular matrix)가 종종 있다. 이 경우에 좀 더 일반화된 역행렬을 생각할 수 있는데, 이것은 다음의 조건을 만족하는 행렬이다.

$$AA^{-}A = A$$

이때 이런 역행렬을 보통의 역행렬과 구분하기 위해 위 첨자로 $-1$을 쓰지 않고, $-$ 만 쓰고 이를 일반화 역행렬(generalized inverse)이라 부른다.

다음과 같이 보통의 역행렬이 존재하지 않는 경우(singular)에도 일반화 역행렬은 존재한다.

```
A = matrix(1:9, nrow=3)

solve(A)      # not solved due to singularity

G2SWEEP(A)    # generalized inverse
```

```
           [,1]       [,2] [,3]
[1,] -1.6666667  1.3333333    0
[2,]  0.6666667 -0.3333333    0
[3,]  0.0000000  0.0000000    0

attr(, "rank")
[1] 2
```

일반화 역행렬은 정방행렬이 아니어도 구할 수 있지만, 단점은 이것이 unique하지 않다는 것이다. 처리하는 사람에 따라서 결과가 달라지고 (일관되지 않다면) 연구자들 간의 의사소통에 문제가 생긴다.

따라서 누가 처리하든 동일한 결과를 얻기 위해 계산 방법을 지정해 둔 것들이 있는데, 이것 중의 하나가 g2 inverse이다. R에서는 `sasLM::G2SWEEP` 함수로 g2 type의 inverse를 구할 수 있다. 알고리듬이 포함된 source는 다음과 같다.

```
G2SWEEP = function(A, Augmented=FALSE, eps=1e-8)
{
  idx = abs(diag(A)) > eps
  p = sum(idx)
  if (p == 0) {A[,] = 0 ; return(A)}
  B = A[idx, idx, drop=F]

  p0 = ifelse(Augmented, p - 1, p)
  r = 0
  for (k in 1:p0) {
    d = B[k, k]
    if (abs(d) < eps) { B[k, ] = 0 ; B[, k] = 0 ; next }
    B[k, ] = B[k, ]/d
    r = r + 1
    for (i in 1:p) {
      if (i != k) {
        c0 = B[i, k]
        B[i, ] = B[i, ] - c0*B[k, ]
        B[i, k] = -c0/d
      }
    }
    B[k, k] = 1/d
```

```
  }

  A[!idx, !idx] = 0
  A[idx, idx] = B
  attr(A, "rank") = r
  return(A)
}
```

선형 회귀 분석에서도 model matrix(design matrix, 설계행렬)의 역행렬이 필요한데, 이것이 종종 singular하다. SAS, SPSS 진영에서는 이 경우에도 부족하지만 (unique하지는 않지만, 유일한 해는 아니지만) 어떤 일관된 해를 제시하고자 하여 g2 inverse를 사용한다.

하지만 지금의 R 진영(W. N. Venables와 같은 분이 대표적인데, 사실 R이 만들어지기 전부터 있었던 분들이다.)에서는 이것의 사용을 반대했거나, 적어도 찬성하지는 않았다.

대가들 중에 Shayle R. Searle(1928~2013)과 같은 분이 대표적인 찬성자이며, Norman R Draper같은 분은 온건한 반대론자이다.

Venables 는 'Exegeses on Linear Models'이라는 글(1998년 10월 S-PLUS User's Conference, 2000년 5월 13일자 파일)을 발표했는데, 지금도 인터넷에서 찾을 수 있다. 내용은 SAS의 Type 3 SS에 대한 신랄한 비판이다.

Type 3 SS를 구하려면 g2 inverse가 핵심이고 필요하기 때문에 이에 대한 반대는 g2 inverse의 사용에 대한 반대라고도 볼 수 있다.

Draper는 singular matrix를 만나게 되면 이것을 non-singular하게 만들라고 권하고 있는데(Applied regression analysis 3e 1998, p. 444), 이것은 data와 model이 맞지 않는 것이니 data를 더 모으거나, model을 변경하라고 권하고 있다(ibid., p. 126).

그래서 SAS, SPSS 진영에서는 Type 3 SS를 사용하고, S-PLUS, R 진영은 Type 3 SS를 사용하지 않게(또는 권장하지 않게) 되었으며, R에서는 SAS와 동일한 결과를 얻기 어렵게 되었다.

R에서 SAS와 동일한 결과를 얻으려면 car라는 package의 `Anova` 함수에서 인자를 `type=3`이라고 주면 된다. 다만 `lm`을 쓰기 전에 contrast option을 다음과 같이 바꾸어 주어야 한다.

```
options(contrasts=c("contr.sum", "contr.poly"))
```

하지만 이렇게 해도 종종 SAS와 다른 결과를 얻게 되는데, 다음은 간단한 예이다.

```
weight = c(8,13,9,12,7,11,6,12,12,14,9,7,14,16,10,14,11,13)
treatment =  c("ta","ta","ta","ta","ta","ta","tb","tb","tb","tb","tc","tc","tc","tc",
               "tc","tc","tc","tc")
variety = c("va","va","va","vc","vd","vd","va","va","vb","vb","vb","vb","vc", "vc","vd",
            "vd","vd","vd")
d1 = data.frame(weight, treatment, variety)

options(contrasts = c("contr.sum", "contr.poly"))
Anova(lm(weight ~ treatment*variety, d1), type=3, singular.ok=TRUE) # NOT OK
```

```
Note: model has aliased coefficients
      sums of squares computed by model comparison

Anova Table (Type III tests)

Response: weight
                  Sum Sq  Df  F values   Pr(>F)
treatment          0.000   0
variety            0.000   0
treatment:variety 34.714   2    3.0995  0.08965.
Residuals         56.000  10
---
Signif.codes:  0 '***' 0.001 '**' 0.01 '*' 0.05 '.' 0.1 ' ' 1
```

하지만 다음과 같은 R script로 SAS와 동일한 결과를 얻을 수 있다.

```
require(sasLM)
aov3(weight ~ treatment*variety, d1)
```

```
Response : weight
                   Df  Sum Sq  Mean Sq F value  Pr(>F)
MODEL               7  82.000  11.7143  2.0918 0.13995
 treatment          2  12.471   6.2353  1.1134 0.36595
 variety            3  34.872  11.6240  2.0757 0.16719
 treatment:variety  2  34.714  17.3571  3.0995 0.08965 .
```

```
RESIDUALS            10  56.000   5.6000
CORRECTED TOTAL      17 138.000
---
Signif. codes:   0 '***' 0.001  **' 0.01 '*' 0.05 '.' 0.1 ' ' 1
```

위에서 결과가 다르게 나온 이유는 다음과 같이 설계행렬(design matrix)의 cross product (이 행렬이 $\beta$ 계산에 필요하다. 앞 chapter 참고)가 비정칙(singular)이기 때문이다.

```
X = model.matrix(~ treatment*variety, d1)
solve(crossprod(X))
```

역행렬이 존재하지 않는 이유는 여러 가지가 있을 수 있는데, 대표적인 것인 aliased coefficient의 존재이다. aliased coefficient란 다른 변수의 조합으로 설명되는 x 변수가 함께 들어 있다는 뜻이다. 즉, perfect correlation을 갖게 되면 역행렬이 존재하지 않는다.

R에서는 다음과 같이 aliased coefficient를 찾을 수 있다.

```
alias(weight ~ treatment*variety, d1)
```

```
Model :
weight ~ treatment * variety

Complete :
                     (Intercept) treatment1 treatment2 variety1 variety2 variety3
treatment1:variety2   -1/6        -1/3       2/3        -1/2     -1/2      1/2
treatment2:variety2   5/12        -2/3       4/3        -3/4     -3/4      1/4
treatment1:variety3   -5/6         4/3      -2/3        -7/6      3/2      1/2
treatment2:variety3  -5/16         2/3      -1/3        -7/12     3/4     -1/4
                     treatment1:variety1   treatment2:variety1
treatment1:variety2        1                     0
treatment2:variety2        1                    -1
treatment1:variety3      2/3                   8/3
treatment2:variety3      1/3                   4/3
```

이 외에도 nest design, split-plot design, hierarchical model 등 좀 복잡한 모형의 경우에 `car::Anova`의 Type 3 SS와 SAS는 다르게 나온다. 대표적인 것이 생물학적 동등성

시험의 자료(bioequivalence data)이다.

Type 1 ~ 4 SS라는 용어는 SAS 회사에서 만들어 낸 용어로서 일반적인 통계 교과서에는 잘 나오지 않는다.

Type 1 ~ 4 SS에 대하여 가장 먼저 참고할 문서는 『SAS User's Guide』에 있는 "The Four Types of Estimable Functions" chapter이다. Chapter 번호는 SAS version에 따라 다르다.

내용은 상당히 난해하여 이것만으로 R에서 구현하기는 매우 힘들다. 대표적인 원인이 용어의 뜻을 명확히 알기 어려운데, 'contained' 'containing' 'associated' factor/column이 그 예들이다.

Type 1~3 SS의 구체적인 계산 실례는 'SAS Technici Report R−101. Tests of Hypotheses in Fixed-Effects Linear Models'를 참고한다.

### 11.2.2. Type 1 SS

R에서 기본적으로 출력해 주는 것은 Type 1 SS이다.

Type 1 SS 는 sequential sum of squares라고도 하는데, 이는 불균형 자료(unbalanced data)의 경우에 설명변수를 넣어 주는 순서에 따라 결과가 달라진다. 균형 자료(balanced data)인 경우에는 설명변수의 나열 순서와 무관하게 결과는 동일한데, 이 때문에 대부분의 기초교과서에서는 balanced data만 다룬다.

다음은 R에 내장된 CO2 자료를 첫 행을 제거하여 unbalanced data로 만든 뒤에 설명변수의 순서에 따라 type 1 SS가 달라지는 것을 보여 준 것이다.

```
d2 = CO2[-1,]
anova(lm(uptake ~ Type + Treatment, d2))
```

```
Analysis of Variance Table

Response: uptake

          Df  Sum Sq   Mean Sq F value    Pr(<F)
Type       1  3553.5   3553.5  58.050 4.490e-11 ***
```

```
Treatment   1  1129.0    1129.0  18.443 4.879e-05 ***
Residuals  80  4897.2      61.2
---
Signif. codes:   0 '***' 0.001 '**' 0.01 '*' 0.05 '.' 0.1 ' ' 1
```

```
anova(lm(uptake ~ Treatment + Type, d2))
```

```
Analysis of Variance Table

Response: uptake

          Df  Sum Sq   Mean Sq F value    Pr(<F)
Treatment  1  1080.5    1080.5  17.651 6.849e-05 ***
Type       1  3602.0    3602.0  58.843 3.558e-11 ***
Residuals 80  4897.2      61.2
---
Signif. codes:   0 '***' 0.001 '**' 0.01 '*' 0.05 '.' 0.1 ' ' 1
```

SAS에서 Type 1 SS를 구하기 위한 contrast matrix를 만드는 방법은 여러 가지가 있는데, 대표적인 것은 forward Doolittle method이다.

sasLM package의 `e1` 함수가 그것을 쓰고 있다.

```
x = ModelMatrix(uptake ~ Type + Treatment, d2)
ce1 = e1(crossprod(x$X)) ; zapsmall(ce1)
```

```
   (Intercept) TypeQuebec TypeMississippi Treatmentnonchilled Treatmentchilled
L1           1  0.4939759       0.5060241           0.4939759        0.5060241
L2           0  1.0000000      -1.0000000          -0.0121951        0.0121951
L3           0  0.0000000       0.0000000           0.0000000        0.0000000
L4           0  0.0000000       0.0000000           1.0000000       -1.0000000
L5           0  0.0000000       0.0000000           0.0000000        0.0000000
```

zapsmall은 0에 가까운 값은 0으로 표기하도록 해 주어 사람이 좀 더 읽기 쉽게 한다. 이제 `REG` 결과와 위에서 구한 `e1` contrast를 이용하여 SS를 구하면 다음과 같다.

```
rx = REG(uptake ~ Type + Treatment, d2, summarize=FALSE)
cSS(ce1[2:3, ], rx) # SS for 'Type' varaible
```

```
     Df     Sum Sq     Mean Sq    F value         Pr(>F)
1     1   3553.544    3553.544   58.05039   4.489786e-11
```

```
cSS(ce1[4:5, ], rx) # SS for 'Treatment' variable
```

```
     Df     Sum Sq     Mean Sq    F value         Pr(>F)
1     1   1128.998    1128.998   18.44321   4.878752e-05
```

ce1의 첫째 줄은 intercept를 위한 것인데, 일반적으로 ANOVA 결과표에 나오지 않는다.

```
cSS(ce1[1, , drop=F ], rx) # SS for intercept
```

```
     Df     Sum Sq     Mean Sq    F value   Pr(>F)
1     1   62077.66    62077.66   1014.095        0
```

`cSS` 함수는 contrast를 row vector로 받는다. 그런데 하나의 행을 고르게 되면 자동으로 column vector로 바꾸어 버리기 때문에 이를 방지하기 위해 `drop=F` 옵션을 사용하였다.

일반적으로 분산분석에서는 intercept가 있는 모형이며, corrected SS를 보여 준다. 따라서 corrected Sum of Squares Total(corrected SST)의 자유도는 n−1이다. intercept가 없는 모형을 지정해 줄 수도 있는데, 이때는 uncorrected SST가 출력되며, 자유도는 n이다.

이를 수식으로 나타내면 다음과 같다.

$$corrected\ sum\ of\ squares\ total = cSST = \sum(y_i - \overline{y})^2 = (y - \overline{y})^T(y - \overline{y}) = crossprod(y - \overline{y})$$

$$uncorrected\ sum\ of\ squares\ total = uSST = \sum y_i^2 = y^T y = crossprod(y)$$

### 11.2.3. Type 2 SS

Type 2 SS를 위한 contrast는 `e2` 함수로 구할 수 있다.

Type 2 SS는 동일한 차수의 설명 항(term)들에 대해서는 순서와 상관없이 같게 나온다. 즉, 동일한 차수끼리는 서로 보정해 주며, 하위 차수의 SS를 먼저 계산한 뒤 상위 차수를 계산한다.

```
ce2 = e2(x) ; ce2
```

```
   (Intercept) TypeQuebec TypeMississippi Treatmentnonchilled Treatmentchilled
L1           1          0               0                   0                0
L2           0          1              -1                   0                0
L3           0          0               0                   0                0
L4           0          0               0                   1               -1
L5           0          0               0                   0                0
```

```
cSS(ce2[2:3, ], rx) # SS for 'Type'
```

```
  Df   Sum Sq  Mean Sq  F value       Pr(>F)
1  1 3602.033 3602.033  58.8425 3.558154e-11
```

```
cSS(ce2[4:5, ], rx) # SS for 'Treatment'
```

```
  Df   Sum Sq  Mean Sq  F value       Pr(>F)
1  1 1128.998 1128.998 18.44321 4.878752e-05
```

Regression에 의한 $\beta$ 계수는 type 1 ~ 4 SS와는 무관하므로 refit할 필요는 없다.

Type 2 SS는 비록 g2 inverse를 쓰기는 하지만 행렬 연산으로 잘 정의되어 있기 때문에(물론 contained, containing, associated column/factor의 뜻을 먼저 알아야 한다.) 소프트웨어가 달라도 일정한 결과를 보여 준다. 즉, `car::Anova` 함수의 `type=2` 옵션은 비교적 만족스러운 결과를 보여 준다.

R 진영에서도 Type 2 SS에 대한 비판은 보이지 않으며, Type 3 SS보다 Type 2 SS를 더

추천한다는 의견들이 있다.

### 11.2.4. Type 3 SS

Type 3 SS는 차수와도 상관없이 포함된 모든 설명 항(term)들에 대하여 대등한 자격으로 서로를 보정해 준 것이다. SAS에서 우선적으로 이것을 사용하라고 추천하여 여러 통계학자(특히 R 진영)로부터 비판을 받았다.

Type 3 SS는 Type 1이나 Type 2에 비하여 계산하기 쉽지 않은 면이 있다. Unbalanced data에 대하여 SS의 합들이 total SS와도 맞지 않는다.

차수가 다른 것을 동등한 입장에서 다루어야 할지 말지 또는 설명변수를 넣는 순서에 따라 다르게 나오는 것이 좋을지 그렇지 않을지 등은 그 분야 전문가의 domain knowledge를 바탕으로 판단해야 하기 때문에 blind하게 Type 3 SS를 사용하는 것은 비판을 받는 것이 당연하다.

만약 A, B, C의 설명변수가 있고, 연구자는 A, B의 효과를 배제하고도 C가 효과가 있는지 보고자 한다면 Type 1 SS를 사용하되, A와 B를 C보다 앞에 두고 ANOVA분석을 해야 한다.

하지만 그렇지 않은 경우를 흔히 보게 된다.

Type 1 SS는 누가 봐도 이견이 없고, 계산이 매우 명확(나열한 설명변수의 순서에 따라 SS를 제거해 나간다. 그래서 최종적으로 남은 것이 residual SS이다.)하기 때문에 장점이 있다.

사실 Type 2 SS와 Type 3 SS의 하단에 나오는 Residual SS는 Type 1 SS로 계산한 것이다.

sasLM package의 `e3` 함수로 contrast(estimable function)를 볼 수 있다.

다음에서는 `GLM` 함수로 다음 모형의 Type 1, 2, 3 SS가 모두 다름을 볼 수 있다.

아래 e3 contrast(etimable function)는 보기 좋도록 transpose하였다.

```
rx2 = REG(uptake ~ Type*Treatment, d2, summarize=F)
ce3 = e3(ModelMatrix(uptake ~ Type*Treatment, d2)) ; t(zapsmall(ce3))
```

```
                                      L1 L2   L3   L4  L5  L6  L7 L8  L9
(Intercept)                            1  0.0  0   0.0  0   0   0  0   0
TypeQuebec                             0  1.0  0   0.0  0   0   0  0   0
TypeMississippi                        0 -1.0  0   0.0  0   0   0  0   0
Treatmentnonchilled                    0  0.0  0   1.0  0   0   0  0   0
Treatmentchilled                       0  0.0  0  -1.0  0   0   0  0   0
TypeQuebec:Treatmentchilled            0  0.5  0  -0.5  0   1   0  0   0
TypeQuebec:Treatmentnonchilled         0  0.5  0   0.5  0  -1   0  0   0
TypeMississippi:Treatmentchilled       0 -0.5  0  -0.5  0  -1   0  0   0
TypeMississippi:Treatmentnonchilled    0 -0.5  0   0.5  0   1   0  0   0
```

```
cSS(ce3[2:3, ], rx2) # SS for Type
```

```
  Df   Sum Sq   Mean Sq  F value       Pr(>F)
1  1 3582.646  3582.646 59.77216 2.905065e-11
```

```
cSS(ce3[4:5, ], rx2) # SS for Treatment
```

```
  Df   Sum Sq   Mean Sq  F value       Pr(>F)
1  1  1118.29   1118.29 18.65733 4.505622e-05
```

```
cSS(ce3[6:9, ], rx2) # SS for Type:Treatment
```

```
  Df   Sum Sq   Mean Sq  F value    Pr(>F)
1  1 162.0548  162.0548 2.703691 0.1040902
```

```
GLM(uptake ~ Type*Treatment, d2)
```

```
$ANOVA
Response: uptake

            Df  Sum Sq  Mean Sq  F value     Pr(<F)
Treatment    3  4844.6  1614.87   26.942  4.208e-12 ***
Residuals   79  4735.1    59.94                     ***
```

```
CORRECTED TOTAL      82    9579.7
---
Signif. codes:  0 '***' 0.001 '**' 0.01 '*' 0.05 '.' 0.1 ' ' 1

$Fitness

 Root MSE   uptake Mean   Coef Var   R-square    Adj R-sq
 7.741987      27.34819   28.30895  0.5057134   0.4869431

$`Type I`
               Df  Sum Sq   Mean Sq  F value      Pr(>F)
Type            1  3553.5    3553.5  59.2866   3.344e-11 ***
Treatment       1  1129.0    1129.0  18.8360   4.177e-05 ***
Type:Treatment  1   162.1     162.1   2.7037      0.1041
---
Signif. codes:   0 '***' 0.001 '**' 0.01 '*' 0.05 '.' 0.1 ' ' 1

$`Type II`
               Df  Sum Sq   Mean Sq  F value      Pr(>F)
Type            1  3602.0    3602.0  60.0956   2.646e-11 ***
Treatment       1  1129.0    1129.0  18.8360   4.177e-05 ***
Type:Treatment  1   162.1     162.1   2.7037      0.1041
---
Signif. codes:   0 '***' 0.001 '**' 0.01 '*' 0.05 '.' 0.1 ' ' 1

$`Type III`
               Df  Sum Sq   Mean Sq  F value      Pr(>F)
Type            1  3582.6    3582.6  59.7722   2.905e-11 ***
Treatment       1  1118.3    1118.3  18.6573   4.506e-05 ***
Type:Treatment  1   162.1     162.1   2.7037      0.1041
---
Signif. codes:   0 '***' 0.001 '**' 0.01 '*' 0.05 '.' 0.1 ' ' 1
```

### 11.2.5. Type 4 SS

이것은 empty cell을 다루는 방법으로 고안된 것이다. 이것의 해법은 Type 3 SS에 비하여 더욱 controversial하고, 논의가 많이 되지 않아 아직 `car::Anova`와 sasLM package에 구현되어 있지 않다.

## 11.3 실험계획법에서 배우는 용어

분산분석은 실험계획법과 매우 밀접한 연관이 있다. 따라서 실험계획법에 나오는 많은 용어와 개념에 익숙할 필요가 있다.

다음은 실험계획법에서 배우는 용어를 간략히 설명한 것이다.

- 요인(factor, 인자): 결과변수에 영향을 주는 것, 변수/변수명
- 수준(level): 인자가 가질 수 있는 값
- 모수인자(fixed factor)/고정 효과: 요인의 몇 개의 고유한 값을 가지거나, 실험자가 원하는 대로 정해 줄 수 있는 요인
- 변량인자(random factor)/무작위 효과: 상당히 많은 여러 가지 중에서 골라진 경우. 모수인자로 처리하기에는 수준이 너무 많은 경우. 예를 들어, 투약일
- 교호작용(interaction): 두 요인의 가법 모형으로 설명할 수 없는 부분
- 교락(confounding): 인자 효과가 블록 효과와 겹쳐서 구분되지 않는 경우
- 분할(splitting): 두 가지 이상의 인자가 있을 때 일차 단위 내에서 다시 이차 단위의 무작위화가 이루어질 때
- 지분(nesting): 일차 단위의 A1 수준 내의 B1과 A2 수준 내의 B1이 같은 것이 아닐 때, 즉 ID를 별도로 주는 것이 옳을 때. 주로 변량인자들을 실험할 때 사용
- 요인설계(factorial design): 수준들의 모든 조합을 실험하는 경우. 주로 모수인자이며, 변량인자가 아님.
- 완전확률화법(completely randomized design): 실험단위에 가해지는 모든 수준이 완전히 무작위로 정해지는 경우. 즉, 모든 수준의 조합이 무작위 순서로 시행되는 경우
- 난괴법(randomized block design): 어떤 블록 내에서 무작위 배정이 이루어지는 경우. 이때 블록은 변량인자가 흔함. Block randomization과는 다른 뜻임.
- 라틴방격법(latin square design): 각 인자별 수준 수가 k개인 3개 이상의 인자를 $k^2$ 횟수의 실험으로 평가하고자 할 때. 주로 모수인자이며, 변량인자가 아님.

분산분석은 요인(factor)의 개수에 따라 일원배치 분산분석, 이원배치 분산분석, 다원배치 분산분석으로 구분하기도 한다.

고정 효과(모수인자)와 무작위 효과(변량인자)의 교호작용(interaction)은 무작위 효과

(변량인자)가 된다.

## 11.4 오차항에의 풀링

통계적으로 유의하지 않은 요인을 모형에서 제거함으로써 오차항의 자유도를 증가시키는 경우가 있다. 이렇게 하는 것을 오차항에의 풀링이라고 한다. 풀링 여부에 대한 여러 기준이 있으나(예를 들어 F 값이 1 이하), 관심의 대상이 되는 신뢰구간이 좁아지는 방향으로 결정하는 것이 가장 좋다.

## 11.5 분산분석표 이후의 분석

분산분석을 하기 전에 미리 plot을 하는 것은 필수적이다. 주로 box plot을 그리게 되고, 또는 설명변수가 2개 이상인 경우 `interaction.plot`도 사용한다. 때로는 기본 함수인 `plot.design`도 유용하다.

분산분석은 회귀분석에 비하여 강건(robust)하다. 즉, 잔차가 정규분포 가정을 벗어나더라도 유의확률(type 1 error probability)이 유의수준을 잘 벗어나지 않는 수행 능력(performance)을 보여 준다. 그래서 그런지 분산분석 뒤에 모형 진단에 신경을 쓰지 않는 경우가 많지만, 가급적 분산분석 후에도 모형 진단을 하는 것이 좋다.

fixed effect(고정 효과)인 경우에 pairwise comparison이 필요할 수 있다. 이를 위해 `PDIFF` 함수를 이용하면 되고, multiple comparison에 따른 p−value 및 신뢰구간의 보정은 옵션으로 지정해 줄 수 있다.

또한 Type 1, 2, 3 SS가 아니더라도 다양한 contrast, estimable function, linear combination of estimates에 대한 추정값은 `ESTM` 함수로 구할 수 있다.

sasLM package에서는 expected mean square를 위한 공식을 보여 주는 `EMS`, least sqaure mean(Estimated Marginal Mean, EMM이 더 선호되는 용어이다.)을 구하는 `LSM`, diffogram을 그려주는 `Diffogram` 등의 함수가 있다.

더 자세한 것은 `?sasLM`으로 검색해 볼 수 있다.

## 11.6 생물학적 동등성 시험의 분산분석

sasLM package는 실제 data이면서 다음과 같이 출판된 `BEdata`가 포함되어 있다.

Bae, K. S., & Kang, S. H. (2017). Bioequivalence data analysis for the case of separate hospitalization. *Transl Clin Pharmacol, 25*(2), 93-100.

일반적인 생물학적 동등성 시험(줄여서 생동시험, BE study)에서는 대상자(subject)를 RT와 TR 두 군으로 나눈다. RT군에 배정된 대상자는 먼저 대조약(reference drug)을 투약 받고, 약물이 제거되도록 일정 기간의 휴약기(wash-out period, 대개 일주일)가 지난 후에 시험약(test drug)을 투약 받는다. 반면에 TR군에 배정된 대상자는 먼저 시험약을 투약 받고, 휴약기가 지난 후에 대조약을 투약 받는다. 즉, 대상자는 특정 약물이 아니라 투약 받는 순서(sequence)에 무작위로 배정되며, 한 대상자는 두 가지 약물을 모두 복용하게 된다. 매 투약마다 투약 직전 시점부터 (대체로) 24~72시간 동안 12~14회의 채혈이 이루어지며, 채혈한 시점의 약물 농도를 측정한다. 측정된 약물 농도로부터 AUC (area under the time-concentration curve, 농도-시간 곡선 아래 면적)와 Cmax(maximum concentration, 최고 농도)를 구하게 된다. R package에 주어진 `BEdata`는 이 중에 논란이 있었던 Cmax 자료만을 제시하고 있고, 한 대상자는 두 번의 Cmax 자료를 가지고 있다. 한 사람은 하나의 순서군(sequence group, RT 또는 TR)에만 속하게 되므로 대상자(subject)는 순서군(sequence group)에 내포(nest)되었다고 한다. 이를 SAS에서는 `SUBJ(SEQ)`와 같이 표현하고, R에서는 `SUBJ %in% SEQ`라고 표현할 수 있다. R에서는 nested effect를 표현하는 단순한 방법으로 `SEQ/SUBJ`가 있다. 이는 `SEQ + SEQ:SUBJ`와 같다.

이런 문법을 이용해서 `GLM` 함수로 처리하면 다음과 같다.

```
GLM(log(CMAX) ~ SEQ/SUBJ + PRD + TRT, BEdata)
```

```
$ANOVA

 Response: log(CMAX)

                      Df   Sum Sq    Mean Sq  F value     Pr(<F)
MODEL                 48  23.1924    0.48317   5.6278  4.395e-08 ***
Residuals             42   3.6059    0.08585                      ***
CORRECTED TOTAL       90  26.7983
---
Signif. codes:  0 '***' 0.001 '**' 0.01 '*' 0.05 '.' 0.1 ' ' 1

$Fitness


   Root MSE   log(CMAX) Mean   Coef Var   R-square    Adj R-sq
  0.2930098         6.071036   4.826355  0.8654428   0.7116631


$`Type I`
             Df    Sum Sq    Mean Sq   F value         Pr(>F)
SEQ           1    0.6454    0.64544    7.5178      0.008938 **
SEQ:SUBJ     45   22.4395    0.49866    5.8081     3.359e-08 ***
PRD           1    0.0969    0.09686    1.1281      0.294242
TRT           1    0.0106    0.01057    0.1231      0.727410
---
Signif. codes:   0 '***' 0.001 '**' 0.01 '*' 0.05 '.' 0.1 ' ' 1


$`Type II`
             Df    Sum Sq    Mean Sq   F value         Pr(>F)
SEQ           1    0.6440    0.64395    7.5005      0.009011 **
SEQ:SUBJ     45   22.5232    0.50052    5.8298     3.173e-08 ***
PRD           1    0.0996    0.09958    1.1599      0.287632
TRT           1    0.0106    0.01057    0.1231      0.727410
---
Signif. codes:   0 '***' 0.001 '**' 0.01 '*' 0.05 '.' 0.1 ' ' 1


$`Type III`
             Df    Sum Sq    Mean Sq   F value         Pr(>F)
```

```
SEQ            1    0.3368    0.33679    3.9228       0.05421 **
SEQ:SUBJ      45   22.5232    0.50052    5.8298     3.173e-08 ***
PRD            1    0.0996    0.09958    1.1599       0.28763
TRT            1    0.0106    0.01057    0.1231       0.72741
---
Signif. codes:   0 '***' 0.001 '**' 0.01 '*' 0.05 '.' 0.1 ' ' 1
```

그런데 위 결과에서 그냥 Type 3 SS를 읽어서는 안 된다. 그 이유는 SEQ effect에는 SUBJ가 nest되어 있고, SUBJ effect는 random effect로 간주되기 때문에 SEQ effect 변동성의 비교 기준은 MSE가 아닌 SEQ:SUBJ term이 되기 때문이다.

즉, SEQ 행의 0.05421이라는 p-value를 사용해선 안 된다.

따라서 이를 반영한 ANOVA는 다음과 같다.

```
RanTest(log(CMAX) ~ SEQ/SUBJ + PRD + TRT, BEdata, Random="SUBJ")
```

```
$SEQ
Error: 0.9669*SEQ:SUBJ + 0.0331*MSE
          Df  Sum Sq Mean Sq F value Pr(>F)
SEQ    1.000  0.3368 0.33679  0.6919 0.4099
Error 45.529 22.1626 0.48679

$`The Rest Terms`
          Df  Sum Sq Mean Sq F value     Pr(>F)
PRD        1  0.0996 0.09958  1.1599    0.2876
TRT        1  0.0106 0.01057  0.1231    0.7274
SEQ:SUBJ  45 22.5232 0.50052  5.8298 3.173e-08 ***
RESIDUALS 42  3.6059 0.08585
---
Signif. codes: 0 '***' 0.001 '**' 0.01 '*' 0.05 '.' 0.1 ' ' 1

$EMS
       SEQ PRD TRT SEQ:SUBJ eps
SEQ      Q           1.8693   1
PRD          Q                1
TRT              Q            1
SEQ:SUBJ            1.9333    1
```

SEQ effect에 대한 p-value는 이제 0.4099로 이전 GLM 결과의 0.05421보다 크며, 이것

이 더 정확한 p-value이다.

결과에서 보듯이, 오차항(error term)이 순수하게 SEQ:SUBJ만으로 이루어져 있지 않고 MSE가 약 3.3% 포함되었다. 이는 unbalanced data이기 때문이다. 이 비율만 보고 싶으면 EMS 함수를 사용하면 된다.

```
EMS(log(CMAX) ~ SEQ/SUBJ + PRD + TRT, BEdata)
```

```
                  SEQ        PRD        TRT    SEQ:SUBJ
SEQ          43.90909    0.00000    0.00000    1.869318
PRD           0.00000   43.90909    0.00000    0.000000
TRT           0.00000    0.00000   43.90909    0.000000
SEQ:SUBJ      0.00000    0.00000    0.00000    1.933333
```

위의 표에서 행의 이름은 MS(Mean Square, SS/Df)들의 이름이다. 열의 이름은 fixed factor인 경우에 quadratic function(Q)이며, random factor인 경우에는 분산이다.

첫 번째 행과 마지막 행의 뜻은 다음과 같다.

$$MS_{SEQ} = 43.90909\,Q_{SEQ} + 1.869318\sigma^2_{SEQ:SUBJ}$$

$$MS_{SEQ:SUBJ} = 1.933333\sigma^2_{SEQ:SUBJ}$$

여기에서 $Q_{SEQ} = \sum(y_i - \overline{y})^2$로 $y_i$는 i-th level의 고유값(상수)이고, $\overline{y}$는 level 고유값들의 평균이다.

결과표에서 EMS들의 비율이 정수가 아닌 것은 unbalanced data이기 때문이다.

따라서 위의 경우에는 그냥 MS들만의 비(ratio)로서 $Q_{SEQ}$의 유의성을 판정할 수 없게 된다.

분모의 분산을 보정하는 한 가지 방법으로 SAS는 1.869318/1.933333 = 0.9669, 즉 96.69%의 $M_{SEQ:SUBJ}$만 쓰고 부족분을 MSE에서 채운다.

그런데 이 연구가 실제로는 대상자 모집에 어려움이 있어서 같은 날에 입원하여 시험하지 못하고 서로 다른 3일에 걸쳐 입원하였다. 이 정보는 ADM column에 표시되어 있다. 입원일은 임상시험 계획 당시나 계획서 승인 시점에서 알 수가 없는 값이며, 대상자 모집 상태에 따라서 달라지므로 이는 random effect로 보는 것이 타당하다. 마찬가지로 임상시험이 아닌 다른 일반적인 시험/실험에서도 실험일은 모두 random effect로 간주한다.

하나의 입원일 안에서 다시 RT군과 TR군으로 나누어지므로 입원 SEQ도 입원일에 nest되어 있다고 볼 수도 있다(그렇지 않다고 볼 수도 있지만, 통계분석가들이 대개 이렇게 처리하기 때문에 여기에서도 일단 그것을 따른다).

그렇다면 GLM과 RanTest는 다음과 같이 바뀌게 된다.

```
GLM(log(CMAX) ~ ADM/SEQ/SUBJ + PRD + TRT, BEdata)
```

```
$ANOVA
 Response: log(CMAX)
                     Df   Sum Sq    Mean Sq   F value     Pr(<F)
MODEL                48   23.1924   0.48317    5.6278  4.395e-08 ***
Residuals            42    3.6059   0.08585                       ***
CORRECTED TOTAL      90   26.7983
---
Signif. codes:    0 '***' 0.001 '**' 0.01 '*' 0.05 '.' 0.1 ' ' 1

$Fitness
   Root MSE    log(CMAX) Mean    Coef Var    R-square    Adj R-sq
  0.2930098          6.071036    4.826355   0.8654428   0.7116631

$`Type I`
                 Df     Sum Sq    Mean Sq    F value     Pr(>F)
ADM               2     0.1768    0.08839     1.0296   0.365994
ADM:SEQ           3     1.4592    0.48641     5.6655   0.002369 **
ADM:SEQ:SUBJ     41    21.4489    0.52314     6.0934  2.233e-08 ***
PRD               1     0.0969    0.09686     1.1281   0.294242
TRT               1     0.0106    0.01057     0.1231   0.727410
---
Signif. codes:   0 '***' 0.001 '**' 0.01 '*' 0.05 '.' 0.1 ' ' 1

$`Type II`
                 Df     Sum Sq    Mean Sq    F value     Pr(>F)
ADM               2     0.1757    0.08783     1.0230   0.368290
```

```
ADM:SEQ           3    1.4636    0.48785    5.6823  0.002369 **
ADM:SEQ:SUBJ     41   21.5279    0.52507    6.1158 2.111e-08 ***
PRD               1    0.0996    0.09958    1.1599  0.287632
TRT               1    0.0106    0.01057    0.1231  0.727410
---
Signif. codes:  0 '***' 0.001 '**' 0.01 '*' 0.05 '.' 0.1 ' ' 1

$`Type III`
                 Df   Sum Sq    Mean Sq   F value     Pr(>F)
ADM               2   0.1440    0.07201    0.8387    0.43936
ADM:SEQ           3   0.6899    0.22997    2.6786    0.05916 **
ADM:SEQ:SUBJ     41  21.5279    0.52507    6.1158  2.111e-08 ***
PRD               1   0.0996    0.09958    1.1599    0.28763
TRT               1   0.0106    0.01057    0.1231    0.72741
---
Signif. codes:  0 '***' 0.001 '**' 0.01 '*' 0.05 '.' 0.1 ' ' 1
```

```
RanTest(log(CMAX) ~ ADM/SEQ/SUBJ + PRD + TRT, BEdata, Random=c("ADM", "SUBJ"))
```

```
$ADM
Error: 0.854*ADM:SEQ + 0.1159*ADM:SEQ:SUBJ + 0.0302*MSE
          Df  Sum Sq Mean Sq F value Pr(>F)
ADM   2.0000 0.14402 0.07201  0.2772 0.7684
Error 5.2144 1.35482 0.25982

$`ADM:SEQ`
Error: 0.9183*ADM:SEQ:SUBJ + 0.0817*MSE
            Df  Sum Sq Mean Sq F value Pr(>F)
ADM:SEQ  3.000  0.6899 0.22997  0.4701 0.7047
Error   42.192 20.6407 0.48921

$`The Rest Terms`
             Df  Sum Sq Mean Sq F value    Pr(>F)
PRD           1  0.0996 0.09958  1.1599    0.2876
TRT           1  0.0106 0.01057  0.1231    0.7274
ADM:SEQ:SUBJ 41 21.5279 0.52507  6.1158 2.111e-08 ***
RESIDUALS    42  3.6059 0.08585
---
Signif. codes:  0 '***' 0.001 '**' 0.01 '*' 0.05 '.' 0.1 ' ' 1
```

```
$EMS
                 ADM PRD TRT ADM:SEQ ADM:SEQ:SUBJ eps
ADM          24.9096         12.4611       1.7427   1
PRD                    Q                            1
TRT                        Q                        1
ADM:SEQ                      14.5923        1.778   1
ADM:SEQ:SUBJ                               1.9361   1
```

위 결과에서 교호작용항(interaction term)을 추가할 수 있으나 이는 무작위 효과(random effect, 변량효과, 임의효과)로 간주하여야 하고, 이것의 크기가 통계적으로 유의한 경우에도 factor 내의 level별 평균을 구하는 것은 의미가 없다.

만약 위 결과로 test drug과 reference drug의 geometric mean ratio(GMR, Test/Reference)에 대한 90% 신뢰구간을 구하면 다음과 같다.

```
PDIFF(log(CMAX) ~ ADM/SEQ/SUBJ + PRD + TRT, BEdata, "TRT", conf.level=0.9) # log scale
```

```
           Estimate   Lower CL   Upper CL   Std. Error   t Value   Df    Pr(>F)
  R - T   -0.021944   -0.12712   0.083236     0.062535   -0.3509   42    0.7274
```

위에서 Test - Reference가 아니라 Reference - Test로 나왔기 때문에 순서를 바꾸기 위해 rev=T 옵션을 추가해 준다.

```
exp(PDIFF(log(CMAX) ~ ADM/SEQ/SUBJ + PRD + TRT, BEdata, "TRT", conf.level=0.9, rev=T)[1:3])
```

```
[1] 1.0221866 0.9201339 1.1355579
```

위 출력된 숫자는 순서대로 point estimate(점 추정치), lower limit(신뢰구간 하한), upper limit(신뢰구간 상한)이다.

## 11.7 맺음말

실험계획법과 분산분석에 대해서는 박홍선의 『SAS를 이용한 실험계획과 분산분석 제3판』(2019)을 권할 만하다. R sasLM package를 이용하면 책 속의 모든 분산분석 예제를 풀 수 있으므로 책 제목과 달리 책을 보는 데 SAS가 필요한 것은 아니다.

## 11.8 참고문헌


1. 박성현(2003). 현대실험계획법. 민영사.
2. 박홍선(2019). SAS를 이용한 실험계획과 분산분석. 자유아카데미.
3. SAS(2018). SAS/STAT 15.1 User's Guide. SAS Institute.
4. Park, G., Kim, H., & Bae, K. S. (2020). Bioequivalence data analysis. *Transl Clin Pharmacol, 28*(4), 175–180.

# 연습문제

1 혈중 빌리루빈의 농도는 인종에 따라 정상치가 달라져야 할 것으로 보인다. 이를 통계적으로 입증하도록 노력해 보시오. 이를 앞 장의 연령에 따른 차이와 어떻게 분석할지 논의해 보시오.

2 생물학적 동등성 시험의 표본크기를 어떻게 구할 수 있을지 알아보시오. 이 문제를 해결하는 데 BE 또는 PowerTOST package가 도움이 될 수 있다.

3 생물학적 동등성 시험은 교차설계 시험으로 한다. 다양한 교차설계에 대해 조사해 보시오.

4 생물학적 동등성 시험은 일반적으로 AUClast와 Cmax 모두에 대하여 동등조건을 만족시켜야 한다. 두 가지가 다양한 상관관계를 가질 수 있는데, 그에 따라 전체 검정력(power)이 어떻게 변하는지 탐색해 보시오.

# 12 일반화 선형 모형

# 12 일반화 선형 모형(Generalized Linear Model)

보통의 선형 모형은 확률분포를 정규분포나 t 분포를 사용한다. 여기에는 두 군의 평균 비교, 선형 회귀, 분산분석 등이 포함된다.

이제 확률분포를 지수족 분포(exponential family distribution)로 확장한 것을 일반화 선형 모형이라 한다.

지수족 분포에는 정규분포, 포아송 분포, (전체 시행 횟수가 고정된) 이항 분포, (전체 시행 횟수가 고정된) 다항 분포, (실패 횟수가 고정된) 음이항 분포 등이 포함된다.

지수족 분포가 아닌 것으로 대표적인 것이 t분포이다.

이번 장에서는 Dobson의 책에 있는 예제들을 이용하여 포아송 회귀와 (이항) 로지스틱 회귀에 대해 알아본다.

Dobson 책의 예제 자료는 다음과 같이 설치할 수 있다.

```
install.packages("dobson")
```

## 12.1 포아송 회귀(Poisson Regression)

다음과 같은 영국 의사들을 상대로 한 자료가 있다.

참고로 R에서 "tbl_df" class는 reshape이나 subsetting 시 문제가 발생할 수 있으므로 아래와 같이 `class`를 "data.frame"으로 해 두는 것이 좋다.

```
class(doctors) = "data.frame"   # tbl_df class has problem with reshape or subsetting
class(beetle) = "data.frame"    # tbl_df class has problem with reshape or subsetting
class(Cars) = "data.frame"      # tbl_df class has problem with reshape or subsetting
```

```
doctors
```

```
         age      smoking  deaths  person-years
1   35 to 44       smoker      32         52407
2   45 to 54       smoker     104         43248
3   55 to 64       smoker     206         28612
4   65 to 74       smoker     186         12663
5   75 to 84       smoker     102          5317
6   35 to 44   non-smoker       2         18790
7   45 to 54   non-smoker      12         10673
8   55 to 64   non-smoker      28          5710
9   65 to 74   non-smoker      28          2585
10  75 to 84   non-smoker      31          1462
```

흡연 여부가 사망과 어떤 연관이 있는지 연령과 함께 모형화해 보고자 한다. 그러기 위해 우선 연령군을 1 ~ 5의 숫자로 코딩하고, smoker를 1로, non-smoker를 0으로 코딩한다.

그래프를 그려 보면 연령에 따라 직선적으로 증가하는 것이 아니라, 약간 아래로 꺾이는 것을 볼 수 있다. 따라서 age의 제곱항도 넣어서 모형화하면 다음과 같다.

```
doctors[,"Age"] = as.numeric(as.ordered(doctors$age))
doctors[,"Smoke"] = as.numeric(doctors$smoking == "smoker")
doctors[,"ni"] = doctors$'person-years'
doctors
```

```
         age        smoking deaths person-years Age Smoke     ni
1   35 to 44         smoker     32        52407   1     1  52407
2   45 to 54         smoker    104        43248   2     1  43248
3   55 to 64         smoker    206        28612   3     1  28612
4   65 to 74         smoker    186        12663   4     1  12663
5   75 to 84         smoker    102         5317   5     1   5317
6   35 to 44     non-smoker      2        18790   1     0  18790
7   45 to 54     non-smoker     12        10673   2     0  10673
8   55 to 64     non-smoker     28         5710   3     0   5710
9   65 to 74     non-smoker     28         2585   4     0   2585
10  75 to 84     non-smoker     31         1462   5     0   1462
```

```
r1 = glm(deaths ~ Smoke + Age + I(Age*Age) + offset(log(ni)), "poisson", doctors)
summary(r1)
```

```
Call:
glm(formula = deaths ~ Smoke + Age + I(Age * Age) + offset(log(ni)),
    family = "poisson", data = doctors)

Deviance Residuals:

     Min        1Q     Median       3Q       Max
-2.14815  -0.71275   0.02995   0.33549   1.92253

Coefficients:

              Estimate  Std. Error  z value  Pr(>|z|)
(Intercept)   -9.83396     0.29516  -33.317   < 2e-16 ***
Smoke          0.35452     0.10737    3.302  0.000961 ***
Age            2.09471     0.18119   11.561   < 2e-16 ***
I(Age * Age)  -0.19438     0.02715   -7.159  8.14e-13 ***
---
Signif. codes:  0 '***' 0.001 '**' 0.01 '*' 0.05 '.' 0.1 ' ' 1


(Dispersion parameter for poisson family taken to be 1)

    Null deviance: 935.067 on 9 degrees of freedom
Residual deviance: 12.176 on 6 degrees of freedom
AIC: 75.243

Number of Fisher Scoring iterations: 4
```

일반화 선형 모형의 경우 잔차의 종류가 다양하다.

```
r1$fitted.values   # y hat
```

```
     1       2       3       4       5     6      7      8      9     10
26.781 100.199 203.739 187.868 111.413 6.736 17.347 28.523 26.904 21.491
```

```
residuals(r1, type="deviance")
```

```
     1      2      3       4       5       6       7       8      9     10
0.9782 0.3773 0.1581 -0.1365 -0.9048 -2.1482 -1.3600 -0.0982 0.2100 1.9225
```

```
residuals(r1, type="pearson")
```

```
     1      2      3       4       5       6       7       8      9     10
1.0085 0.3797 0.1584 -0.1363 -0.8918 -1.8248 -1.2838 -0.0979 0.2114 2.0513
```

```
rstandard(r1, type="deviance")
```

```
     1      2      3       4       5       6       7       8      9     10
1.4361 0.4872 0.2348 -0.1815 -1,8414 -2.3788 -1.5304 -0.1196 0.2499 2.3218
```

```
rstandard(r1, type="pearson") # preferred, use this
```

```
     1      2      3       4       5       6       7       8      9     10
1.4807 0.4902 0.2352 -0.1812 -1,8149 -2.0164 -1.4446 -0.1192 0.2515 2.4773
```

위의 결과는 다음과 같이 계산된다.

Objective function을 계산하기 편하게 하기 위해 y 값, n 값, sum of log factorial (yi)를 다음과 같이 미리 준비해 둔다.

```
y = doctors[,"deaths"]
ni = doctors[,"ni"]
sumlfacty = sum(lfactorial(y))
```

Design matrix는 다음과 같다.

```
X = model.matrix(~ Smoke + Age + I(Age*Age), data=doctors) ; X
```

```
    (Intercept)  Smoke  Age I(Age *  Age)
1             1      1    1             1
2             1      1    2             4
3             1      1    3             9
4             1      1    4            16
5             1      1    5            25
6             1      0    1             1
7             1      0    2             4
8             1      0    3             9
9             1      0    4            16
10            1      0    5            25
 attr(,"assign")
 [1] 0 1 2 3
```

Objective function은 $-$log likelihood로 다음과 같다.

```
LLp = function(Beta) # -log likelihood function for Poisson distribution
{
  LogLam = log(ni) + X %*% Beta
  LogLik = sum(y*LogLam - exp(LogLam)) - sumlfacty
  return(-LogLik)
}
```

마지막 항 sumlfacty는 optimize 과정에는 불필요하다. 따라서 이 함수에서는 없애고 나중에 log likelihood를 계산할 때 다시 넣어 주는 것이 더 효율적이다. 하지만 목적함수값이 $-$log likelihood가 아니면 생길 수 있는 혼란을 줄이기 위해 포함시켰다.

optim 함수를 이용하여 적합하면 다음과 같다.

```
r2 = optim(c(1, 1, 1, 1), LLp, method="L-BFGS-B", hessian=TRUE) ; r2
```

```
$par
[1] -9.8372498   0.3544376   2.0970299 -0.1947360

$value
[1] 33.62183

$counts
function gradient
      84       84

$convergence
[1] 0

$message
[1] "CONVERGENCE: REL_REDUCTION_OF_F <= FACTR*EPSMCH"

$hessian
          [,1]       [,2]       [,3]       [,4]
 [1,]  731.0001   630.0001   2489.000   9353.001
 [2,]  630.0001   630.0001   2146.930   8052.424
 [3,] 2489.0003  2146.9295   9352.531  37601.080
 [4,] 9353.0012  8052.4235  37601.080 158764.770
```

```
COV2 = solve(r2$hessian) ; COV2
```

```
             [,1]         [,2]         [,3]         [,4]
 [1,]  0.087170563 -0.008217121 -0.048971494  0.006879627
 [2,] -0.008217121  0.011528811 -0.001150242  0.000171765
 [3,] -0.048971494 -0.001150242  0.032839515 -0.004834250
 [4,]  0.006879627  0.000171765 -0.004834250  0.000737221
```

```
SE2 = sqrt(diag(COV2)) ; SE2
```

```
[1] 0.29524661 0.10737230 0.18121676 0.02715181
```

Saturated model의 log likelihood와 그 deviance는 다음과 같다.

```
LLs = sum(y*log(y) - y - lfactorial(y)) ; LLs # LL of saturated model
```

```
[1] -27.53397
```

```
2*(LLs + r2$value) # Deviance
```

```
[1] 12.17572
```

먼저, 적합시킨 모형의 deviance를 이용하여 p−value를 구하면 다음과 같다.

```
1 - pchisq(2*(LLs + r2$value), length(y) - length(r2$par))
```

```
[1] 0.05816164
```

`optim` 함수에 의한 적합값과 `glm` 함수에 의한 적합값이 약간 다름을 알 수 있다. 이는 minimization algorithm에 따라 다른 것이다.

이제 `glm` 함수에 의한 값을 이용해서 나머지를 계산하면 다음과 같다.

```
b = coef(r1)                    # beta hat
pihat = exp(X %*% b)            # pi hat
yhat = ni*pihat ; t(yhat)       # y hat
```

```
            1        2        3       4        5        6        7        8       9       10
[1,] 26.78081 100.1992 203.7388 187.868 111.4132 6.735889 17.34677 28.52302 26.9036 21.49073
```

Pearson residual은 다음과 같다.

```
pr = (y - yhat)/sqrt(yhat) ; t(pr) # Pearson residual
```

```
            1         2         3          4          5         6         7           8         9       10
[1,]  1.008536 0.3796996 0.1584157 -0.1362827 -0.8918021 -1.824753 -1.283755 -0.09793023 0.2113798 2.051265
```

모형의 deviance와 deviance residual은 다음과 같이 구할 수 있다.

```
Di = 2*(y*log(y/yhat) - (y - yhat)) ; sum(Di) # deviance
```

```
[1] 12.17555
```

```
dr = sign(y - yhat)*sqrt(Di) ; t(dr) # deviance residual
```

```
             1         2        3          4          5         6         7           8         9       10
[1,] 0.9781824 0.3773363 0.158124 -0.1365095 -0.9048239 -2.148154 -1.359981 -0.09823183 0.2099679 1.922531
```

NULL model(intercept만 있는 모형)의 deviance는 다음과 같이 구할 수도 있다.

```
X = model.matrix(~ 1, data=doctors)
r3 = optim(1, LLp, method="L-BFGS-B") ; r3
```

```
$par
[1] -5.514416

$value
[1] 495.0676

$counts
function  gradient
      17        17

$convergence
[1] 0

$message
[1] "CONVERGENCE: REL_REDUCTION_OF_F <= FACTR*EPSMCH"
```

```
2*(LLs + r3$value)   # null deviance of r0
```

```
[1] 935.0673
```

그런데 자세히 보면 age에 따른 curve의 기울기가 흡연 여부에 따라 다른 것을 볼 수 있다. 따라서 이에 대한 상호작용항(interaction term)을 추가하면 다음과 같다.

```
r4 = glm(deaths ~ Smoke + Age + I(Age*Age) + Age:Smoke + offset(log(ni)), "poisson", doctors)
summary(r4)
```

```
Call:
glm(formula = deaths ~ Smoke + Age + I(Age * Age) + Age:Smoke +
    offset(log(ni)), family = "poisson", data = doctors)


Deviance Residuals

         1        2        3       4        5        6       7       8        9       10
[1,] 0.43820 -0.27329 -0.15265 0.23393 -0.05700 -0.83049 0.13404 0.64107 -0.41058 -0.01275

Coefficients:
              Estimate  Std. Error  z value   Pr(|z|)
(Intercept)  -10.79176     0.45008  -23.978   < 2e-16 ***
Smoke          1.44097     0.37220    3.872  0.000108 ***
Age            2.37648     0.20795   11.428   < 2e-16 ***
I(Age * Age)  -0.19768     0.02737   -7.223  5.08e-13 ***
Smoke:Age     -0.30755     0.09704   -3.169  0.001528 **
---

Signif. codes:    0 '***' 0.001 '**' 0.01 '*' 0.05 '.' 0.1 ' ' 1

(Dispersion parameter for poisson family taken to be 1)

    Null deviance: 935.0673 on 9 degrees of freedom
Residual deviance:   1.6354 on 5 degrees of freedom
AIC: 66.703

Number of Fisher Scoring iterations: 4
```

추정된 $\beta$계수들로 odds ratio를 구하면 다음과 같다.

```
exp(r4$coef[-1])
```

```
    Smoke          Age  I(Age * Age)   Smoke:Age
4.2247998   10.7669184     0.8206353   0.7352475
```

interaction term이 있는 모형과 없는 모형은 다음과 같이 비교할 수 있다.

```
c1 = anova(r1, r4) ; c1
```

```
Analysis of Deviance Table

Model 1: deaths ~ Smoke + Age + I(Age * Age) + offset(log(ni))
Model 2: deaths ~ Smoke + Age + I(Age * Age) + Age:Smoke +
  offset(log(ni))
       Resid. Df    Resid. Dev   Df   Deviance
1              6       12.1755
2              5        1.6354    1      10.54
```

```
1 - pchisq(c1[2, "Deviance"], c1[2, "Df"])
```

```
[1] 0.001168073
```

통계적으로 유의한 차이가 있으므로 더 복잡한 모형인 상호작용이 있는 모형을 선택한다.

## 12.2 이항 로지스틱 회귀(Binomial Logistic Regression)

이분형 로지스틱 회귀를 위한 자료는 다음과 같은 beetle 사망 자료가 있다. 이황화탄소의 로그 농도(x)에 따라 beetle의 사망 개체수(y)를 나타낸 것이다.

```
beetle
```

```
       x  n   y
1 1.6907 59   6
2 1.7242 60  13
```

```
3  1.7552 62  18
4  1.7842 56  28
5  1.8113 63  52
6  1.8369 59  53
7  1.8610 62  61
8  1.8839 60  60
```

R에서 기본자료 분석 script는 다음과 같다.

```
r5 = glm(y/n ~ x, weight=n, "binomial", beetle)
summary(r5)
```

```
Call:
glm(formula = y/n ~ x, family = "binomial", data = beetle, weights = n)

Deviance Residuals:

      Min          1Q      Median          3Q        Max
  -1.5941     -0.3944      0.8329      1.2592     1.5940

Coefficients:
               Estimate  Std. Error  z value   Pr(|z|)
(Intercept)     -60.717       5.181   -11.72   < 2e-16 ***
x                34.270       2.912    11.77   < 2e-16 ***
---
Signif. codes:   0 '***' 0.001 '**' 0.01 '*' 0.05 '.' 0.1 ' ' 1


(Dispersion parameter for poisson family taken to be 1)

    Null deviance: 284.202 on 9 degrees of freedom
Residual deviance:  11.232 on 5 degrees of freedom
AIC: 41.43

 Number of Fisher Scoring iterations: 4
```

```
logLik(r5)
```

```
'log Lik.' -18.71513 (df=2)
```

```
vcov(r5)
```

```
              (Intercept)           x
(Intercept)      26.83966  -15.082090
x               -15.08209    8.480525
```

위의 계산 과정은 다음과 같다.

먼저, fitting을 위한 design matrix와 y값들의 vector를 준비한다.

```
X = model.matrix(~x, data=beetle) ; X
```

```
  (Intercept)      x
1           1 1.6907
2           1 1.7242
3           1 1.7552
4           1 1.7842
5           1 1.8113
6           1 1.8369
7           1 1.8610
8           1 1.8839
attr(,"assign")
[1] 0 1
```

```
n = beetle$n
y = beetle$y
sumlogny = sum(lchoose(beetle$n, beetle$y)) # to reduce calculation amount
```

Binomial distribution을 사용하는 경우 목적함수는 다음과 같이 할 수 있다.

```
LLb = function(b) # -log likelihood function for binomial distribution
{
  Xb = X %*% b
  LogLik = sum(y*Xb - n*log(1 + exp(Xb))) + sumlogny
  return(-LogLik)
}
```

마지막 항 sumlogny는 optimize 과정에는 불필요하다. 따라서 이 함수에서는 없애고 나중에 log likelihood를 계산할 때 다시 넣어 주는 것이 더 효율적이다. 하지만 목적함수값이 −log likelihood가 아니면 생길 수 있는 혼란을 줄이기 위해 포함시켰다.

fitting 결과는 다음과 같다.

```
r6 = optim(c(-1, 1), LLb, method="L-BFGS-B", hessian=T)
r6
```

```
$par
[1] -60.71753   34.27037

$value
[1] 18.71513

$counts
function gradient
     20  20

$convergence
[1] 0

$message
[1] "CONVERGENCE: REL_REDUCTION_OF_F <= FACTR*EPSMCH"

$hessian
             [,1]        [,2]
[1,]     58.48413    104.0104
[2,]    104.01040    185.0940
```

```
-r6$value  # Log Likelihood
```

```
[1] -18.71513
```

```
Vcov0 = solve(r6$hessian) ; Vcov0
```

```
              [,1]          [,2]
[1,]      26.83972    -15.082124
[2,]     -15.08212      8.480544
```

```
SE0 = sqrt(diag(Vcov0)) ; SE0
```

```
[1] 5.180707 2.912137
```

```
r6$par / SE0 # Wald statistics
```

```
[1] -11.71993 11.76811
```

$\hat{y}$는 다음과 같다.

```
expXbhat = exp(X %*% r6$par)
pihat = expXbhat/(1 + expXbhat)
yhat = n*pihat ; t(yhat)
```

```
            1        2        3        4        5        6        7        8
[1,] 3.457448 9.841653 22.45136 33.89764 50.09584 53.29093 59.22217 58.74297
```

Pearson residual을 구해 보고 R 내장 함수의 결과와 비교해 보면 다음과 같다.

```
ri = (y - yhat)/sqrt(n*pihat*(1 - pihat)) ; t(ri) # Pearson residual
```

```
            1        2         3         4         5          6        7        8
[1,] 1.409305 1.101108 -1.176256 -1.612382 0.5944412 -0.1281148 1.091419 1.133108
```

```
resid(r5, "pearson")
```

```
             1         2          3          4         5          6         7         8
[1,] 1.4092960 1.1011003 -1.1762596 -1.6123815 0.5944454 -0.1281090 1.0914228 1.1331102
```

이 모형의 deviance를 구하고 `summary(r6)`의 결과와 비교해 보자.

```
Di = 2*(y*log(y/yhat) + ifelse(n - y > 0, (n - y)*log((n - y)/(n - yhat)), 0))
sum(Di) # deviance
```

```
[1] 11.23223
```

Deviance residual을 구하고 R 내장 함수 결과와 비교하면 다음과 같다.

```
di = sign(y - yhat)*sqrt(Di) ; t(di)          # deviance residual
```

```
            1        2         3         4         5          6        7        8
[1,] 1.283685 1.059697 -1.196109 -1.594125 0.6061361 -0.1271641 1.251066 1.593981
```

```
resid(r5, "deviance")
```

```
        1         2          3         4         5          6         7         8
1.2836777 1.0596900 -1.1961123 1.5941244 0.6061405 -0.1271584 1.2510711 1.5939850
```

Null model의 log likelihood와 deviance는 다음과 같이 구할 수 있다.

```
X = matrix(1, nrow=nrow(beetle), ncol=1) # intercept only
r6n = optim(c(1), LLb, method="L-BFGS-B")
r6n
```

```
$par
[1] 0.4262992

$value
[1] 155.2002

$counts
function gradient
       6        6

$convergence
[1] 0

$message
[1] "CONVERGENCE: REL_REDUCTION_OF_F <= FACTR*EPSMCH"
```

```
r6n$par                                  # intercept = 0.4263
```

```
[1] 0.4262992
```

```
-r6n$value                              # log likelihood of null model
```

```
[1] -155.2002
```

```
D1b = 2*(-r6$value + r6n$value) ; D1b       # deviance from null model
```

```
[1] 272.9702
```

## 12.3 다항 로지스틱 회귀(Multinomial Logistic Regression)

어떤 자동차의 특성에 대해 성별, 연령별로 어느 정도 중요하다고 생각하는지에 대한 조사 결과이다.

```
Cars
```

```
      sex    age        response  frequency
1    women  18-23       no/little        26
2    women  18-23       important        12
3    women  18-23  very  important         7
4    women  24-40       no/little         9
5    women  24-40       important        21
6    women  24-40  very  important        15
7    women   > 40       no/little         5
8    women   > 40       important        14
9    women   > 40  very  important        41
10     men  18-23       no/little        40
11     men  18-23       important        17
12     men  18-23  very  important         8
13     men  24-40       no/little        17
14     men  24-40       important        15
15     men  24-40  very  important        12
```

```
16      men    > 40        no/little        8
17      men    > 40        important       15
18      men    > 40  very  important       18
```

반응이 '중요하지 않다' '중요하다' '매우 중요하다'와 같이 3가지로 분류되어 있으므로 다항 분포를 이용해야 한다.

먼저, 자료를 분석하기 좋게 다음과 같이 변형한다.

```
d7 = reshape(Cars, direction="wide", idvar=c("sex", "age"), timevar="response")
colnames(d7) = c("sex", "age", "y1", "y2", "y3") ; d7
```

```
     sex    age  y1  y2  y3
1   women  18-23  26  12   7
4   women  24-40   9  21  15
7   women   > 40   5  14  41
10    men  18-23  40  17   8
13    men  24-40  17  15  12
16    men   > 40   8  15  18
```

```
d7[, "sexN"] = as.numeric(d7$sex == "men")
d7[, "ageN"] = rep(0:2, 2)
d7
```

```
     sex    age  y1  y2  y3  sexN  ageN
1   women  18-23  26  12   7     0     0
4   women  24-40   9  21  15     0     1
7   women   > 40   5  14  41     0     2
10    men  18-23  40  17   8     1     0
13    men  24-40  17  15  12     1     1
16    men   > 40   8  15  18     1     2
```

fitting(목적함수)에 필요한 response matrix (Y), design matrix (X), Y 수준별 합계 (ni), Y수준 수 (nyLevel)를 준비한다.

```
Y = d7[, c("y1", "y2", "y3")] ; Y
```

```
   y1  y2  y3
 1 26  12   7
 4  9  21  15
 7  5  14  41
10 40  17   8
13 17  15  12
16  8  15  18
```

```
X = model.matrix(~ sexN + as.factor(ageN), d7) ; X
```

```
   (Intercept) sexN  as.factor(ageN)1  as.factor(ageN)2
1            1    0                 1                 0
4            1    0                 0                 1
7            1    0                -1                -1
10           1    1                 1                 0
13           1    1                 0                 1
16           1    1                -1                -1
attr(,"assign")
[1] 0 1 2 2
attr(,"contrasts")
attr(,"contrasts")$`as.factor(ageN)`
[1] "contr.sum"
```

```
ni = rowSums(Y) ; ni
```

```
 1   4   7  10  13  16
45  45  60  65  44  41
```

```
nyLevel = ncol(Y)
```

다항 분포의 경우 목적함수(여기서는 −log likelihood)를 다음과 같이 만들 수 있다.

```
LLm = function(Beta) # -log likelihood for multinomial distribution
{
  b = matrix(Beta, ncol=nyLevel - 1)
  Xb = X %*% b
  LogLik = sum(Y[,-1]*Xb) - sum(ni*log(1 + rowSums(exp(Xb))))
  return(-LogLik)
}
```

다음은 적합 결과이다.

```
r7 = nlm(LLm, c(-1, -1, 1, 1, -1, -1, 1, 1), hessian=TRUE)
r7
```

```
$minimum
[1] 290

$estimate
[1]  0.3145  -0.3881  -0.9053  0.2229  0.4259  -0.8130  -1.4650  0.0132

$gradient
[1] -2.22e-05 7.56e-06 3.62e-05 -2.74e-05 -1.46e-05 6.89e-05 -7.28e-05 -3.43e-05

$hessian
        [,1]    [,2]     [,3]     [,4]    [,5]    [,6]    [,7]    [,8]
 [1,]  63.337  31.58    0.704    0.841  -31.72  -12.60   12.71    5.86
 [2,]  31.580  31.58    3.102    1.697  -12.60  -12.60    5.01    2.31
 [3,]   0.704   3.10   41.897   20.596   12.70    5.01  -20.81  -16.76
 [4,]   0.841   1.70   20.596   42.034    5.85    2.31  -16.76  -27.67
 [5,] -31.720 -12.60   12.705    5.854   55.35   24.28  -11.33   -5.63
 [6,] -12.600 -12.60    5.006    2.308   24.28   24.28   -4.28   -2.19
 [7,]  12.706   5.01  -20.814  -16.760  -11.33   -4.28   36.88   24.11
 [8,]   5.855   2.31  -16.760  -27.665   -5.63   -2.19   24.11   42.58

$code
[1] 1

$iterations
[1] 16
```

```
COV2 = solve(r7$hessian) ; COV2
```

```
         [,1]      [,2]      [,3]      [,4]      [,5]      [,6]      [,7]     [,8]
[1,]  0.05277 -0.049665 -0.007145 -2.97e-03  0.032246 -3.07e-02 -0.009749 -0.00110
[2,] -0.04966  0.090303 -0.002955 -3.70e-04 -0.029786  5.15e-02  0.000522 -0.00105
[3,] -0.00715 -0.002955  0.042159 -1.35e-02 -0.009151 -2.98e-04  0.020028 -0.00358
[4,] -0.00297 -0.000370 -0.013477  4.76e-02 -0.001656  5.52e-05 -0.003637  0.02789
[5,]  0.03225 -0.029786 -0.009151 -1.66e-03  0.054064 -5.11e-02 -0.000546 -0.00267
[6,] -0.03069  0.051513 -0.000298  5.52e-05 -0.051080  1.03e-01 -0.000385  0.00011
[7,] -0.00975  0.000522  0.020028 -3.64e-03 -0.000546 -3.85e-04  0.056254 -0.02511
[8,] -0.00110 -0.001054 -0.003584  2.79e-02 -0.002666  1.10e-04 -0.025105  0.05427
```

```
SE2 = sqrt(diag(COV2)) ; SE2
```

```
[1] 0.230 0.301 0.205 0.218 0.233 0.321 0.237 0.233
```

```
expBeta = exp(r7$estimate)
expLL = exp(r7$estimate - 1.96*SE2)
expUL = exp(r7$estimate + 1.96*SE2)
data.frame(PE=r7$estimate, SE=SE2, expBeta, expLL, expUL)
```

```
       PE     SE  expBeta  expLL  expUL
1  0.3145  0.230    1.370  0.873  2.148
2 -0.3881  0.301    0.678  0.376  1.222
3 -0.9053  0.205    0.404  0.270  0.605
4  0.2229  0.218    1.250  0.815  1.917
5  0.4259  0.233    1.531  0.971  2.415
6 -0.8130  0.321    0.444  0.236  0.832
7 -1.4650  0.237    0.231  0.145  0.368
8  0.0132  0.233    1.013  0.642  1.600
```

그런데 age를 범주형으로 다루지 않고 연속형(수량형)으로 다룬다면 다음과 같이 된다.

```
X = model.matrix(~ sexN + ageN, d7) ; X
```

```
    (Intercept   sexN   ageN
              )
  1           1      0      0
```

```
  4          1      0     1
  7          1      0     2
 10          1      1     0
 13          1      1     1
 16          1      1     2

attr(,"assign")
[1] 0 1 2
```

```
r8 = nlm(LLm, c(-1, -1, 1, -1, -1, 1), hessian=TRUE)
r8
```

```
$minimum
[1] 291.0502

$estimate
[1] -0.5019268 -0.3889759 0.8303839 -1.0923183 -0.8130358 1.5214547

$gradient
[1] 3.507239e-05 -3.217338e-05 5.542233e-05 -5.542179e-05 -3.069545e-06
8.327818e-05

$hessian
          [,1]      [,1]      [,1]      [,1]      [,1]      [,1]
[1,]  64.12992  31.98101  63.32066 -32.08023 -12.74038 -45.70887
[2,]  31.98101  31.98101  28.62844 -12.74038 -12.74038 -18.11368
[3,]  63.32066  28.62844 106.22907 -45.71002 -18.11384 -81.08478
[4,] -32.08023 -12.74038 -45.71002  55.50818  24.32150  67.74634
[5,] -12.74038 -12.74038 -18.11384  24.32150  24.32150  28.96011
[6,] -45.70887 -18.11368 -81.08478  67.74634  28.96011 116.31146

$code
[1] 1

$iterations
[1] 22
```

```
COV4 = solve(r8$hessian) ; COV4
```

```
              [,1]          [,2]          [,3]        [,4]          [,5]          [,6]
[1,]  0.07273270 -5.224193e-02 -0.0289805949  0.03472141 -0.0309597237 -1.227136e-02
[2,] -0.05224193  8.947685e-02  0.0030164757 -0.02974715  0.0514799434  1.565474e-05
[3,] -0.02898059  3.016476e-03  0.0378800475 -0.01315869  0.0002861731  2.308138e-02
[4,]  0.03472141 -2.974715e-02 -0.0131586859  0.09517886 -0.0514140235 -4.279704e-02
[5,] -0.03095972  5.147994e-02  0.0002861731 -0.05141402  0.1031061890  3.241872e-04
[6,] -0.01227136  1.565474e-05  0.0230813829 -0.04279704  0.0003241872  4.471508e-02
```

```
SE4 = sqrt(diag(COV4)) ; SE4
```

```
[1] 0.2696900 0.2991268 0.1946280 0.3085107 0.3211015 0.2114594
```

```
expBeta = exp(r8$estimate)
expLL = exp(r8$estimate - 1.96*SE4)
expUL = exp(r8$estimate + 1.96*SE4)
data.frame(PE=r8$estimate, SE=SE4, expBeta, expLL, expUL)
```

```
          PE        SE   expBeta     expLL     expUL
1 -0.5019268 0.2696900 0.6053631 0.3568216 1.0270243
2 -0.3889759 0.2991268 0.6777506 0.3770926 1.2181249
3  0.8303839 0.1946280 2.2941994 1.5666085 3.3597103
4 -1.0923183 0.3085107 0.3354379 0.1832325 0.6140755
5 -0.8130358 0.3211015 0.4435096 0.2363610 0.8322047
6  1.5214547 0.2114594 4.5788815 3.0252518 6.9303837
```

모형의 자유도가 2 줄어들면서 (잔차의 자유도는 2 늘어난다.) 설명력은 유사해 보인다. 더 단순한 모형이 선호되므로 후자의 모형을 선택할 수 있다.

다음은 R nnet package를 이용한 풀이이다.

```
require(nnet)
d8 = reshape(d7, timevar="Y", times=c("0-no", "1-yes", "2-very"), v.names="Count",
         varying=c("y1", "y2", "y3"), direction="long")
d8
```

```
          sex    age  sexN  ageN      Y  Count  id
1.0-no  women  18-23     0     0   0-no     26   1
```

```
2.0-no      women  24-40   0    1    0-no      9  2
3.0-no      women   > 40   0    2    0-no      5  3
4.0-no        men  18-23   1    0    0-no     40  4
5.0-no        men  24-40   1    1    0-no     17  5
6.0-no        men   > 40   1    2    0-no      8  6
1.1-yes     women  18-23   0    0   1-yes     12  1
2.1-yes     women  24-40   0    1   1-yes     21  2
3.1-yes     women   > 40   0    2   1-yes     14  3
4.1-yes       men  18-23   1    0   1-yes     17  4
5.1-yes       men  24-40   1    1   1-yes     15  5
6.1-yes       men   > 40   1    2   1-yes     15  6
1.2-very    women  18-23   0    0  2-very      7  1
2.2-very    women  24-40   0    1  2-very     15  2
3.2-very    women   > 40   0    2  2-very     41  3
4.2-very      men  18-23   1    0  2-very      8  4
5.2-very      men  24-40   1    1  2-very     12  5
6.2-very      men   > 40   1    2  2-very     18  6
```

```
r9 = multinom(Y ~ sexN + as.factor(ageN), weights=Count, data=d8)
```

```
# weights:  15 (8 variable)
initial value 329.583687
iter 10 value 290.936860
final value 290.351098
converged
```

```
summary(r9)
```

```
Call:
multinom(formula = Y ~ sexN + as.factor(ageN), data = d8, weights =
Count)

Coefficients:

         (Intercept)       sexN  as.factor(ageN)1  as.factor(ageN)2
1-yes      0.3145071 -0.3881172        -0.9053048        0.22296071
2-very     0.4258621 -0.8129978        -1.4649126        0.01315929
```

```
Std. Errors:

         (Intercept)      sexN  as.factor(ageN)1  as.factor(ageN)2
1-yes      0.2297206 0.3005107         0.2053270         0.2181834
2-very     0.2325160 0.3210363         0.2371824         0.2329585

Residual Deviance: 580.7022
AIC: 596.7022
```

```
r10 = multinom(Y ~ sexN + ageN, weights=Count, data=d8)
```

```
# weights: 12 (6 variable)
initial  value 329.583687
iter  10 value 291.051804
final  value 291.050160
converged
```

```
summary(r10)
```

```
Call:
multinom(formula = Y ~ sexN + ageN, data = d8, weights = Count)

Coefficients:
         (Intercept)       sexN      ageN
1-yes     -0.5019284 -0.3889719 0.8303865
2-very    -1.0923016 -0.8130325 1.5214495

Std. Errors:
         (Intercept)      sexN      ageN
1-yes      0.2696958 0.2991332 0.1946359
2-very     0.3085171 0.3211054 0.2114579

Residual Deriance: 582.1003
AIC: 594.1003
```

```
anova(r10, r9)
```

```
Likelihood ratio tests of Multinomial Models
```

```
Response: Y

                          Model Resid. df Resid. Dev    Test Df  LR stat.   Pr(Chi)
1-yes               sexN + ageN        30   582.1003
2-very   sexN + as.factor(ageN)        28   580.7022 1 vs 2   2 1.398123 0.4970516
```

두 모형의 비교 결과, 통계적으로 유의한 차이가 없으므로 더 단순한 모형을 선택할 수 있다.

## 12.4 맺음말

범주형 중에서도 명목형이 아닌 순서형의 경우에 어떻게 다룰 것인지, overdispersion의 문제가 발생했을 때 어떻게 할 것인지, 로그 선형 모형(log linear model) 등 더 자세한 것은 Dobson이나 Agresti의 책을 참고한다. Dobson의 책이 의학 전공자들에게 적합한 예제들이 많고, Agresti의 책은 좀 더 다양한 분야의 예제를 다루고 있다.

## 12.5 참고문헌


1. 박태성, 이승연 공역(2020). 범주형 자료분석 개론(제3판). 자유아카데미.
2. Dobson, A. J., & Barnett, A. G. (2008). *An Introduction to Generalized Linear Models*. 3e.

## 연습문제

1 유명한 분포들을 지수족 분포와 아닌 분포로 구분해 보시오.

2 로지스틱 회귀 모형의 경쟁 모형으로 probit model과 complementary log-log model이 있다. 하나의 dataset을 이 세 가지 모형으로 분석해 보고, 어느 것이 가장 좋은 모형인지 판단해 보시오.

3 Propensity score가 무엇인지, 어떻게 활용하는지 알아보시오.

# 13 생존분석

# 13 생존분석(Survival Analysis)

## 13.1 일반적인 분석 방법

임상시험에서 생존분석(survival analysis)은 더 크게 보아 time-to-event analysis의 일종이다. COVID−19의 첫 경구치료제 두 가지는 paxlovid와 molnupiravir이다. 둘 다 매우 유사한 설계를 사용하였지만, 자료 분석 방법은 후자가 stratified 2x2 table 분석 방법(두 proportion의 차이, Miettinen-Nurminen의 Risk Difference 계산 방법)을 사용하였고, 전자는 time-to-event analysis의 일종인 Kaplan-Meier 분석 방법을 사용하였다.

생존분석에서 일반적인 순서를 survival package의 ovarian 자료를 이용하여 설명하면 다음과 같다. R에서 survival package는 따로 설치할 필요 없이 처음 설치할 때 자동으로 함께 설치된다.

```
# Package Load
require(survival)
```

```
# Data view
ovarian
```

```
    futime fustat     age resid.ds rx  ecog.ps
1       59      1 72.3315        2  1        1
2      115      1 74.4932        2  1        1
3      156      1 66.4658        2  1        2
4      421      0 53.3644        2  2        1
```

```
5      431     1  50.3397      2  1       1
6      448     0  56.4301      1  1       2
7      464     1  56.9370      2  2       2
8      475     1  59.8548      2  2       2
9      477     0  64.1753      2  1       1
10     563     1  55.1781      1  2       2
11     638     1  56.7562      1  1       2
12     744     0  50.1096      1  2       1
13     769     0  59.6301      2  2       2
14     770     0  57.0521      2  2       1
15     803     0  39.2712      1  1       1
16     855     0  43.1233      1  1       2
17     1040    0  38.8932      2  1       2
18     1106    0  44.6000      1  1       1
19     1129    0  53.9068      1  2       1
20     1206    0  44.2055      2  2       1
21     1227    0  59.5890      1  2       2
22      268    1  74.5041      2  1       2
23      329    1  43.1370      2  1       1
24      353    1  63.2192      1  2       2
25      365    1  64.4247      2  2       1
26      377    0  58.3096      1  2       1
```

위에서 futime은 사망 또는 censoring이 발생한 시간이며, fustat은 그 시점에서 사망(1)인지 censoring(0)인지를 표시한다. rx은 치료방법을 의미한다. 즉, 난소암 환자를 대상으로 두 가지 치료법을 비교한 연구 자료이다.

먼저 Kaplan-Meier 방법으로 각 구간의 생존율과 신뢰구간을 구하면 다음과 같다.

```
r1 = survfit(Surv(futime, fustat) ~ rx, ovarian) ; summary(r1)
```

```
Call: survfit(formula = Surv(futime, fustat) ~ rx, data = ovarian)
```

```
                rx=1
 time  n.risk  n.event  survival  std.err  lower  95% CI  upper  95% CI
   59      13        1     0.923   0.0739          0.789          1.000
  115      12        1     0.846   0.1001          0.671          1.000
  156      11        1     0.769   0.1169          0.571          1.000
  268      10        1     0.692   0.1280          0.482          0.995
  329       9        1     0.615   0.1349          0.400          0.946
  431       8        1     0.538   0.1383          0.326          0.891
  638       5        1     0.431   0.1467          0.221          0.840

                rx=2
 time  n.risk  n.event  survival  std.err  lower  95% CI  upper  95% CI
  353      13        1     0.923   0.0739          0.789          1.000
  365      12        1     0.846   0.1001          0.671          1.000
  464       9        1     0.752   0.1256          0.542          1.000
  475       8        1     0.658   0.1407          0.433          1.000
  563       7        1     0.564   0.1488          0.336          0.946
```

각 strata(여기서는 치료법)별로 생명표법과 유사한 life-table을 보여 준다.

마지막 event(사망)가 발생한 시점은 다르지만, 이후 발생한 사건이 없으므로 그 이후의 사망률 또는 생존율은 같은 값을 갖게 된다.

위의 결과를 이용하여 그림을 그려 보면 다음과 같다.

```
plot(r1, conf.int=T, mark.time=T, col=c("red", "blue"), xlab="Time", ylab="Survival")
```

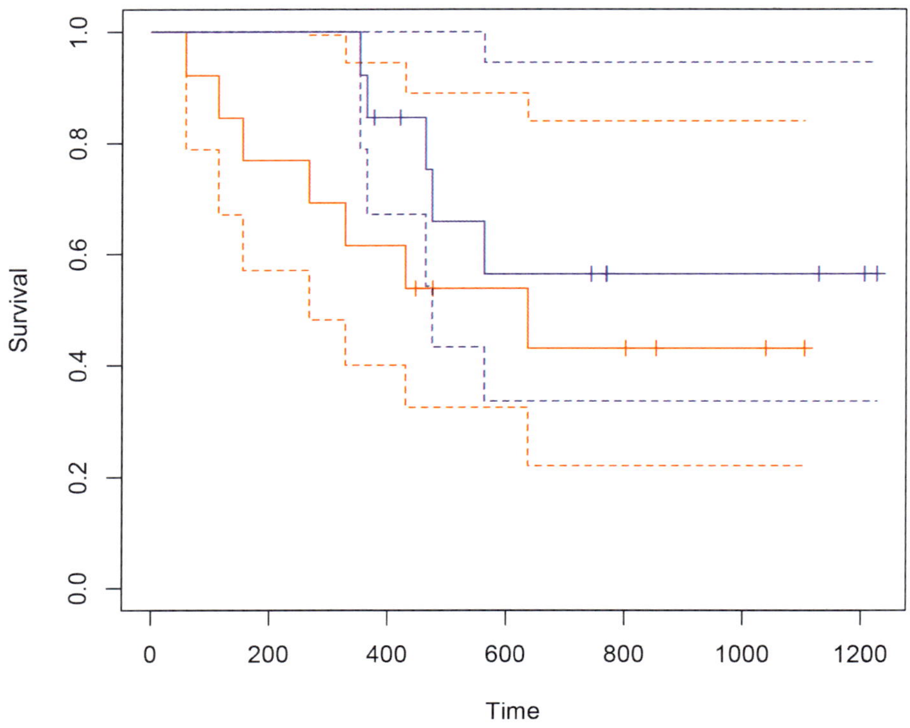


[그림 13.1] Kaplan-Meier Curve of Ovarian Cancer Trial

위 그림에서 +로 표시된 부분이 censoring이 일어난 곳이며, mark.time=T 옵션에 의해 표시되었다. Kaplan-Meier 방법은 각 시점에서의 생존율과 표준오차를 표시하므로 두 가지의 차이에 대한 신뢰구간을 (독립표본 이라는 가정하에) 구할 수 있지만, 일반적인 함수들은 그것을 잘 구해 주지 않는다. 이것은 조금 있다 계산하도록 하고, 일단 log-rank test에 의하여 두 군의 생존곡선이 통계적으로 유의한 차이를 보이는지 검정하면 다음과 같다.

```
survdiff(Surv(futime, fustat) ~ rx, ovarian)
```

```
Call:
survdiff(formula = Surv(futime, fustat) ~ rx, data = ovarian)
```

```
      N Observed Expected (O-E)^2/E (O-E)^2/V
rx=1 13        7     5.23     0.596      1.06
rx=2 13        5     6.77     0.461      1.06

Chisq= 1.1   on 1 degrees of freedom, p= 0.3
```

위의 결과는 p-value가 0.3으로서 통계적으로 유의한 차이를 보이지 못했다(그렇다고 같다/동등하다는 것을 입증한 것은 아니다).

지금까지의 방법은 특정한 분포를 가정하지 않고 실시하기 때문에 비모수적인 방법이다.

다음으로 많이 수행하는 방법은 semi-parametric method인 Cox proportional hazard model을 사용하는 것이다.

```
r3 = coxph(Surv(futime, fustat) ~ rx, ovarian) ; summary(r3)
```

```
Call:
coxph(formula = Surv(futime, fustat) ~ rx, data = ovarian)

  n= 26, number of events= 12

       coef   exp(coef)     se(coef)  z Pr(>|z|)
rx   -0.5964      0.5508  0.5870 -1.016       0.31

  exp(coef)  exp(-coef)  lower .95  upper .95
rx    0.5508       1.816     0.1743       1.74

Concordance= 0.608  (se = 0.07)
Likelihood ratio test = 1.05 on 1 df, p=0.3
Wald test = 1.03 on 1 df, p=0.3
Score (logrank) test = 1.06 on 1 df, p=0.3
```

이것의 결과도 역시 p-value가 0.3로서 통계적으로 유의한 차이를 보이지 못했다.

다음으로 Cox proportional model을 사용에 필요한 가정에 크게 위배되는 것이 없는지 다음과 같이 확인할 수 있다.

```
cox.zph(r3) # Check the assumption violation
```

```
         chisq  df    p
rx        2.68   1  0.1
GLOBAL    2.68   1  0.1
```

## 13.2 Background 계산 과정

이제부터 앞의 계산 결과가 어떻게 나왔는지 살펴보기로 한다.

survfit의 결과를 summary한 것의 구조(structure)를 str함수로 보면 다음과 같다.

```
s1 = summary(r1)
str(s1)
```

```
List of 19
 $ n          :int [1:2]  13 13
 $ time       :num [1:12]  59 115 156 268 329 431 638 353 365 464 ...
 $ n.risk     :num [1:12]  13 12 11 10 9 8 5 13 12 9 ...
 $ n.event    :num [1:12]  1 1 1 1 1 1 1 1 1 1 ...
 $ n.censor   :num [1:12]  0 0 0 0 0 0 2 0 0 2 ...
 $ surv       :num [1:12]  0.923 0.846 0.769 0.692 0.615 ...
 $ std.err    :num [1:12]  0.0739 0.1001 0.1169 0.128 0.1349 ...
 $ cumhaz     :num  [1:12] 0.0769 0.1603  0.2512 0.3512 0.4623  ...
 $ std.chaz   :num  [1:12] 0.0769 0.1134  0.1453 0.1764 0.2085  ...
 $ strata     :Factor w/ 2 levels "rx=1","rx=2": 1 1 1 1 1 1 1 2 2 2 ...
 $ type       :chr "right"
 $ logse      :logi TRUE
 $ conf.int   :num 0.95
 $ conf.type  :chr "log"
 $ lower      :num [1:12] 0.789 0.671 0.571 0.482 0.4 ...
 $ upper      :num [1:12] 1 1 1 0.995 0.946 ...
 $ call       :language survfit(formula = Surv(futime, fustat) ~ rx, data = ovarian)
```

```
$ table       :num [1:2, 1:9] 13 13 13 13 13 ...
..- attr(*, "dimnames")=List of 2
.. ..$ : chr [1:2] "rx=1" "rx=2"
.. ..$ : chr [1:9] "records" "n.max" "n.start" "events" ...
$ rmean.endtime: num [1:2] 1227 1227
- attr(*, "class")= chr "summary.survfit"
```

위의 것은 list type이며, 요소들의 길이가 동일하지 않아서 table로 보여 주기 어렵다. 처음의 결과를 보면 rx=1인 경우 7줄의 table로 구성되어 있으며, rx=2인 경우 5줄의 table로 되어 있다. rx=1인 경우가 생존율이 낮은 것(0.431)으로 보아 이를 control군으로 보고, rx=2인 것을 test군으로 간주하고 계산할 것이다. 다음은 이렇게 간주하고 test군의 table과 control군의 table을 각각 d1과 d2 data.frame으로 저장하였다. 또한 계산을 가급적 처음부터 수행하기 위해 time, n.risk, n.event 컬럼만 가져왔다.

```
n1 = 5 # test group
n2 = 7 # control group
d0 = data.frame(time = s1$time, n.risk = s1$n.risk, n.event = s1$n.event) # d0
d2 = d0[1:n2, ] ; d2
```

```
   time  n.risk n.event
 1   59      13       1
 2  115      12       1
 3  156      11       1
 4  268      10       1
 5  329       9       1
 6  431       8       1
 7  638       5       1
```

```
d1 = d0[(n2 + 1):(n2 + n1), ] ; d1
```

```
    time  n.risk  n.event
 8   353      13        1
 9   365      12        1
 10  464       9        1
 11  475       8        1
 12  563       7        1
```

각 table에서 각 구간만의 생존율은 1−해당구간의 사망률이다. 누적 생존율은 이전 시간까지의 생존율을 모두 곱함으로써 구해진다.

```
d1$surv = cumprod(1 - d1$n.event/d1$n.risk)
```

위에서 cumprod는 cumulative product의 약어로서 help를 보면서 실습해 보면 이해하기 쉽다.

각 시점에서의 standard error(SE, 표준오차)는 Greenwood formula에 의해 구하면 다음과 같다.

```
d1.se = sqrt(cumsum(d1$n.event/(d1$n.risk*(d1$n.risk - d1$n.event))))
d1$se = d1$surv*d1.se # Greenwood formula
```

표준오차를 구하는 수식은 여러 가지가 있으나 여기서는 R의 survival package가 기본적으로 사용하는 수식을 쓴다. 따라서 점추정값(PE)과 표준오차(SE)를 구했으므로 95% 신뢰구간(Confidence Interval, CI)을 구하면 다음과 같다. 이때 확률에 대한 신뢰구간이므로 0보다 작은 값을 0으로 1보다 큰 값은 1로 고정해 준다. 이것은 점추정치와 그것의 표준오차만을 이용해서 normal(quadratic) approximation으로 구하는 Wald CI에서 흔히 보는 현상이다.

```
d1$ll = pmax(0, exp(log(d1$surv) + qnorm(0.025)*d1.se))
d1$ul = pmin(1, exp(log(d1$surv) + qnorm(0.975)*d1.se))
```

이제 d1을 survfit에 의한 결과와 비교해 보면 동일함을 알 수 있다.

```
d1
```

```
   time n.risk n.event      surv        se        ll        ul
8   353     13       1 0.9230769 0.0739053 0.7890186 1.0000000
9   365     12       1 0.8461538 0.1000683 0.6710952 1.0000000
10  464      9       1 0.7521368 0.1255751 0.5422282 1.0000000
11  475      8       1 0.6581197 0.1407392 0.4327878 1.0000000
12  563      7       1 0.5641026 0.1487580 0.3364263 0.9458585
```

```
cbind(d0, data.frame(surv=s1$surv, std.err=s1$std.err, lower=s1$lower,
                     upper=s1$upper))[(n2 + 1):(n2 + n1), ] # rows of test group
```

```
   time n.risk n.event      surv   std.err     lower     upper
8   353     13       1 0.9230769 0.0739053 0.7890186 1.0000000
9   365     12       1 0.8461538 0.1000683 0.6710952 1.0000000
10  464      9       1 0.7521368 0.1255751 0.5422282 1.0000000
11  475      8       1 0.6581197 0.1407392 0.4327878 1.0000000
12  563      7       1 0.5641026 0.1487580 0.3364263 0.9458585
```

Table d2에 대해서도 동일한 계산을 하면 다음과 같으며 그 결과도 survfit과 동일함을 알 수 있다.

```
d2$surv = cumprod(1 - d2$n.event/d2$n.risk)
d2.se = sqrt(cumsum(d2$n.event/(d2$n.risk*(d2$n.risk - d2$n.event))))
d2$se = d2$surv*d2.se # Greenwood formula
d2$ll = pmax(0, exp(log(d2$surv) + qnorm(0.025)*d2.se))
d2$ul = pmin(1, exp(log(d2$surv) + qnorm(0.975)*d2.se))
d2
```

```
  time n.risk n.event      surv        se        ll        ul
1   59     13       1 0.9230769 0.0739053 0.7890186 1.0000000
2  115     12       1 0.8461538 0.1000683 0.6710952 1.0000000
3  156     11       1 0.7692308 0.1168545 0.5711496 1.0000000
4  268     10       1 0.6923077 0.1280077 0.4818501 0.9946869
5  329      9       1 0.6153846 0.1349320 0.4004132 0.9457687
6  431      8       1 0.5384615 0.1382642 0.3255265 0.8906828
7  638      5       1 0.4307692 0.1466730 0.2210132 0.8395974
```

```
cbind(d0, data.frame(surv=s1$surv, std.err=s1$std.err, lower=s1$lower,
                     upper=s1$upper))[1:n2, ] # row subsetting for control group
```

```
  time n.risk n.event      surv   std.err     lower     upper
1   59     13       1 0.9230769 0.0739053 0.7890186 1.0000000
2  115     12       1 0.8461538 0.1000683 0.6710952 1.0000000
3  156     11       1 0.7692308 0.1168545 0.5711496 1.0000000
4  268     10       1 0.6923077 0.1280077 0.4818501 0.9946869
5  329      9       1 0.6153846 0.1349320 0.4004132 0.9457687
6  431      8       1 0.5384615 0.1382642 0.3255265 0.8906828
7  638      5       1 0.4307692 0.1466730 0.2210132 0.8395974
```

## 13.3 Difference estimation from the Kaplan-Meier analysis

이제 Kaplan-Meier analysis의 마지막 행들로부터 두 군 간의 생존율의 차이와 그에 대한 95% 신뢰구간을 구하면 다음과 같다. 이때에도 신뢰구간 계산에 필요한 SE를 구하는 방법이 여러 가지 있으나, NEJM에 발표된 paxlovid 3상 분석에서 사용한 방법을 사용하였다.

먼저 test group의 마지막 생존율에 대한 95% 신뢰구간을 log 변환 방법에 의해 구하면 다음과 같다.

```
pe1 = d1[n1, "surv"] ; pe1*100
```

```
[1] 56.41026
```

```
logse1 = d1[n1, "se"]/-log(d1[n1, "surv"]) ; logse1 # Kim YJ p52
```

```
[1] 0.2598306
```

```
ci1 = exp(log(pe1) + c(-1, 1)*qnorm(0.975)*logse1) ; ci1*100
```

```
[1] 33.89923 93.86988
```

위 SE를 구하는 수식에 대한 더 자세한 설명은 '김양진(2023). R과 SAS를 이용한 생존분석. 자유아카데미.' p. 52를 참고한다.

위에서는 % 단위로 표시하기 위해 100을 모두 곱했음에 유의한다.

Control group의 마지막 생존율에 대한 95% 신뢰구간도 동일한 방법으로 구한다.

```
pe2 = d2[n2, "surv"] ; pe2*100
```

```
[1] 43.07692
```

```
logse2 = d2[n2, "se"]/-log(d2[n2, "surv"]) ; logse2
```

```
  [1] 0.1741582
```

```
ci2 = exp(log(pe2) + c(-1, 1)*qnorm(0.975)*logse2) ; ci2*100
```

```
  [1] 30.6197 60.6022
```

이제 두 생존율의 차이에 대한 신뢰구간을 독립표본이라는 가정하에 구하면 다음과 같다.

```
pe3 = pe1 - pe2 ; pe3*100
```

```
  [1] 13.33333
```

```
se3 = sqrt(d1[n1, "se"]^2 + d2[n2, "se"]^2) ; se3*100
```

```
  [1] 20.89065
```

```
ci3 = pe3 + c(-1, 1)*qnorm(0.975)*se3 ; ci3*100
```

```
  [1] -27.61158 54.27825
```

위에서 차이에 대한 95%신뢰구간이 0을 포함하므로 통계적으로 유의하지 않음을 알 수 있다.

## 13.4 Log-rank test

이제 Log-rank법에 의해 두 군의 차이에 대한 카이제곱 검정을 실시하면 다음과 같다.

그런데 이때 사용해야 하는 data format이 다르므로 다음과 같이 변형하였다.

```
d3 = ovarian[order(ovarian$futime), c("futime", "fustat", "rx")] # d3
length(unique(d3$futime)) == nrow(d3) # TRUE, all values are unique
```

```
[1]  TRUE
```

```
d3$di1 = as.numeric(d3$rx == 2 & d3$fustat) # n.event (Oi) of test group
d3$di2 = as.numeric(d3$rx == 1 & d3$fustat) # n.event (Oi) of control group

n1 = sum(d3$rx == 2) # n1 = 13, test group
n2 = sum(d3$rx == 1) # n2 = 13, control group

d3$Yi1 = c(n1, rep(NA, n1 + n2 - 1)) # n.risk of test group
d3$Yi2 = c(n2, rep(NA, n1 + n2 - 1)) # n.risk of control group

for (i in 2:nrow(d3)) {
  d3[i, "Yi1"] = d3[i - 1, "Yi1"] - as.numeric(d3[i - 1, "rx"] == 2)
  d3[i, "Yi2"] = d3[i - 1, "Yi2"] - as.numeric(d3[i - 1, "rx"] == 1)

} ; d3
```

```
   futime fustat rx di1 di2 Yi1 Yi2
1      59      1  1   0   1  13  13
2     115      1  1   0   1  13  12
3     156      1  1   0   1  13  11
22    268      1  1   0   1  13  10
23    329      1  1   0   1  13   9
24    353      1  2   1   0  13   8
25    365      1  2   1   0  12   8
26    377      0  2   0   0  11   8
4     421      0  2   0   0  10   8
5     431      1  1   0   1   9   8
6     448      0  1   0   0   9   7
7     464      1  2   1   0   9   6
8     475      1  2   1   0   8   6
9     477      0  1   0   0   7   6
10    563      1  2   1   0   7   5
11    638      1  1   0   1   6   5
12    744      0  2   0   0   6   4
```

```
13     769       0  2  0  0  5  4
14     770       0  2  0  0  4  4
15     803       0  1  0  0  3  4
16     855       0  1  0  0  3  3
17    1040       0  1  0  0  3  2
18    1106       0  1  0  0  3  1
19    1129       0  2  0  0  3  0
20    1206       0  2  0  0  2  0
21    1227       0  2  0  0  1  0
```

위에서 새롭게 변형된 자료는 두 군의 발생건수를 좌우로 나란히 표시하고 있으며, 끝이 2인 컬럼이 control group이다.

```
d3$di = d3$di1 + d3$di2 # combined n.event
d3$Yi = d3$Yi1 + d3$Yi2 # combined n.risk
d3$Ei1 = d3$Yi1 * d3$di/d3$Yi # Expected count (Ei) for test group
d3$Ei2 = d3$Yi2 * d3$di/d3$Yi # Expected count (Ei) for control group
d3$Vi1 = with(d3, Yi1*Yi2/(Yi - 1)*di/Yi*(1 - di/Yi)) # Kim JH p119
d3$Vi2 = with(d3, Yi1*Yi2/(Yi - 1)*di/Yi*(1 - di/Yi))
d3 = d3[d3$Yi > 1, ] # Keep only Yi larger than 1
d3
```

```
   futime fustat rx di1 di2 Yi1 Yi2 di Yi       Ei1       Ei2       Vi1       Vi2
1      59      1  1   0   1  13  13  1 26 0.5000000 0.5000000 0.2500000 0.2500000
2     115      1  1   0   1  13  12  1 25 0.5200000 0.4800000 0.2496000 0.2496000
3     156      1  1   0   1  13  11  1 24 0.5416667 0.4583333 0.2482639 0.2482639
22    268      1  1   0   1  13  10  1 23 0.5652174 0.4347826 0.2457467 0.2457467
23    329      1  1   0   1  13   9  1 22 0.5909091 0.4090909 0.2417355 0.2417355
24    353      1  2   1   0  13   8  1 21 0.6190476 0.3809524 0.2358277 0.2358277
25    365      1  2   1   0  12   8  1 20 0.6000000 0.4000000 0.2400000 0.2400000
26    377      0  2   0   0  11   8  0 19 0.0000000 0.0000000 0.0000000 0.0000000
4     421      0  2   0   0  10   8  0 18 0.0000000 0.0000000 0.0000000 0.0000000
5     431      1  1   0   1   9   8  1 17 0.5294118 0.4705882 0.2491349 0.2491349
6     448      0  1   0   0   9   7  0 16 0.0000000 0.0000000 0.0000000 0.0000000
7     464      1  2   1   0   9   6  1 15 0.6000000 0.4000000 0.2400000 0.2400000
8     475      1  2   1   0   8   6  1 14 0.5714286 0.4285714 0.2448980 0.2448980
9     477      0  1   0   0   7   6  0 13 0.0000000 0.0000000 0.0000000 0.0000000
10    563      1  2   1   0   7   5  1 12 0.5833333 0.4166667 0.2430556 0.2430556
```

```
11    638       1  1  0  1  6  5  1  11 0.5454545 0.4545455 0.2479339 0.2479339
12    744       0  2  0  0  6  4  0  10 0.0000000 0.0000000 0.0000000 0.0000000
13    769       0  2  0  0  5  4  0   9 0.0000000 0.0000000 0.0000000 0.0000000
14    770       0  2  0  0  4  4  0   8 0.0000000 0.0000000 0.0000000 0.0000000
15    803       0  1  0  0  3  4  0   7 0.0000000 0.0000000 0.0000000 0.0000000
16    855       0  1  0  0  3  3  0   6 0.0000000 0.0000000 0.0000000 0.0000000
17    1040      0  1  0  0  3  2  0   5 0.0000000 0.0000000 0.0000000 0.0000000
18    1106      0  1  0  0  3  1  0   4 0.0000000 0.0000000 0.0000000 0.0000000
19    1129      0  2  0  0  3  0  0   3 0.0000000 0.0000000 0.0000000 0.0000000
20    1206      0  2  0  0  2  0  0   2 0.0000000 0.0000000 0.0000000 0.0000000
```

위의 결과를 이용하여 전체 Observed count(O), Expected count(E)를 구하고 이로써 Chi-square 통계량의 값을 계산하면 다음과 같다.

```
O1 = sum(d3$di1)
O2 = sum(d3$di2)
E1 = sum(d3$Ei1)
E2 = sum(d3$Ei2)
V1 = sum(d3$Vi1)
V2 = sum(d3$Vi2)
Chi1 = (O1 - E1)^2/E1
Chi2 = (O2 - E2)^2/E2
Chi0 = (O1 - E1)^2/V1
```

위에서 구한 값들을 보기 좋게 표시하기 위해 survdiff class 형태로 준비하면 다음과 같다.

```
r4 = list()
r4$n = with(d3, table(strata(rx)))
r4$obs = c(O1, O2)
r4$exp = c(E1, E2)
r4$var = matrix(c(V1, -V1, -V2, V2), nrow=2)
r4$chisq = Chi0
r4$pvalue = 1 - pchisq(Chi0, 1)
class(r4) = "survdiff"
r4
```

```
      N Observed Expected (O-E)^2/E (O-E)^2/V
rx=1 13        5     6.77     0.461      1.06
rx=2 12        7     5.23     0.596      1.06

Chisq= 1.1    on 1 degrees of freedom, p = 0.3
```

이로써 survdiff의 결과를 재현하였다.

## 13.5 Cox proportional hazard model

주어진 모형에 대해 간단한 목적함수(objective function, 여기서는 minus log likelihood)를 구성하여, 일반적인 최소화 함수인 optim을 이용하여 구하면 다음과 같다.

먼저 Z라는 column을 만들어서 치료법에 따라 0(control)과 1(test)로 표시하였다.

```
ovarian$Z = ovarian$rx - 1
mLL = function(b) # Kim JH p143
{
  Div = vector(length=nrow(ovarian))
  for (i in 1:nrow(ovarian)) {
    Div[i] = sum(exp(ovarian[ovarian$futime >= ovarian[i, "futime"], "Z"]*b))
  }
  return(-sum(ovarian$fustat*(ovarian$Z*b - log(Div))))
}
r5 = optim(0, mLL, method="L-BFGS-B", hessian=T) ; r5
```

```
$par
[1] -0.5963801

$value
[1] 34.45921

$counts
function gradient
       6        6
```

```
$convergence
[1] 0

$message
[1] "CONVERGENCE: REL_REDUCTION_OF_F <= FACTR*EPSMCH"

$hessian
         [,1]
[1,] 2.902279
```

```
se5 = sqrt(diag(solve(r5$hessian)))
ci5a = r5$par + c(-1, 1)*qnorm(1 - 0.05/2)*se5
r5a = c('exp(coef)'=exp(r5$par), lower=exp(ci5a[1]), upper=exp(ci5a[2])) ; r5a
```

```
exp(coef)       lower      upper
0.5508019  0.1743207  1.7403711
```

```
ci5b = -r5$par + c(-1, 1)*qnorm(1 - 0.05/2)*se5
r5b = c('exp(-coef)'=exp(-r5$par), lower=exp(ci5b[1]), upper=exp(ci5b[2])) ; r5b
```

```
exp(-coef)      lower      upper
1.8155348  0.5745901  5.7365529
```

위의 최적화 결과를 보면 beta값이 −0.5964로 coxph 함수 결과와 잘 일치하고 있다.

## 13.6 User defined 함수의 이용

위의 작업을 매번 위와 같이 한다면 번거로울 것이다. 따라서 중복되는 것들을 함수화하여 사용하면 다음과 같다.

```
source("http://r.acr.kr/MFDS/TTE.R")

## Difference estimate from the survfit output
KMdiff(r1, control=1, percent=T)
```

```
            PE(%) LowerCL(%) UpperCL(%)
 rx=2   43.07692   30.61970   60.60220
 rx=1  56.41026    33.89923   93.86988

 Difference  -13.33333  -54.27825  27.61158
```

```
## Kaplan-Meier Analysis and Difference Estimation from the formatted data
d3$time = d3$futime
d3$n.event1 = d3$di1
d3$n.enter1 = d3$Yi1
d3$n.censor1 = as.numeric(d3$fustat == 0 & d3$rx == 1)

d3$n.event2 = d3$di2
d3$n.enter2 = d3$Yi2
d3$n.censor2 = as.numeric(d3$fustat == 0 & d3$rx == 2)

RDsurv(d3, percent=T)
```

```
$Test
    time n.enter n.censor n.event n.risk      surv   std.err        ll        ul
24   353      13        0       1     13 0.9230769 0.0739053 0.7890186 1.0000000
25   365      12        0       1     12 0.8461538 0.1000683 0.6710952 1.0000000
 7   464      10        0       1     10 0.7615385 0.1206435 0.5582695 1.0000000
 8   475       9        0       1      9 0.6769231 0.1336576 0.4596959 0.9968000
10   563       7        0       1      7 0.5802198 0.1453975 0.3550501 0.9481902

$Control
    time n.enter n.censor n.event n.risk      surv   std.err        ll        ul
 1    59      13        0       1     13 0.9230769 0.0739053 0.7890186 1.0000000
 2   115      12        0       1     12 0.8461538 0.1000683 0.6710952 1.0000000
 3   156      11        0       1     11 0.7692308 0.1168545 0.5711496 1.0000000
22   268      10        0       1     10 0.6923077 0.1280077 0.4818501 0.9946869
23   329       9        0       1      9 0.6153846 0.1349320 0.4004132 0.9457687
 5   431       6        0       1      6 0.5128205 0.1463204 0.2931544 0.8970865
11   638       5        0       1      5 0.4102564 0.1487202 0.2015998 0.8348734
```

```
$Difference
                  PE(%)   LowerCL(%)   UpperCL(%)
Test            58.02198    34.37426     97.93810
Control         41.02564    29.57834     56.90324
Difference      16.99634   -23.76815     57.76082

$`Log-rank  test`
          N  Observed  Expected  (O-E)^2/E  (O-E)^2/V
Test     13         5      6.77      0.461       1.06
Control  13         7      5.23      0.596       1.06

Chisq = 1.1   on 1 degrees of freedom, p = 0.3
```

```
## Cox proportional hazard model for two-group
ovarian$group = ovarian$rx - 1 # 1=test group, 0=control group
ovarian$time = ovarian$futime
ovarian$status = ovarian$fustat
Cox(ovarian)
```

```
$par
[1] -0.5963801

$value
[1] 34.45921

$counts
function gradient
       6        6

$convergence
[1] 0

$message
[1] "CONVERGENCE: REL_REDUCTION_OF_F <= FACTR*EPSMCH"

$hessian
         [,1]
[1,] 2.902279

$se
```

```
[1] 0.5869896

$ci
[1] -1.7468585  0.5540983

$`exp(coef)`
       pe     lower     upper
0.5508019 0.1743207 1.7403711

$`exp(-coef)`
       pe     lower      upper
1.8155348 0.5745901 5.7365529
```

## 13.7 Median survival and its confidence interval from Kaplan-Meier curve

앞의 예제는 한 군이 median survival을 구하기에 적절하지 않다. R의 survival package에 내장된 폐암 자료를 이용하여 구하면 다음과 같다. median survival time과 그 신뢰구간을 구하는 가장 쉬운 방법은 Kaplan-Meier curve에서 생존 확률이 0.5되는 지점에 가로선을 그어 신뢰구간 곡선과 만나는 시점과 같다.

```
lung = sasLM::af(lung, c("sex", "inst"))
r2 = survfit(Surv(time, status==2) ~ sex, lung)
```

위의 결과를 ggsurvfit package를 이용하여 그림을 그리면 다음과 같다.

```
require(ggsurvfit)
```

```
Loading required package: ggsurvfit
Attaching package: 'ggsurvfit'
The following object is masked from 'package:psych':

    %+%
```

```
ggsurvfit(r2) + add_confidence_interval() + add_censor_mark() +
# add_quantile(linetype=1) +
  geom_hline(yintercept=0.5, linetype=1) +
  geom_segment(aes(x=270, xend=270, y=0, yend=0.5), col="red", linetype=1) +
  geom_segment(aes(x=212, xend=212, y=0, yend=0.5), col="red", linetype=2) +
  geom_segment(aes(x=310, xend=310, y=0, yend=0.5), col="red", linetype=2) +
  geom_segment(aes(x=426, xend=426, y=0, yend=0.5), col="blue", linetype=1) +
  geom_segment(aes(x=348, xend=348, y=0, yend=0.5), col="blue", linetype=2) +
  geom_segment(aes(x=550, xend=550, y=0, yend=0.5), col="blue", linetype=2) +
  add_risktable(risktable_stats = "n.risk")
```

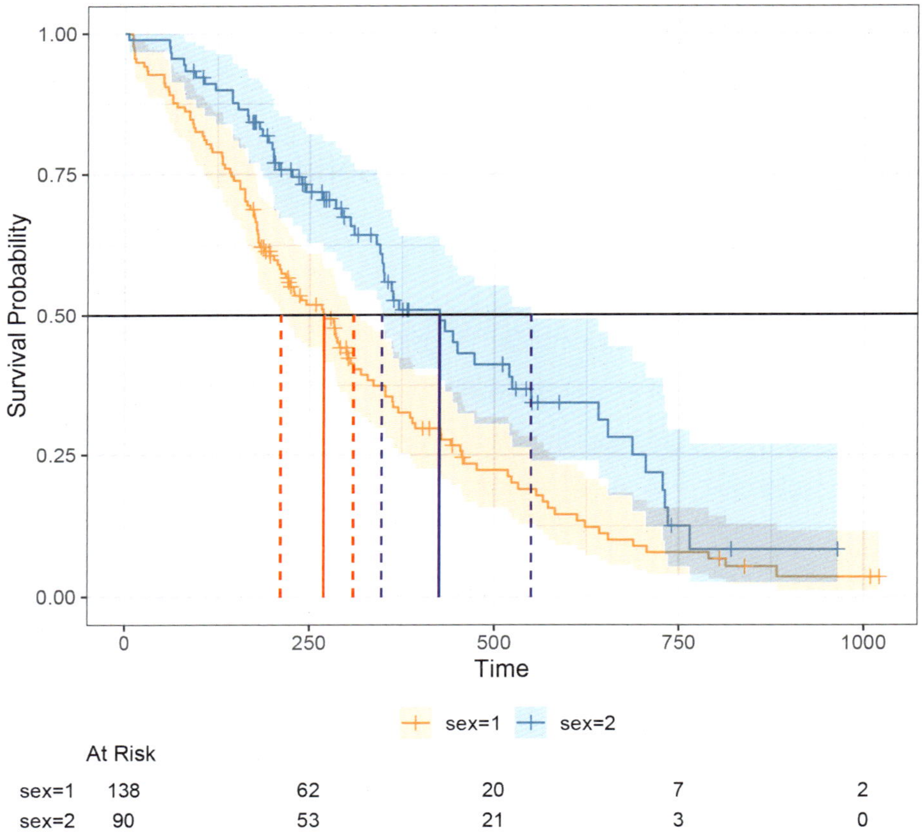


[그림 13.2] Kaplan-Meier curve of Median Survival

이제 결과 각 시점에서의 survival probability에 대한 신뢰구간이 포함된 table을 이용하여 median survival의 신뢰구간을 계산하면 다음과 같다.

```
s2 = summary(r2)
t2 = with(s2, data.frame(time, n.risk, n.event, surv, std.err, lower, upper, strata))
strataNames = unique(t2$strata)

# Median survival of strata 1, sex = 1
pe1 = min(t2[t2$strata == strataNames[1] & t2$surv <= 0.5, "time"])
ll1 = min(t2[t2$strata == strataNames[1] & t2$lower <= 0.5, "time"])
ul1 = min(t2[t2$strata == strataNames[1] & t2$upper <= 0.5, "time"])

# Median survival of strata 2, sex = 2
pe2 = min(t2[t2$strata == strataNames[2] & t2$surv <= 0.5, "time"])
ll2 = min(t2[t2$strata == strataNames[2] & t2$lower <= 0.5, "time"])
ul2 = min(t2[t2$strata == strataNames[2] & t2$upper <= 0.5, "time"])

# Compare
data.frame(PE = c(pe1, pe2), LL=c(ll1, ll2), UL=c(ul1, ul2))
```

```
   PE  LL  UL
1 270 212 310
2 426 348 550
```

```
r2
```

```
Call: survfit(formula = Surv(time, status == 2) ~ sex, data = lung)

        n events median 0.95LCL 0.95UCL
sex=1 138    112    270     212     310
sex=2  90     53    426     348     550
```

〈표 13.1〉 Data for Gompertz model

| ID | TIME | DV | SEX | ID | TIME | DV | SEX |
|---|---|---|---|---|---|---|---|
| 101 | 81 | 1 | 0 | 126 | 100 | 1 | 1 |
| 102 | 11 | 1 | 1 | 127 | 38 | 1 | 1 |
| 103 | 43 | 1 | 1 | 128 | 58 | 1 | 1 |
| 104 | 16 | 1 | 0 | 129 | 61 | 1 | 0 |
| 105 | 100 | 0 | 1 | 130 | 75 | 1 | 0 |
| 106 | 42 | 1 | 1 | 131 | 90 | 1 | 0 |
| 107 | 46 | 1 | 1 | 132 | 63 | 1 | 1 |
| 108 | 24 | 1 | 0 | 133 | 78 | 1 | 0 |
| 109 | 43 | 1 | 1 | 134 | 100 | 0 | 0 |
| 110 | 46 | 1 | 1 | 135 | 16 | 1 | 1 |
| 111 | 49 | 1 | 1 | 136 | 30 | 1 | 0 |
| 112 | 96 | 1 | 0 | 137 | 59 | 1 | 1 |
| 113 | 12 | 1 | 0 | 138 | 30 | 1 | 1 |
| 114 | 75 | 1 | 0 | 139 | 70 | 1 | 1 |
| 115 | 89 | 1 | 0 | 140 | 63 | 1 | 1 |
| 116 | 80 | 1 | 1 | 141 | 99 | 1 | 0 |
| 117 | 38 | 1 | 0 | 142 | 35 | 1 | 0 |
| 118 | 87 | 1 | 0 | 143 | 66 | 1 | 0 |
| 119 | 83 | 1 | 1 | 144 | 44 | 1 | 0 |
| 120 | 67 | 1 | 0 | 145 | 27 | 1 | 1 |
| 121 | 6 | 1 | 1 | 146 | 25 | 1 | 0 |
| 122 | 76 | 1 | 0 | 147 | 24 | 1 | 0 |
| 123 | 45 | 1 | 0 | 148 | 32 | 1 | 0 |
| 124 | 96 | 1 | 0 | 149 | 12 | 1 | 1 |
| 125 | 79 | 1 | 1 | 150 | 30 | 1 | 1 |

## 13.8 Parametric survival analysis-A Gompertz model example

다음은 Translational and Clinical Pharmacology 2022년 6월호에 게재된 tutorial 예제이다.

```
d1 = read.csv("http://r.acr.kr/TTE/ExTTE.csv")
```

위 자료에서 DV가 1이면 사망 event를 나타내고, 0이면 censoring을 나타낸다.

### 13.8.1. Survival function and hazard function

```
St = function(y, a, b) exp(b/a*(1 - exp(a*y))) # Gompertz survival function
ht = function(y, a, b) b*exp(a*y) # Gompertz hazard function
```

위의 자세한 설명은 다른 자료를 참고한다.

아래는 목적함수(objective function)로 사용할 minus log likelihood function이다.

```
y1 = d1[d1$DV == 1, "TIME"] ; y1 # Death event times
```

```
 [1] 81  11  43  16  42  46  24  43  46  49  96  12  75  89  80  38  87  83  67   6  76
[22] 45  96  79 100  38  58  61  75  90  63  78  16  30  59  30  70  63  99  35  66  44
[43] 27  25  24  32  12  30
```

```
y2 = d1[d1$DV == 0, "TIME"] ; y2 # Censored times
```

```
 [1] 100 100
```

```
mll = function(th)
{
# th[1] = a = shape = theta/gamma
# th[2] = b = rate/scale = lambda
  r1 = sum(log(St(y1, th[1], th[2])) + log(ht(y1, th[1], th[2]))) # for event
  r2 = sum(log(St(y2, th[1], th[2]))) # for censored
  return(-(r1 + r2))
}
```

다음은 위의 목적함수(objective function)를 범용 최소화 함수(general purpose minimization function)인 `nlminb`를 사용하여 적합(fitting)한 것이다. 범용 최소화 함수로 `optim`도 있지

만, 이 경우 nlminb가 정밀도가 더 좋아 nlminb 함수를 사용하였다.

```
r3 = nlminb(c(0.01, 0.01), mll) ; r3
```

```
$par
[1] 0.027856855 0.005157429

$objective
[1] 229.6566

$convergence
[1] 0

$iterations
[1] 17

$evaluations
function gradient
      29       41

$message
[1] "relative convergence (4)"
```

생존함수(Survival function)의 모수(parameter)인 a와 b의 점추정치(PE)는 약 0.02786과 0.00516로 추정되었다. 하지만 nlminb 함수는 optim 함수와 달리 Hessian matrix를 output으로 주지 않는다. 그래서 추정값의 표준오차(standard error)를 구하기 위해 다음과 같이 numDeriv package의 hessian 함수를 사용하여 hessian matrix를 구하고, 이를 이용하여 표준오차(standard error)를 구하였다.

```
require(numDeriv)
H0 = hessian(mll, r3$par)
SE0 = sqrt(diag(solve(H0))) ; SE0
```

```
[1] 0.005516986 0.001687602
```

## 13.8.2. Using flexsurv Package

R에 기본적으로 내장되어 있는 survival package는 Gompertz distribution을 지원하지 않는다. 따라서 flexsurv package의 `flexsurvreg` 함수를 이용하였다.

```
require(flexsurv)
```

```
Loading  required  package:  flexsurv
```

```
r1 = flexsurvreg(Surv(TIME, DV) ~ 1, data=d1, dist="gompertz") ; r1
```

```
Call:
flexsurvreg(formula = Surv(TIME, DV) ~ 1, data = d1, dist = "gompertz")

Estimates:
            est      L95%     U95%      se
shape   0.02786   0.01705  0.03866  0.00551
rate    0.00516   0.00272  0.00979  0.00169

N = 50,   Events: 48,   Censored: 2
Total time at risk: 2755
Log-likelihood = -229.6566, df = 2
AIC = 463.3131
```

위의 결과를 보면 우리가 구성한 목적함수(objective function, 여기서는 minus log likelihood)의 결과가 `nlminb` 함수를 이용하여 구한 것과 동일하다.

각 관찰시점(observation time point)에서의 생존확률(survival probability)은 다음과 같이 볼 수 있다.

```
summary(r1)
```

```
    time         est          lcl         ucl
1      6  0.96687910   0.93877487   0.9811732
2     11  0.93576992   0.88616364   0.9625726
3     12  0.92914451   0.87562977   0.9584987
```

```
4    16   0.90124600   0.83248086   0.9409204
5    24   0.83848976   0.74304461   0.8989273
6    25   0.82997559   0.73193670   0.8929726
7    27   0.81249608   0.70952315   0.8805566
8    30   0.78515019   0.67624417   0.8606136
9    32   0.76617360   0.65350275   0.8459513
10   35   0.73660821   0.61902196   0.8222765
11   38   0.70575879   0.58356886   0.7965511
12   42   0.66273421   0.53634920   0.7590149
13   43   0.65166014   0.52493135   0.7490399
14   44   0.64046619   0.51317007   0.7390751
15   45   0.62915650   0.50103454   0.7290738
16   46   0.61773556   0.48892557   0.7182385
17   49   0.58285468   0.45282286   0.6873505
18   58   0.47407682   0.35187782   0.5804949
19   59   0.46176462   0.34172724   0.5672798
20   61   0.43710617   0.32174487   0.5447529
21   63   0.41246554   0.29954996   0.5205464
22   66   0.37571285   0.26792922   0.4825896
23   67   0.36355918   0.25742226   0.4701690
24   70   0.32754123   0.22774363   0.4308400
25   75   0.26965346   0.18030810   0.3677435
26   76   0.25849725   0.17002361   0.3552158
27   78   0.23669336   0.15047760   0.3307703
28   79   0.22606670   0.14189248   0.3196228
29   80   0.21563714   0.13247505   0.3069151
30   81   0.20541450   0.12475637   0.2953683
31   83   0.18562730   0.10921562   0.2726154
32   87   0.14892169   0.07880999   0.2321261
33   89   0.13211929   0.06566360   0.2125173
34   90   0.12412629   0.06014459   0.2035666
35   96   0.08210937   0.03120074   0.1530356
36   99   0.06497732   0.02082120   0.1313627
37  100   0.05983470   0.01775834   0.1253900
```

## 13.8.3. Plotting

다음은 추정한 결과로 그림을 그린 결과이다.

```
par(mfrow=c(1, 3))
plot(r1, main="Survival Probability", xlab="Time", ylab="Survival Probability")
plot(r1, type="cumhaz", main="Cumulative Hazard", xlab="Time", ylab="Cumulative Hazard")
plot(r1, type="hazard", main="Hazard", xlab="Time", ylab="Hazard Rate")
```

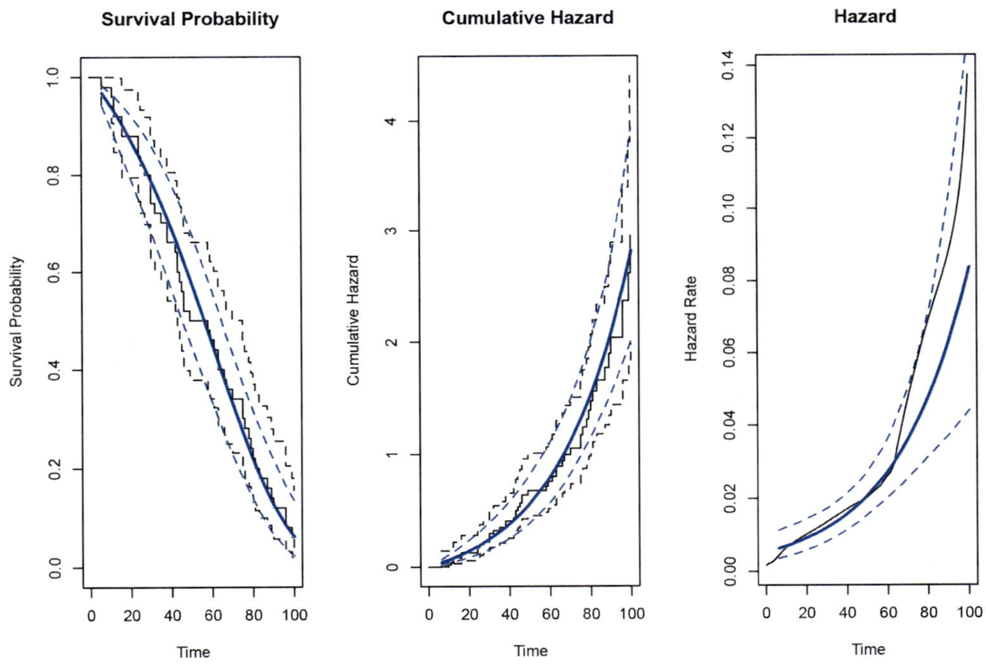


[그림 13.3] Survival and hazard esimation of the base model

## 13.8.4. Difference by Sex

성별에 따른 차이를 보고싶으면 다음과 같이 할 수 있다.

```
r2 = flexsurvreg(Surv(TIME, DV) ~ SEX, data=d1, dist="gompertz") ; r2
```

```
Call:
flexsurvreg(formula = Surv(TIME, DV) ~ SEX, data = d1, dist = "gompertz")

Estimates:
      data    mean  est       L95%      U95%      se        exp(est)  L95%      U95%
shape         NA    0.02868   0.01781   0.03956   0.00555        NA        NA        NA
rate          NA    0.00422   0.00204   0.00874   0.00157        NA        NA        NA
SEX   0.48000       0.35980   -0.21074  0.93033   0.29109   1.43304   0.80999   2.53535

N = 50,  Events: 48,  Censored: 2
Total time at risk: 2755
Log-likelihood = -228.9019, df = 3
AIC = 463.8038
```

만약 성별에 따라 별도로 그리고 싶다면 다음과 같이 할 수 있다.

```
par(mfrow=c(1, 2))
plot(r2, newdata=d1[d1$SEX==0, ], main="SEX=0", xlab="Time", ylab="Survival Probability")
plot(r2, newdata=d1[d1$SEX==1, ], main="SEX=1", xlab="Time", ylab="Survival Probability")
```

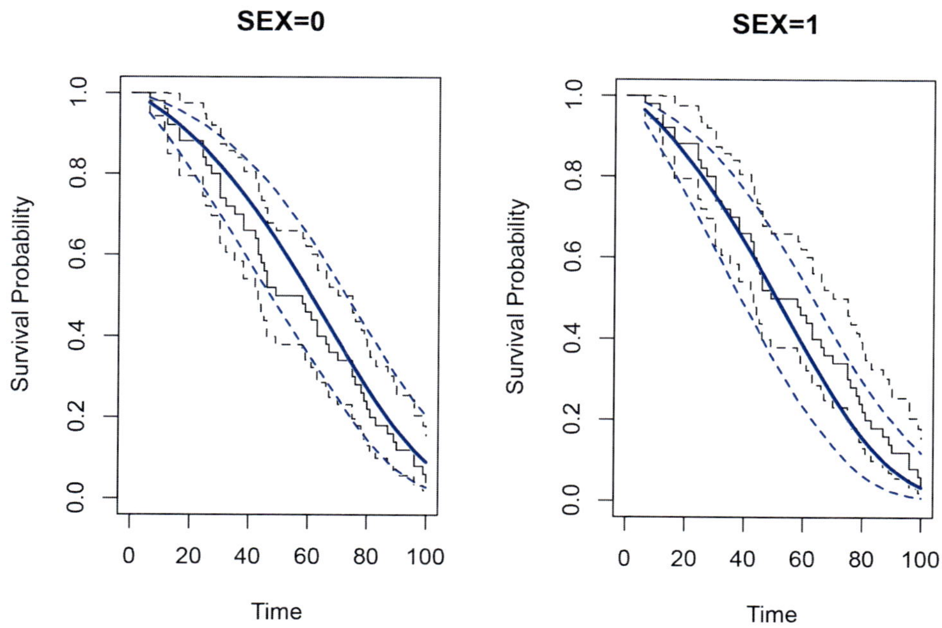


**[그림 13.4]** Separate plot by sex

# 연습문제

1 NEJM 2022;386(15): 1397-1408에 paxlovid의 3상 임상시험 결과가 실려 있다. 이것과 유사한 결과를 낼 수 있도록 자료를 인공적으로 만들었다. 다음과 같이 자료를 load하여 다음 분석을 실시하시오. 다음의 분석은 survival package와 본문의 user-defined function을 사용하시오.

```
d1 = read.csv("http://r.acr.kr/MFDS/Paxlovid.csv") # survfit, survdiff, coxph, Cox
d2 = read.csv("http://r.acr.kr/MFDS/pax0.csv") # RDsurv
```

1) Kaplan-Meier table을 구하고 그것을 plot하시오.

2) 두 군 간의 치료실패율의 차이와 그에 대한 95% 신뢰구간을 구하시오.

3) Cox proportional hazard model을 이용하여 분석하시오.

2 R survival package의 aml 자료를 이용하여 위의 분석을 실시하시오.

# 14 선형 혼합 효과 모형

14.1 이론(Theory)

14.2 자료 설명

14.3 Standard Two-Stage Method

14.4 Estimation with nlme::lme

14.5 Estimation with Custom Objective Function

14.6 맺음말

14.7 참고문헌

❐ 연습문제

# 14 선형 혼합 효과 모형(Linear Mixed Effects Model)

지금까지는 설명변수들의 계수(coefficient)가 고정된(fixed) 경우(이를 모수인 경우라고도 한다)만 다루었다. 이제 설명변수 쪽에 잔차를 설명하는 확률변수($\epsilon$)뿐 아니라, 개체(subject) 간의 차이(또는 block 간의 차이)를 고정된 숫자뿐 아니라 확률변수를 추가하여 설명하는 모형을 생각해 보자. 이 추가된 부분을 무작위 효과(random effect) 또는 변량효과라고 한다.

## 14.1 이론(Theory)

모형을 다음과 같이 세워 보자.

$$Y = X\beta + Zu + \epsilon$$

$Y$: random variable for observation

$X$: design matrix for fixed effects

$\beta$: coefficient constants

$Z$: design matrix for random effects

$u$: random variable for inter-subject, inter-block random effects, $u \sim MVN(\vec{0}, G)$

Best G for reality is unstructured variance-covariance matrix.

$\epsilon$: random variable for residual random effects, $\epsilon \sim MVN(\vec{0}, R)$

The simplest R is $\sigma^2 I$.

Y는 관찰값을 설명하려고 도입한 확률변수이다. 즉, 확률변수의 현실화된 값(realized value)이 관측값이다.

X는 앞 장에서의 설계행렬(design matrix) 또는 모형행렬(model matrix)이다.

$\beta$는 앞 장에서와 같은 의미이다.

그런데 이제 여기에 Zu가 붙어 있다. 여기에서 u가 확률변수이고, Z는 또 다른 설계행렬이다.

설계행렬 X에 붙는 $\beta$에 모두 random variable (u)을 붙인다면 Z 행렬은 X 행렬과 같다.

다른 경우는 intercept($\beta_0$)에만 확률변수가 붙을 수도 있고(이를 random intercept model이라 한다.), slope($\beta_1$ 이후)에만 확률변수가 붙을 수도 있다(이를 random slope model이라 한다).

Random intercept만 있거나, random slope만 있는 경우에는 거기에 맞추어 Z는 X보다 단순화된다.

이제 Y라는 확률변수는 marginal expectation(주변 기대값)과 conditional expectation (조건부 기대값)을 가지게 된다. marginal expectation이란 expectation operation 내의 모든 확률변수를 없애 버린 것(integration out)이고, conditional expectation은 확률변수 (u)가 어떤 현실화된 값(realized value)을 가진 경우에 그에 따른 Y의 expection(기대값)이다. 이 realized value는 Empirical Bayes Estimate(EBE), Maximum A Posteriori(MAP)로 불리기도 한다. 뒤에 나올 NONMEM에서는 posthoc eta라고도 한다.

분산의 경우에도 마찬가지이다.

아래의 첫 두 줄은 marginal expectation과 marginal variance이며, 마지막 두 줄은 확률변수 u가 어떤 현실화된 값을 가진 경우 그에 따른 (conditional) expectation과 variance가 된다.

$$E(Y) = X\beta$$
$$V(Y) = ZGZ^T + R = V$$
$$E(Y|u) = X\beta + Zu$$
$$V(Y|u) = R$$

위의 계산 유도는 앞의 확률변수 연산 규칙을 위의 모형에 적용하면 바로 나온다. 또한 위의 G(확률변수 u의 분산-공분산 행렬), R(Y의 conditional variance-covariance matrix),

V(Y의 marginal variance-covariance matrix) 등의 기호들은 SAS의 관례를 따랐으며, 뒤에서도 계속 사용하므로 잘 기억해 두어야 한다.

뒤에 나올 NONMEM에서는 $\beta$를 $\theta$로, 확률변수 u를 $\eta$로, G matrix를 omega matrix라 표기한다.

## 14.2 자료 설명

nlme package 내에는 `Orthodont`라는 자료가 있다. 남자 16명, 여자 11명에 대해 8세부터 2년 간격으로 pituitary fossa와 pterygomaxillary fissure의 거리를 mm 단위로 측정한 것이다.

Plot을 해 보면 성장함에 따라 거리가 멀어지고 있음을 알 수 있다. 그런데 사람마다 초기값(intercept)이 다르고, 자라는 속도(slope)가 다름을 알 수 있다.

```
require(nlme)
```

```
plot(Orthodont)
```

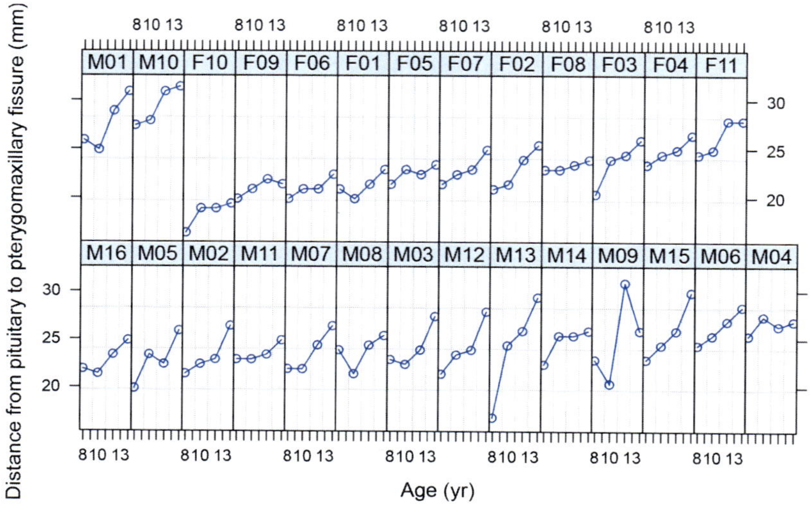


**[그림 14.1]** Lattice plot of the Orthodont data

```
is(Orthodont) # nfnGroupedData
```

```
[1] "nfnGroupedData"
```

```
IDs = unique(Orthodont$Subject)
nID = length(IDs)
```

`is` 함수를 이용하여 정체를 봤더니 nfnGroupedData로 nlme에서 정의한 자료 형태이다. 이 형태의 자료는 `plot` 함수에 의해 자동으로 lattice graphic으로 그려진다.

## 14.3 Standard Two-Stage Method

한 사람당 4 points의 측정값이 있으므로 두 개의 parameter(intercept 하나, slope 하나)가 필요한 단순 선형 회귀를 개인별로 할 수 있다. 이런 방식으로 개인별로 fitting(또는 estimation)한 후, 그 $\beta$들의 분포(평균과 분산)를 구하는 방식을 standard two-stage method라고 한다.

다음은 `nlme::lmList` 함수를 사용하지 않고 구하는 방법을 먼저 보여 준다.

```
Res = data.frame(ID=IDs, Intercept=NA, age=NA)
for (i in 1:nID) {
  Res[i, 2:3] = lm(distance~age, Orthodont[Orthodont$Subject==IDs[i], ])$coefficients
}
Res
```

```
    ID  Intercept    age
 1  M01     17.30  0.950
 2  M02     14.85  0.775
 3  M03     16.00  0.750
 4  M04     24.70  0.175
 5  M05     13.65  0.850
 6  M06     18.95  0.675
 7  M07     14.95  0.800
 8  M08     19.75  0.375
 9  M09     14.40  0.975
10  M10     21.25  0.750
11  M11     20.05  0.325
12  M12     13.25  1.000
13  M13      2.80  1.950
14  M14     19.10  0.525
15  M15     13.50  1.125
16  M16     16.95  0.550
17  F01     17.25  0.375
18  F02     14.20  0.800
19  F03     14.40  0.850
20  F04     19.65  0.475
```

```
21    F05    19.60   0.275
22    F06    17.00   0.375
23    F07    16.95   0.550
24    F08    21.45   0.175
25    F09    18.10   0.275
26    F10    13.55   0.450
27    F11    18.95   0.675
```

```
colMeans(Res[,2:3])
```

```
 Intercept         age
16.7611111   0.6601852
```

```
cov(Res[,2:3])
```

```
           Intercept        age
 Intercept  16.227179 -1.2649733
       age -1.2649733  0.1370798
```

```
cor(Res[,2:3])[2,1]
```

```
[1] -0.8481509
```

여기서 $\beta$들의 population mean vector, variance-covariance matrix, correlation matrix에 대한 confidence interval은 어떻게 구할지 고민해 보자.

nlme에는 `lmList` 함수가 있어서 nfnGroupedData를 간편하게 분석할 수 있게 해 준다.

```
lmList(distance ~ age, Orthodont)
```

위 `lmList` 함수는 data object의 type에 따라 원하는 결과를 못 얻을 수 있으므로 사용 시 주의가 필요하다.

## 14.4 Estimation with nlme::lme

nlme package에서 linear mixed effects model을 분석할 수 있게 해 주는 함수는 `lme` 함수이다. `lme` 함수의 default 추정 방법은 Restricted Maximum Likelihood(REML) 방법이지만, 그냥 Maximum Likelihood(ML) 방법이 더 간단한 것이므로 먼저 설명한다.

### 14.4.1. ML Estimation with nlme::lme

`lme` 함수로 ML 추정을 하려면 `method="ML"` 옵션을 추가해 주어야 한다(REML을 하려면 없어도 된다).

`lme`의 결과를 `Orth.ML`이라고 이름 붙인 object로 저장하고 `summary` 함수로 결과를 보면 다음과 같다.

```
Orth.ML = lme(distance~age, random=~age|Subject, data=Orthodont, method="ML")
summary(Orth.ML)
```

```
Linear mixed-effects model fit by maximum likelihood
  Data: Orthodont
       AIC       BIC    logLik
  451.2116  467.3044 -219.6058

Random effects:
 Formula: ~age | Subject
 Structure: General positive-definite, Log-Cholesky parametrization
              StdDev    Corr
 (Intercept)  2.1940966 (Intr)
```

```
 age            0.2149244  -0.581
 Residual       1.3100399

Fixed effects: distance ~ age
                 Value  Std.Error  DF   t-value  p-value
(Intercept)  16.761111  0.7678975  80  21.827278        0
age           0.660185  0.0705779  80   9.353997        0
Correlation:
    (Intr)
age -0.848

standardized Within-Group Residuals:
         Min           Q1          Med           Q3          Max
 -3.305969305 -0.487429621  0.007597971  0.482237071  3.922789749

Number of Observations: 108
Number of Groups: 27
```

위에서 먼저 AIC, BIC, logLik와 같이 minimization 결과로 objective function 관련 값들이 어떻게 나왔는지 보여 준다.

그다음은 어떤 random effect 모형을 사용했으며(random intercept와 random slope가 모두 있는 모형이다.), G matrix의 구조가 어떠한지 알려 준다(지정하지 않았으므로 가장 일반적인 general positive-definite matrix가 된다).

fixed effect의 결과는 `lm`의 결과와 유사한데, $\beta$ 추정값(estimate)의 correlation도 보여 준다.

그 다음 standardized residual의 five number를 보여 준다.

마지막으로 관측값 개수(여기서는 108개)와 group 개수(여기서는 사람 수 27명)를 보여 준다.

다음의 함수로 신뢰구간을 볼 수 있다.

```
intervals(Orth.ML)
```

```
Approximate 95% confidence intervals

Fixed effects:
                 lower        est.     est.upper
(Intercept)  15.2471623  16.7611111  18.275060
age           0.5210373   0.6601852   0.799333

Random Effects:
  Level: Subject
                            lower        est.       upper
sd((Intercept))        0.83405072   2.1940996   5.7719191
sd(age)                0.09262286   0.2149244   0.4987162
cor((Intercept),age)  -0.94284432  -0.5814877   0.4083670

Within-group standard error:
   lower      est.     upper
1.084786  1.310040  1.582068
```

fixed effect($\beta$ 추정값)뿐 아니라 random effect(G matrix 추정값)의 신뢰구간을 보여 준다. fixed effect의 신뢰구간은 거의 항상 나오지만, random effect의 신뢰구간은 경우에 따라 구하지 못할 때도 있다.

마지막으로 G matrix 추정값들의 hessian matrix는 다음과 같이 볼 수 있다.

```
solve(Orth.ML$apVar) # hessian matrix for random effects estimates
```

```
                   reStruct.Subject1 reStruct.Subject2 reStruct.Subject3    lSigma
reStruct.Subject1          18.151065          1.597546         7.2418501 8.3681397
reStruct.Subject2           1.597546         27.740842         9.8850963 6.8305611
```

```
reStruct.Subject3           7.241850        9.885096        6.9565436    0.6196145
lSigma                      8.368140        6.830561        0.6196145  136.5142266
```

위 결과에서 re가 붙은 것은 random effect의 약어이며, Sigma 앞의 소문자 l은 log의 약어이다. 목적함수(주로 −log likelihood 함수 또는 그것의 변형)를 minimization하기 위해서는 변수 변환(transformation)을 하여야 하는데(이를 reparametrization이라고도 부른다), 이러한 변환을 하는 방법에는 여러 가지가 있으며, nlme는 sigma의 경우 log 변환을 한다.

SAS의 경우에는 G, R, V matrix를 간단한 옵션으로 보여 주지만, nlme에서는 getVarCov 함수를 이용해서 봐야 한다. 이때 type 옵션을 적절히 지정해 주면 된다.

```
getVarCov(Orth.ML, type="random.effects")     # G matrix, var-cov of random effect
```

```
 Random effects variance covariance matrix
              (Intercept)         age
(Intercept)        4.81410   -0.274210
age               -0.27421    0.046193
  Standard Deviations: 2.1941 0.21492
```

```
getVarCov(Orth.ML, type="conditional")    # R matrix, conditional var-cov of Y
```

```
Subject M01
Conditional variance covariance matrix

        1       2       3       4
1  1.7162  0.0000  0.0000  0.0000
2  0.0000  1.7162  0.0000  0.0000
3  0.0000  0.0000  1.7162  0.0000
4  0.0000  0.0000  0.0000  1.7162

  Standard Deviations: 1.31 1.31 1.31 1.31
```

```
getVarCov(Orth.ML, type="marginal")        # V matrix, marginal var-cov of Y
```

```
Subject M01
Marginal variance covariance matrix
       1      2      3      4
1 5.0992 3.5737 3.7644 3.9550
2 3.5737 5.6653 4.3246 4.7000
3 3.7644 4.3246 6.6010 5.4450
4 3.9550 4.7000 5.4450 7.9061
  Standard Deviations: 2.2582 2.3802 2.5692 2.8118
```

VarCorr 함수를 이용하여 G matrix의 correlation 값을 볼 수도 있다.

```
VarCorr(Orth.ML)                                # Correlation of G matrix
```

```
Subject = pdLogChol(age)
            Variance   StdDev    Corr
(Intercept) 4.81407327 2.1940996 (Intr)
age         0.04619252 0.2149244 -0.581
Residual    1.71620466 1.3100399
```

추정하는 과정에서 $\beta$값이 산출되며, 확률변수 u의 현실화된 값(realized value, EBE, MAP)도 나온다.

추정된 $\beta$값은 fixef 함수로 볼 수 있고, u의 현실화된 값(realized value)은 ranef 함수로 볼 수 있다.

```
fixef(Orth.ML)
```

```
(Intercept)          age
  16.7611111   0.6601852
```

```
ranef(Orth.ML)[IDs, ]
```

```
      (Intercept)          age
M01     1.0712996  0.212833572
M02    -0.6819769  0.010649777
M03    -0.1513173  0.033776865
M04     2.8105092 -0.049757544
M05    -1.1022642  0.019284244
M06     1.1802856  0.085821300
M07    -0.5616968  0.030864762
M08     0.7784275 -0.087411200
M09    -0.3706756  0.129027582
M10     2.5826295  0.215813570
M11     0.7982431 -0.110504341
M12    -0.9013352  0.105900494
M13    -3.7514030  0.379970285
M14     0.8491686 -0.009463365
M15    -0.4301225  0.198307003
M16    -0.2022428 -0.067264111
F01    -0.5234520 -0.174095346
F02    -0.9522607  0.004859518
F03    -0.7117004  0.045289488
F04     0.9991722 -0.023888091
F05     0.4274949 -0.159602725
F06    -0.6536399 -0.182763760
F07    -0.2022428 -0.067264111
```

```
F08        1.1180659    -0.162446933
F09       -0.3536328    -0.211613212
F10       -2.2456187    -0.252145024
F11        1.1802856     0.085821300
```

개인별 intercept와 slope는 위의 `fixef`와 `ranef`의 조합(여기서는 덧셈)으로 알 수 있는데, `coef` 함수로 볼 수 있다. 그리고 개인별 intercept와 slope를 이용하여 fitted 그래프를 그리자면 `augPred` 함수를 사용한 뒤 그래프를 그리면 된다.

```
plot(augPred(Orth.ML))
```

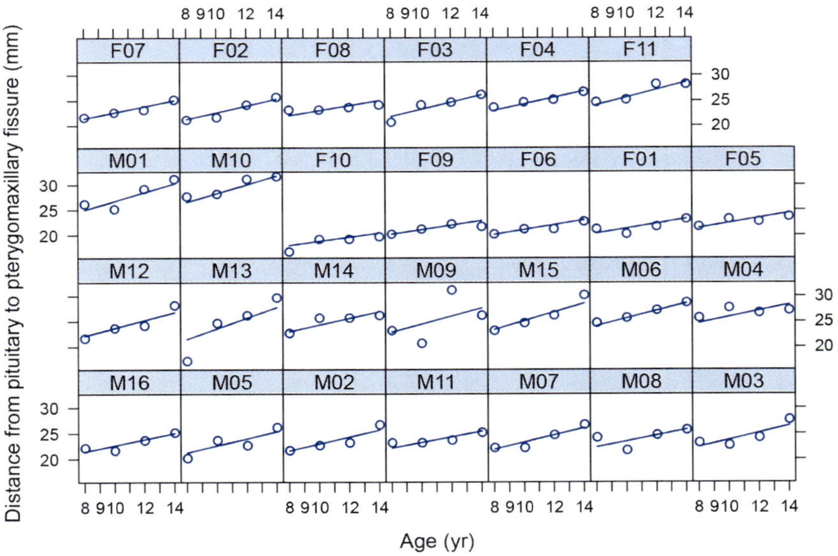


**[그림 14.2]** Augmented(Individual) prediction plot by ML estimation

```
coef(Orth.ML)[IDs, ]
```

```
      (Intercept)       age
M01      17.83241 0.8730188
M02      16.07913 0.6708350
```

```
M03      16.60979   0.6939621
M04      19.57162   0.6104276
M05      15.65885   0.6794694
M06      17.94140   0.7460065
M07      16.19941   0.6910499
M08      17.53954   0.5727740
M09      16.39044   0.7892128
M10      19.34374   0.8759988
M11      17.55935   0.5496808
M12      15.85978   0.7660857
M13      13.00971   1.0401555
M14      17.61028   0.6507218
M15      16.33099   0.8584922
M16      16.55887   0.5929211
F01      16.23766   0.4860898
F02      15.80885   0.6650447
F03      16.04941   0.7054747
F04      17.76028   0.6362971
F05      17.18861   0.5005825
F06      16.10747   0.4774214
F07      16.55887   0.5929211
F08      17.87918   0.4977383
F09      16.40748   0.4485720
F10      14.51549   0.4080402
F11      17.94140   0.7460065
```

이 그림이나 개인별 intercept와 slope는 standard two-stage 때와 유사하지만, 다르다. 어떤 것이 더 진실에 가까울지는 경우에 따라 다르므로 자료를 분석하는 연구자는 심사숙고해야 한다. 다만 standard two-stage method에 비해 mixed effects model이 추정한 parameter 개수는 훨씬 적다고 본다. 계산하자면 standard two-stage에서는 한 사람당 2개씩 27명에 대해 추정하였으므로 54개의 fixed effect parameter를 추정하였으며 (그 만큼의 자유도 감소가 일어났다. 단, 이 경우 분산 추정은 $\beta$ 추정 뒤에 일의적으로 결정되는 것으로 자유도를 감소시키지 않는다.), mixed effects model에서는 $\beta$ 2개와 G matrix의 원소 3개와 R matrix의 원소 1개를 추정하였으므로 fixed effect parameter 2개와 random effect parameter 4개를 추정한 것이고, 총 6개를 추정한 것이다. (추정된 EBE는 앞의 6개 parameter가 정해지면 역시 일의적으로 결정되는 것이어서 자유도를 감소시키지 않는다.) 그런데 대부분의 경우 더 정확히 추정해야 하는 것은 fixed effect ($\beta$)이며, random effect (G matrix)는 fixed effect를 더 잘 추정하는 데 도움이 된다면 자신의 유의성 여부(신뢰구간이 0을 포함하는지 여부)와 상관없이 추가하는 것이 바람직하다고 본다.

## 14.4.2. REML Estimation with nlme::lme

REML의 경우에는 분산의 크기가 과소 추정되는 것을 방지하기 위해서 objective function만 더 복잡하게 되었는데, fixed effect ($\beta$)의 추정값은 동일하고, 분산 term들의 추정값이 조금씩 더 크게 되었다.

아래에서 `method="REML"`은 생략 가능하며, 나머지 함수들의 사용법과 해석 방법은 동일하다.

```
Orth.REML = lme(distance~age, random=~age|Subject, data=Orthodont, method="REML")
summary(Orth.REML)
```

```
Linear mixed-effects model fit by REML
  Data: Orthodont
        AIC       BIC    logLik
   454.6367  470.6173 -221.3183

Random effects:
  Formula: ~age | Subject
  Structure: General positive-definite, Log-Cholesky parametrization
```

```
                StdDev      Corr
(Intercept)     2.3270341   (Intr)
age             0.2264278   -0.609
Residual        1.3100397

Fixed effects:  distance ~ age

                StdDev      Corr       DF   t-value   p-value
(Intercept)     16.761111   0.7752460  80   21.620377       0
age              0.660185   0.0712533  80    9.265333       0

Correlation:
   (Intr)
age -0.848

standardized Within-Group Residuals:

          Min            Q1           Med            Q3           Max
 -3.223106060  -0.493761143   0.007316631   0.472151118   3.916033216

Number of Observations: 108

Number of Groups: 27
```

```
intervals(Orth.REML)
```

```
Approximate 95% confidence intervals

 Fixed effects:
                  lower        est.     est.upper
(Intercept)  15.2183224  16.7611111    18.3038999
age           0.5183867   0.6601852     0.8019837

Random Effects:
  Level: Subject
```

```
                          lower       est.      upper
sd((Intercept))       0.9485605  2.3270341  5.7087424
sd(age)               0.1025090  0.2264278  0.5001467
cor((Intercept),age) -0.9382505 -0.6093329  0.2981686

Within-group standard error:
   lower     est.    upper
1.084977 1.310040 1.581788
```

```
solve(Orth.REML$apVar) # Hessian matrix for random effects estimates
```

```
                  reStruct.Subject1 reStruct.Subject2 reStruct.Subject3       lSigma
reStruct.Subject1        19.3769133         0.2681486         7.1856664    8.3494422
reStruct.Subject2         0.2681486        28.4894419         9.6908977    6.7147935
reStruct.Subject3         7.1856664         9.6908977         7.0001137    0.5879244
lSigma                    8.3494422         6.7147935         0.5879244  133.4748628
```

```
getVarCov(Orth.REML, type="random.effects")     # G matrix
```

```
Random effects variance covariance matrix
            (Intercept)      age
(Intercept)     5.41510 -0.32106
age            -0.32106  0.05127
Standard Deviations: 2.327 0.22643
```

```
getVarCov(Orth.REML, type="conditional")      # R matrix
```

```
Subject M01
Conditional variance covariance matrix
       1       2       3       4
```

```
1 1.7162 0.0000 0.0000 0.0000
2 0.0000 1.7162 0.0000 0.0000
3 0.0000 0.0000 1.7162 0.0000
4 0.0000 0.0000 0.0000 1.7162
  Standard Deviations: 1.31 1.31 1.31 1.31
```

```
getVarCov(Orth.REML, type="marginal")          # V matrix
```

```
Subject M01
Marginal variance covariance matrix
       1      2      3      4
1 5.2756 3.7376 3.9158 4.0939
2 3.7376 5.8370 4.5041 4.8874
3 3.9158 4.5041 6.8087 5.6808
4 4.0939 4.8874 5.6808 8.1904
  Standard Deviations: 2.2969 2.416 2.6093 2.8619
```

```
VarCorr(Orth.REML)
```

```
Subject = pdLogChol(age)
            Variance    StdDev    Corr
(Intercept) 5.41508758  2.3270341 (Intr)
age         0.05126955  0.2264278 -0.609
Residual    1.71620400  1.3100397
```

R, V matrix는 개인(subject)별로 다를 수 있다(예를 들어, 측정 횟수가 현재는 개인별로 모두 4개로 동일하지만, 실제 상황에서는 1~4개로 다양할 수 있다. 이 경우 X와 Z matrix는 개인별로 달라진다). 따라서 따로 지정하지 않으면 첫 번째 subject의 R과 V가 출력된다.

```
fixef(Orth.REML)
```

```
(Intercept)         age
 16.7611111   0.6601852
```

```
ranef(Orth.REML)[IDs, ]
```

```
    (Intercept)          age
M01   1.0515830  0.215684556
M02  -0.7275013  0.014507808
M03  -0.1739024  0.035852350
M04   3.0004527 -0.065884768
M05  -1.1766673  0.025600299
M06   1.2176432  0.083191283
M07  -0.6079720  0.034899998
M08   0.8602971 -0.094736217
M09  -0.4443954  0.135908591
M10   2.6532361  0.211146620
M11   0.8904899 -0.118825903
M12  -0.9979943  0.114564049
M13  -4.1295437  0.413668503
M14   0.9043445 -0.014119813
M15  -0.5349736  0.208177648
M16  -0.1877570 -0.068853740
F01  -0.4859593 -0.178209679
F02  -1.0118489  0.009857959
F03  -0.7727904  0.050642337
F04   1.0691629 -0.029862153
F05   0.5168057 -0.167957627
F06  -0.6205849 -0.186557025
F07  -0.1877570 -0.068853740
F08   1.2503194 -0.174400268
```

```
F09    -0.2909481   -0.218041704
F10    -2.2813817   -0.250590650
F11     1.2176432    0.083191283
```

```
plot(augPred(Orth.REML))
```

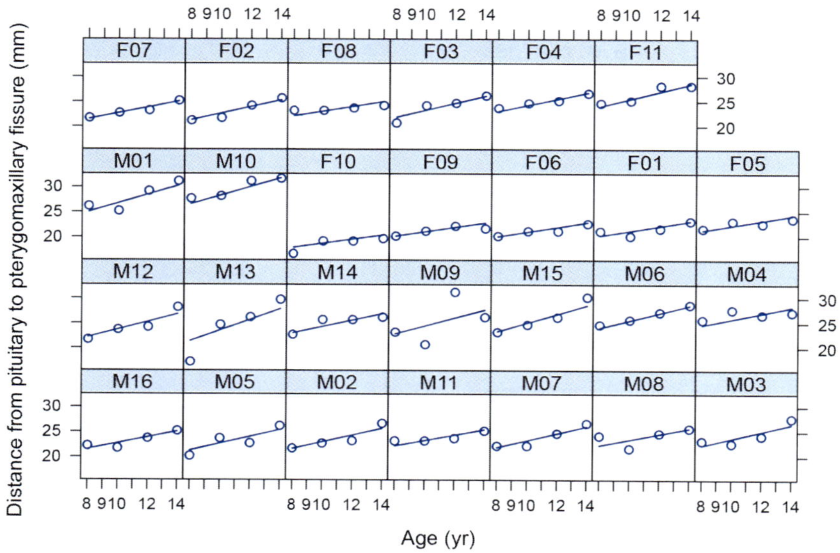


**[그림 14.3]** Augmented(Individual) prediction plot by REML estimation

```
coef(Orth.REML)[IDs, ]
```

```
      (Intercept)       age
M01      17.81269 0.8758697
M02      16.03361 0.6746930
M03      16.58721 0.6960375
M04      19.76156 0.5943004
M05      15.58444 0.6857855
M06      17.97875 0.7433765
M07      16.15314 0.6950852
```

```
M08        17.62141   0.5654490
M09        16.31672   0.7960938
M10        19.41435   0.8713318
M11        17.65160   0.5413593
M12        15.76312   0.7747492
M13        12.63157   1.0738537
M14        17.66546   0.6460654
M15        16.22614   0.8683628
M16        16.57335   0.5913314
F01        16.27515   0.4819755
F02        15.74926   0.6700431
F03        15.98832   0.7108275
F04        17.83027   0.6303230
F05        17.27792   0.4922276
F06        16.14053   0.4736282
F07        16.57335   0.5913314
F08        18.01143   0.4857849
F09        16.47016   0.4421435
F10        14.47973   0.4095945
F11        17.97875   0.7433765
```

여기까지의 사용법이나 해석 방법은 ML 방법 때와 동일하다.

### 14.4.3. SAS Type 3 Tests of Fixed Effects

SAS 결과에는 Type 3 tests of fixed effects 부분이 나오지만, nlme에서는 나오지 않는다.

만약 SAS와 같은 Type 3 test 결과를 보고 싶으면 다음과 같이 sasLM package의 함수를 사용한다. 일반적으로 많이 사용하는 `anova`, `aov`, `car::Anova` 함수로는 동일한 결과가 나오지 않는 경우가 많다.

```
require(sasLM)
T3test(distance ~ age + Subject + age:Subject, Orthodont, "age:Subject")
```

```
$age
Error: 1*age:Subject + 1.1e-12*MSE
        Df   Sum Sq   Mean Sq   F value      Pr(|z|)
age      1  235.356   235.356    85.846    1.013e-09 ***
Error   26   71.281     2.742
---
Signif. codes:   0 '***' 0.001 '**' 0.01 '*' 0.05 '.' 0.1 ' ' 1

$`The Rest Terms`
              Df     Sum Sq    Mean Sq    F value   Pr(>F)
    Subject   26     66.969     2.5757     1.5008   0.10395
age:Subject   26     71.281     2.7416     1.5975   0.07345
  RESIDUALS   54     92.675     1.7162
---
Signif. codes:   0 '***' 0.001 '**' 0.01 '*' 0.05 '.' 0.1 ' ' 1
```

위에서 마지막 옵션은 그 term을 분모로 하여 테스트할 수 있는 것은 그렇게 하라는 것이다.

```
aov3(distance ~ age + Subject + age:Subject, Orthodont)
```

```
Response : distance
                    Df   Sum Sq   Mean Sq    F value        Pr(>F)
MODEL               53   825.02    15.566     9.0702    6.573e-14 ***
age                  1   235.36   235.356   137.1376    2.220e-16 ***
Subject             26    66.97     2.576     1.5008      0.10395
age:Subject         26    71.28     2.742     1.5975      0.07345 .
RESIDUALS           54    92.67     1.716
CORRECTED TOTAL    107   917.69
---
```

```
Signif. codes:    0 '***' 0.001 '**' 0.01 '*' 0.05 '.' 0.1 ' ' 1
```

다음은 R 내장 함수인 anova와 aov를 사용한 결과이다.

```
anova(Orth.ML)
```

```
             numDF    denDF     F-value    p-value
(Intercept)      1       80   3156.0380     <.0001
age              1       80     87.4973     <.0001
```

```
anova(Orth.REML)
```

```
             numDF    denDF     F-value    p-value
(Intercept)      1       80   3096.4871     <.0001
age              1       80     85.8464     <.0001
```

```
summary(aov(distance ~ age + Error(age:Subject), Orthodont))
```

```
Error: age:Subject
            Df    Sum Sq    Mean Sq    F value      Pr(>F)
age          1     235.4      235.4      11.71     0.00207 **
Residuals   26     522.7       20.1     1.5008     0.10395
---
Signif. codes:    0 '***' 0.001 '**' 0.01 '*' 0.05 '.' 0.1 ' ' 1

Error: Within
            Df    Sum Sq    Mean Sq    F value      Pr(>F)
Residuals   80     159.6      1.996
```

```
summary(aov(distance ~ age + Subject + Error(age:Subject), Orthodont))
```

```
Error: age:Subject
          Df  Sum Sq  Mean Sq
age        1   235.4    235.4
Subject   26   522.7     20.1

Error: Within
          Df  Sum Sq  Mean Sq  F value  Pr(>F)
Subject   26   66.97    2.576    1.501   0.104
Residuals 54   92.67    1.716
```

car::Anova 함수도 별로 만족스럽지 못하다.

```
require(car)
options(contrasts = c("contr.sum", "contr.poly"))
Anova(Orth.ML, type=3, test.statistic="F", singular.ok=TRUE)
```

```
Analysis of Deviance Table (Type III tests)

Response: distance
              Chisq  Df Pr(>Chisq)
(Intercept) 485.419   1  < 2.2e-16 ***
age          89.148   1  < 2.2e-16 ***
---
Signif. codes:   0 '***' 0.001 '**' 0.01 '*' 0.05 '.' 0.1 ' ' 1
```

```
Anova(Orth.REML, type=3, test.statistic="F", singular.ok=TRUE)
```

```
Analysis of Deviance Table (Type III tests)
```

```
Response: distance

               Chisq   Df Pr(>Chisq)
(Intercept)  467.441    1  < 2.2e-16 ***
age           85.846    1  < 2.2e-16 ***
---
Signif. codes:    0 '***' 0.001 '**' 0.01 '*' 0.05 '.' 0.1 ' ' 1
```

```
options(contrasts = c("contr.sum", "contr.poly"))
r1 = lm(distance ~ age + Subject + age:Subject, Orthodont)
Anova(r1, type=3, test.statistic="F", singular.ok=TRUE)
```

```
Anova Table (Type III tests)

Response: distance

              Sum Sq  Df   F value    Pr(>F)
(Intercept)  1204.01   1  701.5522   < 2e-16 ***
age           235.36   1  137.1376   < 2e-16 ***
Subject        66.97  26    1.5008   0.10395
age:Subject    71.28  26    1.5975   0.07345   .
Residuals      92.67  54
---
Signif. codes:  0 '***' 0.001 '**' 0.01 '*' 0.05 '.' 0.1 ' ' 1
```

## 14.5 Estimation with Custom Objective Function

이제 사용자가 만든 objective function을 이용하여 추정을 하면 다음과 같다.

## 14.5.1. Estimation with Custom ML Objective Function

ML 방법이 조금 더 간단하므로 먼저 제시한다.

### 14.5.1.1. Initialization

먼저 자료를 적합한 형태로 준비한다.

```
nRec = nrow(Orthodont)
IDs = unique(Orthodont$Subject) ; IDs
```

```
 [1] M01 M02 M03 M04 M05 M06 M07 M08 M09 M10 M11 M12 M13 M14 M15 M16  F01 F02 F03 F04 F05
[22] F06 F07 F08 F09 F10 F11
27 Levels: M16 < M05 < M02 < M11 < M07 < M08 < M03 < M12 < M13 < M14 < M09 < ... < F11
```

```
nID = length(IDs) ; nID
```

```
[1] 27
```

### 14.5.1.2. Design matrices

설계행렬은 다음과 같이 구할 수 있다.

```
Y = Orthodont[,"distance"]
X = model.matrix(distance ~ age, Orthodont)
Z = X
head(X)
```

```
  (Intercept) age
1           1   8
2           1  10
3           1  12
```

```
4           1  14
5           1   8
6           1  10
```

```
tail(X)
```

```
    (Intercept) age
103           1  12
104           1  14
105           1   8
106           1  10
107           1  12
108           1  14
```

```
nParF = ncol(X)          # number of beta parameters for fixed effect
nEta = ncol(Z)           # 3 Omega (G matrix)
nEps = 1                 # 1 Sigma (R matrix)
nParR = nEta*(nEta + 1)/2 + nEps # number of parameters for random effects
nParA = nParF + nParR    # number of all parameters
```

AIC, BIC 등을 구하기 위해 parameter 개수를 count하였다. 그런데 이 방식이 SAS와 nlme가 일부 다르다.

#### 14.5.1.3. Record indices

먼저 계산의 편의를 위해 각 subject별 dataset을 list를 이용하여 구분하여 준다. 또한 개인별 V matrix와 inverse V matrix를 저장할 공간을 미리 마련해 두었다.

```
ind = list()
Vi = list()
iVi = list()
iRec = vector(length=nID)
for (i in 1:nID) {
  ind[[i]] = Orthodont$Subject == IDs[i]
  iRec[i] = sum(ind[[i]])
  Vi[[i]] = matrix(NA, nrow=iRec[i], ncol=iRec[i])
  iVi[[i]] = matrix(NA, nrow=iRec[i], ncol=iRec[i])
}
```

#### 14.5.1.4. Matrix for EBE (bi)

개인별 realized u를 저장할 공간을 bi라는 이름의 matrix로 준비해 둔다. 한 사람당 한 행을 차지한다.

```
bi = matrix(nrow=nID, ncol=ncol(Z))
rownames(bi) = IDs
```

#### 14.5.1.5. Vector for individual OFV

개인별 목적함수 값(Objective Function Value, OFV)를 저장할 vector도 마련해 둔다.

```
Oi = rep(NA, nID)
```

전체 objective function value (total OFV)는 이 개인별 OFV의 단순 합이다.

#### 14.5.1.6. Custom objective function for ML

다음은 R로 작성한 ML method용 objective function이다. 수식을 참조한 reference는 source code 내에 포함되어 있다(수식 포함 예정).

```
ObjML = function(TH)
{
  eTH = exp(TH)
  rho = (eTH[3] - 1)/(eTH[3] + 1)
  Cov = rho*eTH[1]*eTH[2]
  OM = matrix(c(eTH[1]*eTH[1], Cov, Cov, eTH[2]*eTH[2]), nrow=2)
  SG = eTH[4]*eTH[4]              # R matrix

  for (i in 1:nID) {
    Zi = Z[ind[[i]],]
    Vi[[i]] <<- Zi %*% OM %*% t(Zi) + diag(SG, nrow=iRec[i])
    iVi[[i]] <<- solve(Vi[[i]])
  }

  S1 = matrix(rep(0, 4), nrow=2)
  S2 = matrix(rep(0, 2), nrow=2)
  for (i in 1:nID) {
    XiV = t(X[ind[[i]],]) %*% iVi[[i]]
    S1 = S1 + XiV %*% X[ind[[i]],]
    S2 = S2 + XiV %*% Y[ind[[i]]]
  }
  FIM <<- S1                      # Davidian p78 eq 3.15
  Beta <<- solve(S1) %*% S2       # Davidian p78 eq 3.13, Bonate 2e p195 eq 35

  for (i in 1:nID) {
    qi = Y[ind[[i]]] - X[ind[[i]],] %*% Beta
    iVq = iVi[[i]] %*% qi
    bi[i,] <<- OM %*% t(Z[ind[[i]],]) %*% iVq
    # Linear Mixed-Effects Models Using R p253 or Bonate p195 or Davidian p78
    Oi[i] <<- determinant(Vi[[i]], logarithm=TRUE)$modulus[[1]] + t(qi) %*% iVq
  }
  OFV = (nRec*log(2*pi) + sum(Oi))/2 # minus Loglikelihood
  return(OFV)
}
```

위 함수의 첫 5줄은 transformation (reparametrization)을 위한 것인데, nlme와 동일한 결과를 쉽게 얻기 위해 동일한 변환 방법을 사용했다. 변환 방법에 대한 좀 더 자세한 설명이 필요하면 Bates의 책을 참고한다.

특이한 점은 `ObjML` 함수의 argument인 `TH`에는 G matrix와 sigma만 들어 있다. 또한 G matrix는 개개의 요소가 그대로 있는 것이 아니고, 공분산 대신 상관계수로 parametrization 되어 있다. $\beta$는 도중에 행렬 계산으로 바로 계산한다.

minimization에는 불필요하지만 total OFV가 온전한 −log likelihood가 되도록 `nRec*log(2*pi)`가 더해져 있고, 2로도 나누어져 있다.

### 14.5.1.7. Minimization using optim

앞의 목적함수를 최적화(최소화)하는 데는 `optim` 함수가 편리하다.

```
t1 = Sys.time()
r1 = optim(c(0.1, 0.1, 0.1, 0.1), ObjML, method="L-BFGS-B", hessian=T)
Sys.time() - t1
```

```
Time difference of 0.770117 secs
```

수행에 걸린 시간을 확인하기 위해 `Sys.time()`을 두 번 사용하였다.

### 14.5.1.8. Minimization result

최소화 결과는 다음과 같다.

```
r1 # notice $value as -loglikelihood
```

```
$par
[1]  0.7857364  -1.5374861  -1.3293299  0.2700672

$value
[1] 219.6058
```

```
$counts
function gradient
30       30

$convergence
[1] 0

$message
[1] "CONVERGENCE: REL_REDUCTION_OF_F <= FACTR*EPSMCH"

$hessian
              [,1]        [,2]        [,3]          [,4]
[1,]    18.149266    1.601628   7.2382947     8.3685844
[2,]     1.601628   27.740057   9.8832865     6.8324504
[3,]     7.238295    9.883287   6.9589462     0.6108312
[4,]     8.368584    6.832450   0.6108312   136.5027320
```

먼저 `$par` reparametrization된 상태에서 추정값 4개(G matrix 요소 3개, sigma 1개)가 나온다.

두 번째인 `$value`가 total OFV이다.

`$count`는 iteration 횟수이고, `$convergence`는 minimization 성공 여부를 알려 준다.

`$message`는 minimization을 종료할 때 나온 종료 사유를 나타내는 메시지이다.

더 자세한 설명은 `optim` 함수를 참고한다.

마지막의 `$hessian`이 추정된 parameter(여기서는 G의 요소들과 sigma)의 Hessian으로서 standard error를 구하는 데 유용하게 사용된다.

앞의 `solve(Orth.ML$apVar)`와 거의 같은 값이어야 한다. 동일하지 않은 이유는 minimization algorithm이 nlme와 다르기 때문이다. 이는 비선형 함수의 최적화 과정에서 흔히 보이는 현상이다.

### 14.5.1.9. −2 log likelihood(SAS output)

OFV에 2를 곱해 주면 된다.

```
m2LL = 2*r1$value ; m2LL
```

```
[1] 439.2116
```

ML에서 AIC와 AICc는 SAS나 nlme나 같은 계산 방식을 따른다.

### 14.5.1.10. AIC

```
2*nParA + m2LL                    # nlme style = SAS style for ML
```

```
[1] 451.2116
```

### 14.5.1.11. AICc(SAS output)

```
2*nParA + m2LL + 2*nParA*(nParA + 1)/(nRec - nParA - 1) # nlme = SAS for ML
```

```
[1] 452.0433
```

### 14.5.1.12. BIC

하지만 BIC의 계산 방식이 다음과 같이 조금 다르다.

```
nParA*log(nRec) + m2LL            # nlme style for ML
```

```
[1] 467.3044
```

```
nParA*log(nID) + m2LL             # SAS style for ML
```

```
[1] 458.9866
```

### 14.5.1.13. logLik, log likelihood, log lihood

log likelihood는 OFV의 부호만 바꾸어 주면 된다.

```
-r1$value
```

```
[1] -219.6058
```

### 14.5.1.14. Estimates of random effects

reparametrization된 것을 original scale로 바꾸기 위해서는 objective function 첫 부분의 계산을 역으로 해 주면 된다.

```
SDs = exp(r1$par)[-3] ; SDs
```

```
[1] 2.1940220 0.2149207 1.3100524
```

```
rho = (exp(r1$par)[3] - 1)/(exp(r1$par)[3] + 1) ; rho
```

```
[1] -0.5814595
```

SAS나 NONMEM의 경우에는 variance를 그대로 사용하여 minimization하지만, nlme는 standard deviation(sd, $\sigma$)과 correlation($\rho$) scale에서 계산한다.

### 14.5.1.15. Estimates of fixed effects

$\beta$ 추정값의 신뢰구간을 구하기 위해서는 추정값의 분산(에 대한 추정값)을 알아야 한다.

```
Var1 = solve(FIM)                          # SAS, NONMEM style
Var2 = Var1*nRec/(nRec - qr(X)$rank)       # nlme style
```

그런데 위에서 보는 것과 같이 SAS와 nlme가 다르다. SAS는 ML 이론에 충실하게 추정된 Fisher's Information Matrix(FIM)를 그대로 사용하지만, nlme는 REML과 유사하게

variance의 bias를 correction해서 약간 더 크게 산출한다.

나머지 계산은 단순 선형 회귀 때와 동일하다.

```
SE = sqrt(diag(Var2))                      # Note: This used Var2 not Var1
Df = nRec - qr(X)$rank - (nID - 1)         # Df 80 # nlme
tVal = Beta/SE
fixedPE = cbind(Beta, SE, Df, tVal, 2*(1 - pt(abs(tVal), Df)))
colnames(fixedPE) = c("Value", "Std.Error", "DF", "t-value", "p-value")
fixedPE
```

```
                Value   Std.Error  DF    t-value      p-value
(Intercept) 16.7611111  0.76683287 80  21.857581 0.000000e+00
age          0.6601852  0.07048624 80   9.366157 1.687539e-14
```

```
cov2cor(Var2)[lower.tri(Var2)] # correlation between intercept and age estimates
```

```
[1] -0.8477951
```

### 14.5.1.16. SAS Output

SAS의 경우에는 $\beta$ 추정값의 분산이 조금 다르므로 다음과 같이 계산한다.

```
SE1 = sqrt(diag(Var1))                     # SAS OUTPUT
Df1 = nID - 1                              # Df1 26 # SAS
tVal1 = Beta/SE1
fixedSol = cbind(Beta, SE1, Df1, tVal1, 2*(1 - pt(abs(tVal1), Df1)))
colnames(fixedSol) = c("Value", "Std.Error", "DF", "t-value", "p-value")
fixedSol
```

```
                Value   Std.Error  DF    t-value      p-value
(Intercept) 16.7611111  0.75969938 26  22.062821 0.000000e+00
age          0.6601852  0.06983054 26   9.454104 6.733913e-10
```

### 14.5.1.17. Standardized within-group residuals

잔차를 구하기 위해서는 individual prediction 값이 필요하고, 이를 위해서는 또 개인별 intercept와 slope가 필요하다. 개인 간의 interindividual random variability를 고려하지 않은 (즉, u 또는 bi를 모두 0으로 고정한) 경우의 예측값을 typical prediction(전형적인 예측)이라 부르기로 하자. 다음은 이를 계산하는 과정이다.

```
d1 = Orthodont
d1$PRED = NA
d1$IPRE = NA
for (i in 1:nID) {
  d1[ind[[i]], "PRED"] = X[ind[[i]],] %*% Beta    # Typical prediction
  d1[ind[[i]], "IPRE"] = X[ind[[i]],] %*% Beta + Z[ind[[i]],] %*% bi[i,]
}
d1$RES = d1$distance - d1$PRED
d1$IRES = d1$distance - d1$IPRE
d1$IWRE = d1$IRES/SDs[3]
quantile(d1$IWRE, c(0, 0.25, 0.5, 0.75, 1))      # fivenum(d1$IWRE)
```

```
          0%          25%          50%          75%         100%
-3.303582775 -0.487855750  0.007694123  0.481942430  3.922339927
```

위에서 PRED에 typical prediction이 담겨 있고, IPRE에 individual prediction 값이 담겨 있다. 따라서 residual도 두 가지 종류가 발생하며, 후자에 의한 residual이 individual residual이다. 이를 다시 자신의 sigma로 나누어 준 것을 nlme는 standardized within-group residual이라 부른다.

### 14.5.1.18. Intervals of fixed effects

$\beta$의 신뢰구간은 다음과 같다.

```
alpha = 0.05
Len = qt(1 - alpha/2, Df)*sqrt(diag(Var1))            # Note: This used Var1
CIbeta = cbind(Beta - Len, Beta, Beta + Len)
colnames(CIbeta) = c("lower", "est", "upper")
CIbeta
```

```
                 lower        est       upper
(Intercept)  15.249261  16.7611111  18.2729611
age           0.521218   0.6601852   0.7991524
```

### 14.5.1.19. Intervals of random effects

분산 term들의 신뢰구간을 구하는 것은 reparametrization이 되었기 때문에 좀 더 복잡한데, 다행히 변환에 따른 계산 수식들이 알려져 있다. 만약 이 변환에 따라 추정값들의 variance-covariance matrix가 어떻게 변하는지 알려져 있지 않다면 (NONMEM의 경우), final estimate에서 original scale로 Hessian matrix만 다시 구하여 표준오차를 계산하여야 한다.

```
vPE = r1$par
Var = solve(r1$hessian)
vB = qnorm(1 - alpha/2)*sqrt(diag(Var))

vLL = exp(vPE[1:2] - vB[1:2])
vUL = exp(vPE[1:2] + vB[1:2])

rhoLL = (exp(vPE[3] - vB[3]) - 1)/(exp(vPE[3] - vB[3]) + 1)  # rho LL
rhoUL = (exp(vPE[3] + vB[3]) - 1)/(exp(vPE[3] + vB[3]) + 1)  # rho UL
```

```
CIomega = cbind(c(vLL, rhoLL), c(SDs[1:2], rho), c(vUL, rhoUL))
rownames(CIomega) = c("sd((Intercept))", "sd(age)", "cor((Intercept),age)")
colnames(CIomega) = c("lower", "est.", "upper")

CIsigma = SDs[3]*exp(c(-1, 0, 1)*vB[4])
names(CIsigma) = c("lower", "est.", "upper")
```

• Approximate confidence interval of random effects: Subject level

```
CIomega
```

```
                          lower        est.      upper
sd((Intercept))      0.83680006   2.1940220  5.7525479
sd(age)              0.09288575   0.2149207  0.4972873
cor((Intercept),age) -0.94235079  -0.5814595  0.4047436
```

• Approximate confidence interval of random effects: Within group

```
CIsigma
```

```
   lower     est.    upper
1.084877  1.310052  1.581965
```

#### 14.5.1.20. Variance-Covariance Matrix

SAS의 경우는 앞과 달리 G, R, V matrix를 그대로 보여 준다. SAS style로 변환하는 과정은 다음과 같다.

```
Cov = rho*SDs[1]*SDs[2]
OM = matrix(c(SDs[1]*SDs[1], Cov, Cov, SDs[2]*SDs[2]), nrow=2) ; OM # G matrix
```

```
              [,1]          [,2]
[1,]     4.8137325   -0.27418187
[2,]    -0.2741819    0.04619091
```

```
SG = SDs[3]*SDs[3] ; SG                                    # R matrix
```

```
[1] 1.716237
```

```
Z[ind[[1]],] %*% OM %*% t(Z[ind[[1]],]) + diag(nrow(Z[ind[[1]],]))*SG # V matrix
```

```
         1          2          3          4
1   5.099278   3.573732   3.764422   3.955113
2   3.573732   5.665423   4.324641   4.700095
3   3.764422   4.324641   6.601096   5.445077
4   3.955113   4.700095   5.445077   7.906296
```

R matrix는 가장 단순한 모형을 사용하였으므로 개인별 차이가 없고, V matrix는 (역시 개인별 측정 횟수가 동일해서 차이가 없지만) 첫 번째 subject 것만 출력하였다.

### 14.5.1.21. EBE, MAP, realized Eta, post-hoc Eta

EBE는 minimization 과정에서 매 iteration마다 update하여 bi에 저장하였으므로 그 값을 보면 된다.

```
bi
```

```
           [,1]          [,2]
M01   1.0710140   0.212967314
M02  -0.6833646   0.010755330
M03  -0.1519626   0.033841277
M04   2.8162911  -0.050200198
```

```
M05   -1.1045294    0.019457550
M06    1.1815675    0.085774658
M07   -0.5630770    0.030980528
M08    0.7808197   -0.087629880
M09   -0.3727535    0.129245766
M10    2.5851336    0.215748081
M11    0.8009204   -0.110755818
M12   -0.9041555    0.106159819
M13   -3.7624882    0.380970281
M14    0.8508557   -0.009589840
M15   -0.4330554    0.198623577
M16   -0.2018980   -0.067324701
F01   -0.5225595   -0.174252168
F02   -0.9540908    0.004993841
F03   -0.7135156    0.045444236
F04    1.0012943   -0.024053548
F05    0.4300073   -0.159868441
F06   -0.6528974   -0.182914397
F07   -0.2018980   -0.067324701
F08    1.1218981   -0.162809172
F09   -0.3520203   -0.211841814
F10   -2.2471034   -0.252172236
F11    1.1815675    0.085774658
```

### 14.5.1.22. Coefficients of Individuals

개인별 intercept와 slope는 fixed effect($\beta$)와 bi를 조합(여기서는 더하기)하여 구할 수 있다.

```
iCoef = bi
for (i in 1:nID) iCoef[i, ] = iCoef[i,] + t(Beta)
iCoef
```

```
          [,1]       [,2]
M01   17.83213  0.8731525
M02   16.07775  0.6709405
M03   16.60915  0.6940265
M04   19.57740  0.6099850
M05   15.65658  0.6796427
M06   17.94268  0.7459598
M07   16.19803  0.6911657
M08   17.54193  0.5725553
M09   16.38836  0.7894310
M10   19.34624  0.8759333
M11   17.56203  0.5494294
M12   15.85696  0.7663450
M13   12.99862  1.0411555
M14   17.61197  0.6505953
M15   16.32806  0.8588088
M16   16.55921  0.5928605
F01   16.23855  0.4859330
F02   15.80702  0.6651790
F03   16.04760  0.7056294
F04   17.76241  0.6361316
F05   17.19112  0.5003167
```

```
F06    16.10821    0.4772708
F07    16.55921    0.5928605
F08    17.88301    0.4973760
F09    16.40909    0.4483434
F10    14.51401    0.4080129
F11    17.94268    0.7459598
```

## 14.5.2. Estimation with Custom REML Objective Function

REML 방법의 경우에는 objective function이 다르다. 그런데 AIC, AICc, BIC 등의 계산법이 SAS와 nlme 간에 차이가 난다.

### 14.5.2.1. Custom Objective Function for REML

아래와 같이 약간 더 복잡하게 바뀌었음을 알 수 있다.

```
ObjREML = function(TH)
{
  eTH = exp(TH)
  rho = (eTH[3] - 1)/(eTH[3] + 1)
  Cov = rho*eTH[1]*eTH[2]
  OM = matrix(c(eTH[1]*eTH[1], Cov, Cov, eTH[2]*eTH[2]), nrow=2)
  SG = eTH[4]*eTH[4]            # R matrix

  for (i in 1:nID) {
    Zi = Z[ind[[i]],]
    Vi[[i]] <<- Zi %*% OM %*% t(Zi) + diag(SG, nrow=iRec[i])
    iVi[[i]] <<- solve(Vi[[i]])
  }

  S1 = matrix(rep(0, 4), nrow=2)
```

```
    S2 = matrix(rep(0, 2), nrow=2)
    S3 = 0
    for (i in 1:nID) {
      XiV = t(X[ind[[i]],]) %*% iVi[[i]]
      S1 = S1 + XiV %*%  X[ind[[i]],]
      S2 = S2 + XiV %*% Y[ind[[i]]]
      S3 = S3 + determinant(Vi[[i]], logarithm=TRUE)$modulus[[1]]
    }
    FIM <<- S1

    Beta <<- solve(S1) %*% S2

    S4 = 0
    for (i in 1:nID) {
      qi = Y[ind[[i]]] - X[ind[[i]],] %*% Beta
      iVq = iVi[[i]] %*% qi
      bi[i,] <<- OM %*% t(Z[ind[[i]],]) %*% iVq
      # Linear Mixed-Effects Models Using R p253 or Bonate p195 or Davidian p78
      S4 = S4 + t(qi) %*% iVq
    }
    S0 = (nRec - nParF)*log(2*pi) # Constant part
    OFV = (S0 + S3 + S4 + determinant(S1, logarithm=TRUE)$modulus[[1]])/2
    return(OFV) # minus loglikelihood
  }
```

수식은 위 R script 내에 표기한 문헌을 참고한다.

#### 14.5.2.2. Minimization using optim or nlminb

최적화 과정은 ML의 경우와 동일하다.

```
t2 = Sys.time()
r2 = optim(c(0.1, 0.1, 0.1, 0.1), ObjREML, method="L-BFGS-B", hessian=T)
Sys.time() - t2
```

```
Time difference of 0.6789281 secs
```

### 14.5.2.3. Minimization result

```
r2 # notice $value as -loglikelihood
```

```
$par
[1]  0.8445663 -1.4854348 -1.4155778  0.2700548

$value
[1] 221.3183

$counts
function gradient
      31       31

$convergence
[1] 0

$message
[1] "CONVERGENCE: REL_REDUCTION_OF_F <= FACTR*EPSMCH"

$hessian
           [,1]       [,2]      [,3]        [,4]
[1,] 19.3736963  0.2706394 7.1843146   8.3596208
[2,]  0.2706394 28.4826002 9.6901327   6.7164627
[3,]  7.1843146  9.6901327 7.0006189   0.5788023
[4,]  8.3596208  6.7164627 0.5788023 133.4552270
```

결과 해석도 ML의 경우와 동일하다.

### 14.5.2.4. −2 log likelihood (SAS output)

```
m2LL = 2*r2$value ; m2LL
```

```
[1] 442.6367
```

### 14.5.2.5. AIC

AIC의 계산법이 nlme는 ML이나 REML이나 동일한 반면, SAS는 다르게 되어 있다. 즉, random effect의 parameter 개수로 보정해 주고 있다. 이는 minimization 과정의 인자가 random effect들 뿐이라고 간주하기 때문인 것으로 생각된다.

```
2*nParA + m2LL                                          # nlme style
```

```
[1] 454.6367
```

```
2*nParR + m2LL                                          # SAS style for REML
```

```
[1] 450.6367
```

### 14.5.2.6. AICc(SAS output)

AICc의 계산법도 SAS에서는 random effect의 parameter 개수만 count하는데, 이 역시 minimization이 꼭 필요한 것만 count하기 때문으로 보인다.

```
2*nParA + m2LL + 2*nParA*(nParA + 1)/(nRec - nParA - 1)  # nlme style
```

```
[1] 455.4684
```

```
2*nParR + m2LL + 2*nParR*(nParR + 1)/(nRec - nParR - 1)  # SAS style
```

```
[1] 451.025
```

#### 14.5.2.7. BIC

BIC 계산법도 다른데, SAS에서는 대상자 수(subject count)로 하는 반면, nlme에서는 총 관측값 개수, total parameter 개수, random effect parameter 개수로 계산한다.

```
nParA*log(nRec - nParF) + m2LL       # nlme style for REML
```

```
[1] 470.6173
```

```
nParR*log(nID) + m2LL                # SAS style for REML
```

```
[1] 455.82
```

#### 14.5.2.8. Log likelihood

```
-r2$value
```

```
[1] -221.3183
```

#### 14.5.2.9. Estimates of random effects

reparametrization 방법은 ML 때와 같다.

```
SDs = exp(r2$par)[-3] ; SDs
```

```
[1] 2.3269685 0.2264039 1.3100362
```

```
rho = (exp(r2$par)[3] - 1)/(exp(r2$par)[3] + 1) ; rho
```

```
[1] -0.6092885
```

### 14.5.2.10. Estimates of fixed effects

nlme에서는 다음과 같이 fixed effect에 대한 검정을 한다. 그런데 자유도 계산법이 SAS와 다르다.

```
Var1 = solve(FIM)                    # no need to further correction
SE = sqrt(diag(Var1))
Df = nRec - qr(X)$rank - (nID - 1) # Df # 80
tVal = Beta/SE
fixedPE = cbind(Beta, SE, Df, tVal, 2*(1 - pt(abs(tVal), Df)))
colnames(fixedPE) = c("Value", "Std.Error", "DF", "t-value", "p-value")
fixedPE
```

```
                 Value   Std.Error  DF   t-value      p-value
(Intercept) 16.7611111  0.77420564  80 21.649430 0.000000e+00
age          0.6601852  0.07116124  80  9.277314 2.509104e-14
```

```
cov2cor(Var1)[lower.tri(Var1)] # correlation between intercept and age estimates
```

```
[1] -0.8478078
```

### 14.5.2.11. SAS Output

SAS에서는 nlme와 달리 subject 수에서 1을 뺀 것을 자유도로 간주하였다.

```
Df1 = nID - 1                        # Df # 26
fixedSol = cbind(Beta, SE, Df1, tVal, 2*(1 - pt(abs(tVal), Df1)))
colnames(fixedSol) = c("Value", "Std.Error", "DF", "t-value", "p-value")
fixedSol
```

```
                 Value   Std.Error  DF   t-value      p-value
(Intercept) 16.7611111  0.77420564  26 21.649430 0.000000e+00
age          0.6601852  0.07116124  26  9.277314 9.871619e-10
```

### 14.5.2.12. Standardized within-group residuals

standardized individual residual은 다음과 같이 구할 수 있다.

```
d1 = Orthodont
d1$PRED = NA
d1$IPRE = NA
for (i in 1:nID) {
  d1[ind[[i]], "PRED"] = X[ind[[i]],] %*% Beta
  d1[ind[[i]], "IPRE"] = X[ind[[i]],] %*% Beta + Z[ind[[i]],] %*% bi[i,]
}
d1$RES = d1$distance - d1$PRED
d1$IRES = d1$distance - d1$IPRE
d1$IWRE = d1$IRES/SDs[3]
quantile(d1$IWRE, c(0, 0.25, 0.5, 0.75, 1)) # fivenum(d1$IWRE)
```

```
          0%          25%          50%          75%         100%
-3.220629484 -0.494171775  0.007408944  0.471845267  3.915650761
```

### 14.5.2.13. Intervals of fixed effects

$\beta$의 신뢰구간은 다음과 같이 구할 수 있다.

```
alpha = 0.05
Len = qt(1 - alpha/2, Df)*sqrt(diag(Var1))
CIbeta = cbind(Beta - Len, Beta, Beta + Len)
colnames(CIbeta) = c("lower", "est", "upper")
CIbeta
```

```
                 lower        est      upper
(Intercept) 15.2203928 16.7611111 18.3018294
age          0.5185698  0.6601852  0.8018006
```

### 14.5.2.14. Intervals of random effects

G matrix와 R matrix의 요소들에 대한 신뢰구간은 다음과 같이 구할 수 있다. ML 때와 마찬가지의 역변환이 필요하다.

```
vPE = r2$par
Var = solve(r2$hessian)
vB = qnorm(1 - alpha/2)*sqrt(diag(Var))

vLL = exp(vPE[1:2] - vB[1:2])
vUL = exp(vPE[1:2] + vB[1:2])

rhoLL = (exp(vPE[3] - vB[3]) - 1)/(exp(vPE[3] - vB[3]) + 1) # rho LL
rhoUL = (exp(vPE[3] + vB[3]) - 1)/(exp(vPE[3] + vB[3]) + 1) # rho UL

CIomega = cbind(c(vLL, rhoLL), c(SDs[1:2], rho), c(vUL, rhoUL))
rownames(CIomega) = c("sd((Intercept))", "sd(age)", "cor((Intercept),age)")
colnames(CIomega) = c("lower", "est.", "upper")

CIsigma = SDs[3]*exp(c(-1, 0, 1)*vB[4])
names(CIsigma) = c("lower", "est.", "upper")
```

- Approximate confidence interval of random effects: Subject level

```
CIomega
```

```
                          lower        est.       upper
sd((Intercept))       0.9486210   2.3269685   5.7080564
sd(age)               0.1025006   0.2264039   0.5000823
cor((Intercept),age) -0.9382154  -0.6092885   0.2980301
```

- Approximate confidence interval of random effects: Within group

```
CIsigma
```

```
    lower       est.      upper
 1.084865   1.310036   1.581944
```

### 14.5.2.15. Variance-Covariance Matrix

SAS style의 결과물을 보고 싶으면 다음과 같이 추가로 계산해 주어야 한다.

```
Cov = rho*SDs[1]*SDs[2]
OM = matrix(c(SDs[1]*SDs[1], Cov, Cov, SDs[2]*SDs[2]), nrow=2) ; OM # G matrix
```

```
           [,1]        [,2]
[1,]  5.4147822 -0.32099428
[2,] -0.3209943  0.05125871
```

```
SG = SDs[3]*SDs[3] ; SG          # R matrix
```

```
[1] 1.716195
```

```
Z[ind[[1]],] %*% OM %*% t(Z[ind[[1]],]) + diag(nrow(Z[ind[[1]],]))*SG # V matrix
```

```
         1        2        3        4
1 5.275626 3.737582 3.915733 4.093884
2 3.737582 5.836963 4.503954 4.887139
3 3.915733 4.503954 6.808369 5.680395
4 4.093884 4.887139 5.680395 8.189845
```

### 14.5.2.16. EBE, MAP, realized Eta, post-hoc Eta

EBE(random variable u의 realized value)는 minimization 과정에서 이미 매 iteration마다 update하여 저장해 두었다.

```
bi
```

```
            [,1]         [,2]
M01    1.0515429   0.21579176
M02   -0.7289931   0.01462285
M03   -0.1745595   0.03591728
M04    3.0066615  -0.06636624
M05   -1.1791000   0.02578884
M06    1.2191425   0.08312293
M07   -0.6094301   0.03502246
M08    0.8627813  -0.09496192
M09   -0.4464858   0.13612569
M10    2.6562259   0.21103221
M11    0.8932539  -0.11908352
M12   -1.0009194   0.11483126
M13   -4.1410867   0.41470442
M14    0.9061626  -0.01425830
M15   -0.5379038   0.20849050
M16   -0.1874682  -0.06890795
F01   -0.4852118  -0.17834998
F02   -1.0138280   0.01000604
F03   -0.7747021   0.05080526
F04    1.0714346  -0.03004110
F05    0.5193286  -0.16822154
F06   -0.6200111  -0.18668879
F07   -0.1874682  -0.06890795
```

```
F08     1.2542705    -0.17477072
F09    -0.2894672    -0.21825438
F10    -2.2833118    -0.25057206
F11     1.2191425     0.08312293
```

### 14.5.2.17. Coefficients of Individuals

개인별 intercept와 slope는 $\beta$와 EBE의 조합(이 model에서는 더하기)으로 구할 수 있다.

```
iCoef = bi
for (i in 1:nID) iCoef[i, ] = iCoef[i,] + t(Beta)
iCoef
```

```
          [,1]      [,2]
M01   17.81265 0.8759769
M02   16.03212 0.6748080
M03   16.58655 0.6961025
M04   19.76777 0.5938189
M05   15.58201 0.6859740
M06   17.98025 0.7433081
M07   16.15168 0.6952076
M08   17.62389 0.5652233
M09   16.31463 0.7963109
M10   19.41734 0.8712174
M11   17.65437 0.5411017
M12   15.76019 0.7750164
M13   12.62002 1.0748896
M14   17.66727 0.6459269
M15   16.22321 0.8686757
M16   16.57364 0.5912772
```

```
F01    16.27590    0.4818352
F02    15.74728    0.6701912
F03    15.98641    0.7109904
F04    17.83255    0.6301441
F05    17.28044    0.4919636
F06    16.14110    0.4734964
F07    16.57364    0.5912772
F08    18.01538    0.4854145
F09    16.47164    0.4419308
F10    14.47780    0.4096131
F11    17.98025    0.7433081
```

## 14.6 맺음말

참고로 생물학이나 의학에서는 일반적으로 G matrix는 unstructured full-block matrix를 쓴다. 왜냐하면 실제로 random effect 간에는 correlation이 존재하는 것이 일반적이기 때문이다. 반면, R matrix는 autocorrelation이 없는 diagonal matrix를 쓴다. R matrix가 homoscedastic일 필요는 없다. 만약 모델링 후에도 잔차 간에 correlation이 있다면 이는 구조 모형(structural model)을 잘못 정한 것으로 간주한다.

기계(machine) 4대와 직원(employee) 4명을 x 변수로 하여 생산 효율(y)을 설명하는 통계 분석을 하는 경우를 생각해 보자. 이때 기계(machine)나 직원(employee)이 fixed factor이냐 random factor이냐 하는 것은 상황에 따라 다르다. 만약 매우 많은 기계(또는 잠재적으로 도입할 기계를 포함하여)의 일부를 비교적 무작위로 골라 (반드시 무작위 추출할 필요는 없다. 즉, 이때는 '임의'로 골라도 된다.) 시험한다면 machine이 random factor이다. 반면 이 회사에 딱 4대의 기계만 있거나, 4종류의 기계를 대표해서 1대씩 뽑힌 것이라면 이것이 어떤 유의미한 기간 동안에 지속될 것으로 생각될 것이고, 또한 이것이 관심사라면 machine은 fixed factor이다. 종업원도 마찬가지이다. 수없이 많은 종업원 중에 4명이별 의미 없이 뽑힌 것이라면 random factor이고, 지금의 관심사가 (일정 기간 이상 지속될) 이 4명의 고유한 차이를 보는 것이라면 fixed factor로 간주한다.

Random factor인 경우 대개 sample의 개수는 20~30개 이상이다. fixed factor라도 수준(level) 수가 너무 많으면 수준별 $\beta$ 계수를 모두 추정하는 것은 비실용적(impractical)이고, 비효율적(inefficient)이다. 이때에도 수준별 값들에 대해 어떤 분포를 가정할 수 있다면 이것을 random factor로 간주하고 계산할 수 있다.

## 14.7 참고문헌


1. Pinheiro, J. C., & Bates, D. M. (2004). *Mixed-Effects Models in S and S-PLUS*. Springer.
2. Davidian, M., & Giltinan, D. M. (1995) *Nonlinear Models for Repeated Measurement Data*. Chapman & Hall/CRC.

# 연습문제

1 생물학적 동등성 시험의 분석은 일반적인 분산분석보다는 선형 혼합 효과 모형으로 하는 것이 더 바람직하다. 일반적인 분산분석은 모든 것을 고정효과로 간주하고 최소제곱법으로 추정하며, 혼합 효과 모형은 무작위 효과를 처음부터 모형에 포함시키고 최대우도추정법(ML 또는 REML)으로 추정한다. 균형 자료(balanced data)인 경우에는 두 가지 방법이 동일한 결과를 보이지만, 불균형 자료(unbalanced data)인 경우에는 값이 달라지며, 혼합 효과 모형이 좀 더 불편추정(unbiased estimation)임이 알려져 있다. 앞의 분산분석 장에 나온 생물학적 동등성 자료를 혼합 효과 모형을 이용하여 분석하시오.

2 앞의 생물학적 동등성 문제를 혼합 효과 모형의 ML 추정 방법을 위한 user-defined objective function을 구성하여 적합하고 `nlme::lme`와 동일한 결과를 산출해 보시오.

3 앞의 생물학적 동등성 문제를 혼합 효과 모형의 REML 추정 방법을 사용하여 반복하시오.

# 15 비선형 회귀

# 15 비선형 회귀(Nonlinear Regression)

다음은 R에 내장되어 있는 12명분의 theoph 자료 중 첫 번째 사람의 자료로 wnl package를 이용하여 경구 일구획 모형(one-compartment model)에 적합(fitting)하는 것이다.

## 15.1 약동학 예제

```
d1 = Theoph
colnames(d1) = c("ID", "BWT", "DOSE", "TIME", "DV")
d2 = d1[d1$ID == 1,]
plot(d2[, "TIME"], d2[, "DV"], type="o", xlab="Time (h)", ylab="Concentration (mg/L)")
```

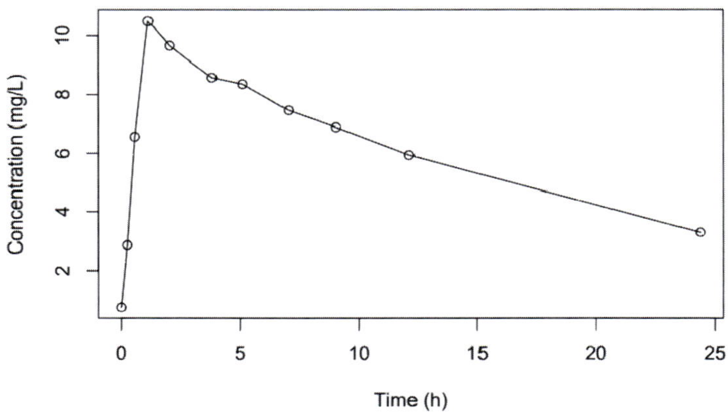


**[그림 15.1]** Time-concentration curve for subject ID=1

이 자료를 적합하기 위한 가장 단순한 약동학 모형인 one-compartment model을 그림으로 나타내면 다음과 같다.

```
dA = data.frame(No=c(1, 2), Name=c("Gut Depot", "Central"), Level=c(1, 2), xPos=c(1, 1))
dB = data.frame(From = c(1, 2, 0), To=c(2, 3, 1), Name=c("KA", "K", "F"))
par(oma=c(0, 0, 0, 0), mar=c(0, 0, 0, 0))
pComp(dA, dB, Shape="circ", Col="#DDEEFF", asp=1)
```

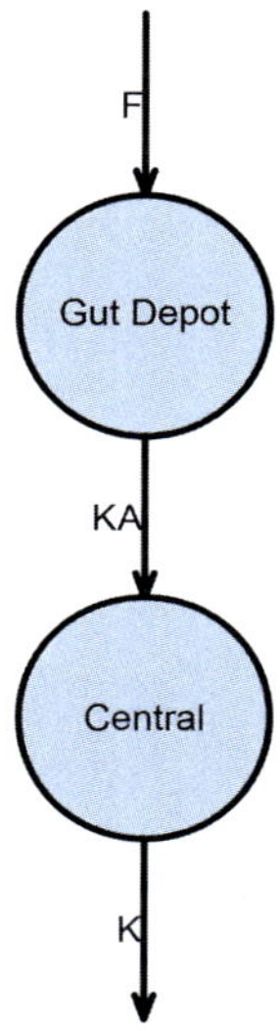


**[그림 15.2]** One-compartment model

```
# External Variable
 DOSE = 320                          # mg
 TIME  = d2[,"TIME"]
 fPK  = function(THETA)              # Prediction function
{
   K = THETA[1]
   Ka = THETA[2]
   V = THETA[3]
```

```
  Cp = DOSE/V*Ka/(Ka - K)*(exp(-K*TIME) - exp(-Ka*TIME))
  return(Cp)
}
r1 = nlr(fPK, d2, pNames=c("k", "ka", "V"), IE=c(0.1, 3, 500),
         SecNames=c("CL", "Thalf", "MRT"), SecForms=c(~V*k, ~log(2)/k, ~1/k))
r1
```

```
$Est
              k         ka         V AddErrVar  AddErrSD        CL     Thalf
PE   0.053954263  1.7774182 29.394229 0.3896373 0.6242093 1.5859440 12.846940
SE   0.007783999  0.2299938  1.449530 0.1661419 0.1330819 0.1728501  1.853432
RES 14.427032334 12.9397663  4.931342 42.6401506 21.3200753 10.8988797 14.427032
          MRT
PE  18.534217
SE   2.673937
RES 14.427032

$LI
               k       ka        V AddErrVar
Lower 0.04328493 1.395074 27.58682  0.160057
Upper 0.06630187 2.278910 31.45501  1.375600

$Skewness
[1] 0.27696705 0.52313027 0.08840246

$Cov
                       k            ka             V     AddErrVar
        k   6.059064e-05 -9.280456e-04 -9.013856e-03 -2.008739e-08
       ka  -9.280456e-04  5.289713e-02  2.119640e-01  3.154113e-07
        V  -9.013856e-03  2.119640e-01  2.101137e+00  4.230416e-06
AddErrVar  -2.008739e-08  3.154113e-07  4.230416e-06  2.760313e-02
```

```
$run
$run$m
[1] 5

$run$n
[1] 6

$run$run
[1] 5

$run$p.value
[1] 0.2619048

$`Objective Function Value`
[1] 0.632068

$`-2LL`
[1] 20.84872

$AIC
[1] 28.84872

$AICc
[1] 35.51538

$BIC
[1] 30.4403

$Convergence
NULL

$Message
[1] "CONVERGENCE: REL_REDUCTION_OF_F <= FACTR*EPSMCH"

$Prediction
[1] 0.000000 3.877505 6.810849 9.035307 9.758251 9.123553 8.525224 7.683263 6.889938
[10] 5.838201 3.014648

$Residual
[1]   7.400000e-01 -1.037505e+00 -2.408487e-01 1.464693e+00 -9.825074e-02 -5.435526e-01
[7] -1.652238e-01 -2.132634e-01  6.207842e-05 1.017993e-01  2.653524e-01

$`Elapsed Time`
Time difference of 0.04338694 secs
```

```
pProf()
```

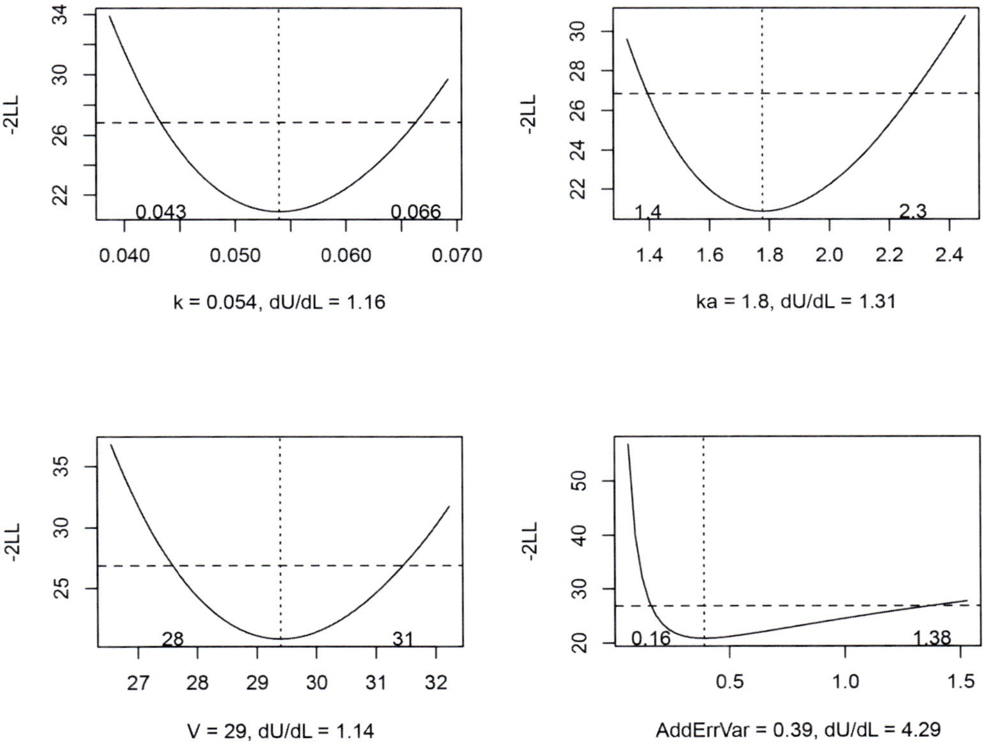


**[그림 15.3]** Likelihood profile

앞에서 LI는 likelihood interval을 의미한다. 원래 Fisher는 1/15 LI를 제시하였으나, 여기서는 F 분포를 이용하여 계산하는 것이 default이며, 사용자가 원하면 조정할 수 있다.

`nlr` 함수 실행 직후에 `pProf` 함수를 실행한다면 likelihood profile을 볼 수 있다. 앞으로 점점 더 사용되기를 기대한다.

위의 skewness는 Hougaard skewness measure를 의미하며, 0.25 이내면 parameter가 선형적인 특성을 보인다고 하지만, 비선형 회귀에서는 이를 넘는 경우가 흔하다.

```
oPar = par(mfrow=c(1, 2))
dx(r1) # simple diagnostic plot
```

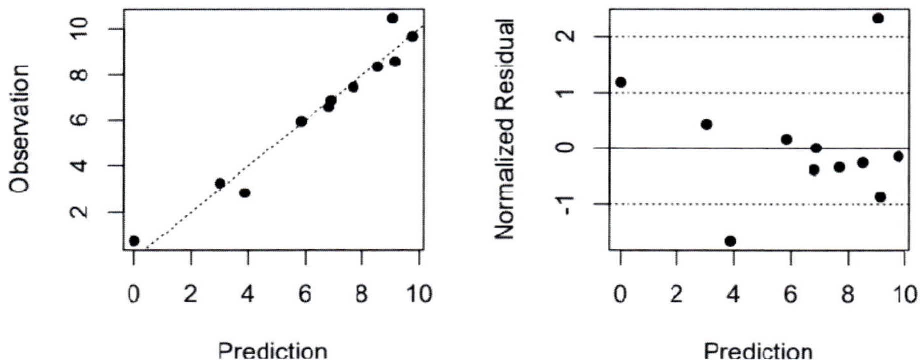


[그림 15.4] Diagnostic plot of regression

## 15.2 이론적 배경

앞에서 구조 모형(structural model)을 의미하는 예측 함수(prediction function)는 다음과 같다.

$$C(t) = \frac{DOSE}{V}\frac{K_a}{K_a - K}(e^{-Kt} - e^{-K_a t})$$

위 수식에 확률변수(random variable)는 포함되어 있지 않은데, 구조 모형을 $f(x,\theta)$라 하면 다음과 같은 가장 단순한 통계 모형(statistical model)을 생각할 수 있다.

$$Y = f(x,\theta) + \epsilon$$

$$\text{단, } \epsilon_i \overset{i.i.d}{\sim} N(0,\sigma^2) \text{ 또는 } \epsilon_i \sim MVN(\vec{\mu} = \vec{0}, \textstyle\sum = \sigma^2 I_n)$$

위에서 $x$는 투약량인 DOSE, 시간(time)인 t와 같이 directly measurable amount(이를

흔히 covariate라고 부르나 확률변수는 아니다.)이고, $\theta$는 추정의 대상이 되는 $K_a$, $V$, $K$를 통칭한다.

$\epsilon$의 평균은 0인데, 전체 Y 범위에서 동일한 분산을 갖는 homoscedastic model이나 다른 분산을 가지는 heteroscedastic model을 생각할 수 있다. 경제학의 시계열 모형이나 심리학, 사회학, 교육학의 반복 측정 자료(repeated measures data)의 경우에는 구조 모형이 복잡하지 않기 때문에 오차 간의 상관관계를 모형화하는 경우가 흔하지만, 생물학이나 의학은 미분방정식을 포함한 많은 비선형 모형이 있으므로 잔차 간의 상관관계(correlation)는 모형화하지 않는다. 만약 잔차 간의 상관관계가 존재한다면 이는 구조 모형을 제대로 설정하지(또는 찾지) 못한 것으로 간주한다.

이후 $f(x,\theta)$를 줄여서 $F$라고만 표기한다. (이 장에서 $F$는 확률변수가 아니지만, 다음 장에서는 확률변수이다.) $\epsilon$이 정규분포라 가정하면 다음과 같은 likelihood function을 생각할 수 있다. 이것의 log인 log likelihood (이후 $ll$로 표기)를 목적함수로 하여 $\theta$와 $\epsilon$의 분산인 $\sigma^2$을 동시에 추정할 수 있다.

$Y$를 observation들의 vector, $F$를 모형이 예측하는 값들의 vector라 하면 다음과 같이 표현된다.

$$likelihood = (2\pi)^{-\frac{n}{2}} \left|\sum\right|^{-\frac{1}{2}} \exp\left(-\frac{1}{2}(Y-F)^T \sum{}^{-1} (Y-F)\right)$$

$$log\ \ likelihood(ll) = -\frac{n}{2}\log(2\pi) - \frac{1}{2}\log\left(\left|\sum\right|\right) - \frac{1}{2}(Y-F)^T \sum{}^{-1}(Y-F)$$

$$-2log\ \ likelihood(ll) = n\log(2\pi) + \log\left(\left|\sum\right|\right) + (Y-F)^T \sum{}^{-1}(Y-F)$$

마지막 식을 objective function으로 할 수도 있으나, 이후 이론들은 모두 log likelihood를 기준으로 하고 있다.

이제 위의 $\theta$와 $\sigma^2$을 통칭해서 $\theta$라고 하면 이들의 점추정치(Point Estimate, PE)는 다음의 조건을 만족하는 값들이다.

$$\frac{\partial ll}{\partial \vec{\theta}} = 0$$

음의 2계 미분의 기대값 행렬을 Fisher's Information Matrix(FIM)라 하고, 이것의 역행

렬이 $\hat{\theta}$들의 분산–공분산 행렬이다.

따라서 $-\frac{\partial^2 ll}{(\partial\vec{\theta})^2}$을 $\widehat{FIM}$으로 사용한다.

즉, $-\frac{\partial^2 ll}{(\partial\vec{\theta})^2}$의 역행렬을 $\hat{\theta}$의 분산–공분산 행렬(variance-covariance matrix)의 추정값으로 사용한다.

점추정값(PE)들의 표준오차(Standard Error, SE)는 이 분산–공분산 행렬의 대각원소에 square root를 취한 값을 이용하고 다음과 같다.

$$V\widehat{COV}(\hat{\theta}) = \widehat{FIM}^{-1}$$
$$\widehat{SE}(\hat{\theta}) = \sqrt{diag(V\widehat{COV})}$$

## 15.3 Delta Method

최대우도추정량(MLE)의 특징 중의 하나는 추정량의 함수는 새로운 최대우도추정량(MLE)이라는 것이다.

만약, 약동학의 $V_d$와 $Cl$에 대한 MLE로 k값의 MLE를 다음의 관계식으로 구할 수 있다.

$$k = \frac{Cl}{V_d}$$

$k$의 SE는 delta method로 근사값을 구할 수 있다.

기존의 $\theta$들로 새로운 $\theta_2$를 구하는 함수를 $f_2$라 하면,

$$Var(\widehat{\theta_2}) \approx \left(\frac{\partial f_2}{\partial\vec{\theta}}\right)^T VCOV\left(\frac{\partial f_2}{\partial\vec{\theta}}\right)$$

이 되고, 여기에 square root를 취하면 $\theta_2$의 표준오차(SE)를 구할 수 있다.

## 15.4 변수 Scaling

비선형 최적화는 초기값(initial value)을 주어야 하는데, 흔히 최소화 실패(minimization failure)가 발생하게 된다. 이를 줄이기 위해 scaling(일종의 변수 변환)을 하게 되는데, 선형 변환(linear transformation)이면 한 번의 적합(fitting) 후에 그 Hessian으로 SE를 구할 수 있지만, 비선형 변환인 경우에는 목적함수의 Hessian으로 추정값의 분산-공분산 행렬(VCOV)을 구할 수 없다. 이 경우에는 점추정값을 이용하여 원래 척도(original scale)에서의 log likelihood 목적함수의 Hessian만 다시 추정하여서 분산-공분산 행렬을 구하여야 한다.

변수 변환의 방법은 여러 가지가 있으나 logit transformation이 많이 사용되고, Cholesky decomposition도 사용할 수 있다. 혹은 상관계수(correlation coeffficient)를 정규분포 근사할 때 사용하는 변환도 쓸 수 있다.

R wnl package의 변환 방법에 대해서는 `nlr` 함수와 `wnl5` 함수의 source를 참고하면 된다.

## 15.5 참고문헌

1. D'Argenio, D. Z., & Bae, K. S. (2019). Analytical solution of linear multi-compartment models with non-zero initial condition and its implementation with R. *Transl Clin Pharmacol, 27*(2), 43-51.

## 연습문제

1 Delta method를 이용하여 신뢰구간을 구하는 예를 들어 보시오.

2 `deSolve::lsoda`를 이용하여 앞의 약동학 예제를 풀고 결과가 유사함을 보이시오.

3 Hougaard's measure of skewness에 대해서 조사하시오.

# 16 비선형 혼합 효과 모형

# 16 비선형 혼합 효과 모형 (Nonlinear Mixed Effects Model)

비선형 혼합 효과 모형을 처리할 수 있는 가장 효율적인 프로그램은 현재 NONMEM 이라는 소프트웨어이다.

NONMEM을 설치하면 12명에게 theophylline 320mg을 경구 투약한 후 (한 사람당) 11회에 걸쳐 농도를 측정한 자료가 있다.

R에도 동일한 자료가 Theoph라는 이름으로 있으며, 그림을 그리면 다음과 같다.

```
DATA = Theoph
colnames(DATA) = c("ID", "BWT", "DOSE", "TIME", "DV")
DATA[,"ID"] = as.numeric(as.character(DATA[,"ID"]))

require(lattice)
xyplot(DV ~ TIME | as.factor(ID), data=DATA, type="b")
```

위의 자료는 약동학(pharmacokinetics)에서 경구 투약 one-compartment model로 적합시킬 수 있다. 경구 one-compartment model의 수식은 다음과 같다.

$$C(t) = \frac{DOSE}{V} \frac{K_a}{K_a - K} (e^{-Kt} - e^{-Kat})$$

위는 구조 모형(structural model)이고, 여기에 확률변수를 추가하여 표현하면 다음과 같다. 이제 $C(t)$를 $F$로 나타내기로 한다.

$$Y = F + F \cdot \epsilon_1 + \epsilon_2$$

$$\begin{bmatrix} \epsilon_1 \\ \epsilon_2 \end{bmatrix} = \vec{\epsilon} \sim MVN\left(\vec{0}, \begin{bmatrix} \sigma_1^2 & 0 \\ 0 & \sigma_2^2 \end{bmatrix}\right)$$

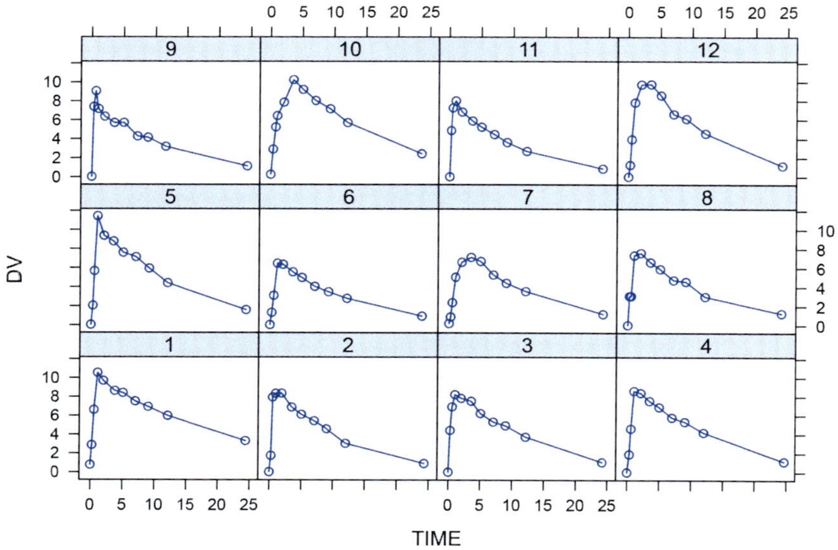


**[그림 16.1]** Lattice plot of theophylline data

위의 $Y$는 observation, $F$는 prediction, $\epsilon_1$는 proportional error, $\epsilon_2$는 additive error를 의미한다.

그런데 위의 $K_a, K, V$는 약동학적 모수(parameter)이지만, 개인별로 비교적 고유한 값을 가지며, (더 정밀하게 보면 투약할 때마다 매번 약간씩 달라질 수 있는데, 이것을 inter-occasional variation이라 부르며, 적어도 단기간에는 크게 변하지 않으므로 여기서는 고려하지 않는다.) 그것이 전체 인구집단에서는 비교적 정규분포 또는 로그정규분포를 따른다고 가정한다. 이 예제에서는 로그정규분포를 가정한 것이다. (만약 정규분포 또는 로그정규분포를 따르지 않는다 하더라도 다른 분포를 적용하기가 쉽지 않다.)

이와 같이 전체 인구에서 변하지 않는 부분을 $\theta$라는 상수로 표현하고, 변하는 부분을 $\eta$라는 확률변수로 표기하기로 한다.

$\eta$들은 한 개인 안에서는 비교적 고유의 값을 가지지만, 전체 인구에서는 비교적 정규분포를 따른다고 가정하며, $\eta$ 간에는 상관관계도 있다.

이를 수식으로 표현하면 다음과 같다.

$$K_a = \theta_1 e^{\eta_1}$$

$$V = \theta_2 e^{\eta_2}$$

$$K = \theta_3 e^{\eta_3}$$

$$\begin{bmatrix} \eta_1 \\ \eta_2 \\ \eta_3 \end{bmatrix} = \vec{\eta} \sim MVN(\vec{0}, \Omega)$$

위의 자료를 분석하는 NONMEM control file은 다음과 같다.

```
$PROB THEOPHYLLINE ORAL
$INPUT ID AMT=DROP TIME DV BWT
$DATA ../THEO
$PRED
  DOSE = 320
  KA = THETA(1) * EXP(ETA(1))
  V = THETA(2) * EXP(ETA(2))
  K = THETA(3) * EXP(ETA(3))
  F = DOSE/V*KA/(KA - K)*(EXP(-K*TIME) - EXP(-KA*TIME))
  IPRE = F
  Y     = F + F*EPS(1) + EPS(2)

$THETA (0, 2) (0, 50) (0, 0.1)
$OMEGA BLOCK(3)
  0.2
  0.1 0.2
  0.1 0.1 0.2
$SIGMA 0.1   0.1
$EST MAX=9999 METHOD=ZERO POSTHOC
$COV PRINT=ERS
$TAB ID TIME IPRE CWRES FILE=sdtab
      NOPRINT ONEHEADER
$TAB ID ETA(1) ETA(2) ETA(3)
      FILE=IndiEta.txt NOAPPEND ONEHEADER FIRSTONLY
```

NONMEM의 전통적인 추정 방법은 first order approximation (FO method), first order approximation with conditional estimation (FOCE method), Laplacian method 등 세 가지가 있다.

FO method인 경우에는 `$EST` 부분에 `METHOD=ZERO`라고 쓰고, FOCE method인 경우에는 `METHOD=COND`라고 쓰며, Laplacian method인 경우에는 `METHOD=COND LAPL`이라고 쓰면 된다(이하 LAPL로 표기).

Additive error가 아닌 경우에는 모두 INTERACTION이라는 옵션을 추가해야 한다.

NONMEM의 FO method에 의한 실행 결과를 요약하자면 다음과 같다.

점추정치(point estimate)는 다음과 같다. 아래에서 hat 기호는 일괄적으로 표시하지 않았다. 즉, 아래에서 $\theta_1$은 $\widehat{\theta_1}$를 의미한다.

$$\begin{bmatrix}\theta_1\\ \theta_2\\ \theta_3\end{bmatrix} = \begin{bmatrix}3.17\\ 38.3\\ 0.105\end{bmatrix}$$

$$\begin{bmatrix}\omega_{11} & \omega_{12} & \omega_{13}\\ \omega_{21} & \omega_{22} & \omega_{23}\\ \omega_{31} & \omega_{32} & \omega_{33}\end{bmatrix} = \begin{bmatrix}1.20 & \omega_{12} & \omega_{13}\\ 0.137 & 0.0313 & \omega_{23}\\ 0.370 & 0.0434 & 0.251\end{bmatrix}$$

$$\begin{bmatrix}\sigma_1^2 & 0\\ 0 & \sigma_2^2\end{bmatrix} = \begin{bmatrix}0.0121 & 0\\ 0 & 0.0543\end{bmatrix}$$

위의 점추정치에 대응하는 위치에 Standard Error(SE)를 표시하면 다음과 같다. 아래에서 hat 기호와 SE는 모두 생략했다.

즉, $\theta_1$은 $\widehat{SE(\widehat{\theta_1})}$를 의미한다.

$$\begin{bmatrix}\theta_1\\ \theta_2\\ \theta_3\end{bmatrix} = \begin{bmatrix}0.641\\ 1.68\\ 0.0231\end{bmatrix}$$

$$\begin{bmatrix}\omega_{11} & \omega_{12} & \omega_{13}\\ \omega_{21} & \omega_{22} & \omega_{23}\\ \omega_{31} & \omega_{32} & \omega_{33}\end{bmatrix} = \begin{bmatrix}0.421 & \omega_{12} & \omega_{13}\\ 0.0822 & 0.0198 & \omega_{23}\\ 0.340 & 0.0230 & 0.289\end{bmatrix}$$

$$\begin{bmatrix}\sigma_1^2 & 0\\ 0 & \sigma_2^2\end{bmatrix} = \begin{bmatrix}0.00358 & 0\\ 0 & 0.0321\end{bmatrix}$$

$\theta$들의 SE는 상당히 작은 반면에(<50%), $\omega, \sigma$들의 SE는 상대적으로 크다. 하지만 분산항(variance term)들을 Wald test로 유의성을 판정하거나 그에 따라 생략하지 않는다.

NONMEM 추정의 주요 step은 초기화(initialization), 추정(estimation), 공분산(covariance), 표(table) step으로 나눌 수 있다.

# 16.1 FO Method

FO method 결과를 R에서 재현하여 보면 다음과 같다.

## 16.1.1. 초기화 단계(Initialization Step)

먼저, $\theta, \eta, \epsilon$의 개수와 초기값, Lower Bound(LB), Upper Bound(UB), Prediction function (PRED) 등을 지정해야 한다.

PRED function은 구조 모형(약동학 모형)에 의한 예측값($F$)만 return하는 것이 아니라, 아래 G1, G2, G3로 표현된 $\frac{\partial F}{\partial n_i}$와 아래 H1, H2로 표현된 $\frac{\partial Y}{\partial \epsilon_i}$를 함께 return해야 한다.

```
nTheta = 3
nEta = 3
nEps = 2

THETAinit = c(2, 50, 0.1)
OMinit = matrix(c(0.2, 0.1, 0.1, 0.1, 0.2, 0.1, 0.1, 0.1, 0.2), nrow=nEta, ncol=nEta)
SGinit = diag(c(0.1, 0.1))

LB = rep(0, nTheta)         # Lower bound
UB = rep(1000000, nTheta)   # Upper bound

FGD = deriv(~DOSE/(TH2*exp(ETA2))*TH1*exp(ETA1)/(TH1*exp(ETA1) - TH3*exp(ETA3))*
```

```
            (exp(-TH3*exp(ETA3)*TIME)-exp(-TH1*exp(ETA1)*TIME)),
           c("ETA1","ETA2","ETA3"),
           function.arg=c("TH1", "TH2", "TH3", "ETA1", "ETA2", "ETA3", "DOSE", "TIME"),
           func=TRUE, hessian=TRUE)
H = deriv(~F + F*EPS1 + EPS2, c("EPS1", "EPS2"), function.arg=c("F", "EPS1", "EPS2"),
         func=TRUE)

PRED = function(THETA, ETA, DATAi)
{
  FGDres = FGD(THETA[1], THETA[2], THETA[3], ETA[1], ETA[2], ETA[3], DOSE=320, DATAi[,"TIME"])
  Gres = attr(FGDres, "gradient")

  Hres = attr(H(FGDres, 0, 0), "gradient")

  if (e$METHOD == "LAPL") {
    Dres = attr(FGDres, "hessian")
    Res = cbind(FGDres, Gres, Hres, Dres[,1,1], Dres[,2,1], Dres[,2,2], Dres[,3,])
    colnames(Res) = c("F", "G1", "G2", "G3", "H1", "H2", "D11", "D21", "D22",
                      "D31", "D32", "D33")
  } else {
    Res = cbind(FGDres, Gres, Hres)
    colnames(Res) = c("F", "G1", "G2", "G3", "H1", "H2")
  }
  return(Res)
}
```

위에서 `PRED` function을 만들 때 FO method뿐 아니라, FOCE와 LAPL에 대비하여 만들었다. R에 내장된 `deriv` 함수는 첫 번째 인자로 주어진 수식을 두 번째 인자로 주어진 변수에 대해 기호 편미분(symbolic differentiation)하고, 1차 및 2차 편미분 값을 돌려 주는 함수를 만들어 준다.

```
require(nmw)
InitStep(DATA, THETAinit=THETAinit, OMinit=OMinit, SGinit=SGinit, LB=LB, UB=UB,
        Pred=PRED, METHOD="ZERO")
```

위에서 METHOD에 "COND"나 "LAPL"로서 추정 방법을 다르게 지정할 수 있다. INTERACTION 옵션은 따로 지정할 필요 없이 기본적으로 포함된다.

### 16.1.2. 추정 단계(Estimation Step)

추정 단계에서는 $\theta$, $\Omega$, $\Sigma$를 점추정(point estimation)하는 단계이다.

```
(EstRes = EstStep())
```

```
$`Initial OFV`
[1] 141

$Time
Time difference of 1.27 secs

$Optim
$Optim$par
[1] 0.56042 -0.16784 0.14896 0.99514 0.05617 0.15123 -1.03247 0.00578 0.11094 -0.95690
[11] -0.20556

$Optim$value
[1] 57.3

$Optim$counts
function gradient
      74       74

$Optim$convergence
[1] 0
```

```
$Optim$message
[1] "CONVERGENCE: REL_REDUCTION_OF_F <= FACTR*EPSMCH"


$`Final Estimates`
 [1] 3.1695 38.2521 0.1050 1.1982 0.1375 0.0313 0.3702 0.0434 0.2507 0.0121 0.0543
```

### 16.1.3. 공분산 단계(Covariance Step)

Covariance step에서는 앞에서 구한 점추정치들의 분산-공분산 행렬을 추정하여 이것으로 표준오차(standard error)를 구하게 된다. 선형 회귀나 단순한 이차 곡선 회귀이면 적합된 목적함수에서 바로 표준오차(SE)까지 계산이 가능하지만, 이번 비선형 회귀에서는 변수 변환된 parameter(Scaled and Transformed Parameter, STP)를 사용하였기 때문에 바로 표준오차(SE)를 구하는 것이 불가능하여 최종 추정값에서 다시 Hessian을 구하여 표준오차(SE)를 구한다.

```
(CovRes = CovStep())
```

```
$Time
Time difference of 0.437 secs
$`Standard Error`
 [1] 0.64108 1.68522 0.02307 0.42062 0.08220 0.01981 0.34027 0.02305 0.28952
0.00358 0.03208
$`Covariance Matrix of Estimates`
          [,1]     [,2]      [,3]     [,4]      [,5]      [,6]     [,7]     [,8]     [,9]
[1,]  0.410979  0.33916  5.75e-03  0.205809  2.00e-03 -2.19e-03  0.121589 9.97e-04  0.066992
[2,]  0.339158  2.83996  5.03e-03  0.337603  3.49e-02  1.28e-02  0.149089 2.39e-02  0.057326
[3,]  0.005747  0.00503  5.32e-04  0.001629 -1.04e-03 -2.50e-04  0.007112 6.27e-05  0.006226
[4,]  0.205809  0.33760  1.63e-03  0.176919  1.95e-02  3.21e-03  0.057573 4.22e-03  0.017986
```

```
 [5,]  0.002004  0.03490 -1.04e-03  0.019515  6.76e-03  1.50e-03 -0.010102 8.58e-04 -0.013092
 [6,] -0.002193  0.01280 -2.50e-04  0.003207  1.50e-03  3.93e-04 -0.002827 2.33e-04 -0.003270
 [7,]  0.121589  0.14909  7.11e-03  0.057573 -1.01e-02 -2.83e-03  0.115786 3.12e-03  0.094010
 [8,]  0.000997  0.02387  6.27e-05  0.004216  8.58e-04  2.33e-04  0.003116 5.31e-04  0.001866
 [9,]  0.066992  0.05733  6.23e-03  0.017986 -1.31e-02 -3.27e-03  0.094010 1.87e-03  0.083824
[10,]  0.001050  0.00181  5.81e-05  0.000514 -7.52e-05 -2.05e-05  0.000977 2.79e-05  0.000806
[11,] -0.004973 -0.00995 -4.79e-04 -0.001015  9.53e-04  1.81e-04 -0.003861 2.20e-04 -0.003397

# Column 10, 11 not shown

$`Correlation Matrix of Estimates`
         [,1]   [,2]   [,3]    [,4]   [,5]   [,6]   [,7]   [,8]   [,9]  [,10]   [,11]
 [1,]  1.0000  0.314  0.389  0.7633  0.038 -0.173  0.557 0.0675  0.361  0.458  0.2418
 [2,]  0.3139  1.000  0.129  0.4763  0.252  0.384  0.260 0.6143  0.117  0.300 -0.1841
 [3,]  0.3885  0.129  1.000  0.1679 -0.549 -0.548  0.906 0.1179  0.932  0.703 -0.6473
 [4,]  0.7633  0.476  0.168  1.0000  0.564  0.385  0.402 0.4348  0.148  0.342 -0.0752
 [5,]  0.0380  0.252 -0.549  0.5644  1.000  0.924 -0.361 0.4531 -0.550 -0.256  0.3615
 [6,] -0.1726  0.384 -0.548  0.3849  0.924  1.000 -0.419 0.5093 -0.570 -0.289  0.2843
 [7,]  0.5574  0.260  0.906  0.4023 -0.361 -0.419  1.000 0.3973  0.954  0.802 -0.3537
 [8,]  0.0675  0.614  0.118  0.4348  0.453  0.509  0.397 1.0000  0.280  0.338  0.2975
 [9,]  0.3609  0.117  0.932  0.1477 -0.550 -0.570  0.954 0.2795  1.000  0.778 -0.3658
[10,]  0.4579  0.300  0.703  0.3419 -0.256 -0.289  0.802 0.3379  0.778  1.000 -0.2462
[11,] -0.2418 -0.184 -0.647 -0.0752  0.362  0.284 -0.354 0.2975 -0.366 -0.246  1.0000

$`Inverse Covariance Matrix of Estimates`
        [,1]    [,2]    [,3]   [,4]    [,5]   [,6]    [,7]    [,8]     [,9]   [,10]  [,11]
[1,]   106.2   -68.6    6449    336   -2554   -387   -1202   10795    -49.4   11657  -1043
[2,]   -68.6    58.0   -4879   -302    2175    570     940   -8973     87.7  -10123   1002
[3,]  6449.0 -4878.7  589181  26967 -188642 -66147  -90186  795473 -10522.3  899033 -47225
[4,]   335.9  -302.1   26967   1682  -11681  -3405   -5087   47387    -442.   53312  -4880
[5,] -2554.4  2175.3 -188642 -11681   84767  13636   35747 -336778   3308.5 -378718  35063
[6,]  -386.9   570.2  -66147  -3405   13636  72186   10924 -116903   2827.9 -138707  15688
[7,] -1202.2   940.0  -90186  -5087   35747  10924   16640 -149636    965.7 -166637  14276
```

```
[8,]  10794.6   -8973.0  795473  47387 -336778 -116903 -149636 1416416 -14025.7 1587796  -151937
[9,]    -49.4      87.7  -10522   -443    3308    2828     966  -14026    954.7  -20047      935
[10,] 11656.8  -10122.8  899033  53312 -378718 -138707 -166637 1587796 -20047.2 2031530  -170271
[11,] -1043.1    1001.7   47225  -4880   35063   15688   14276 -151937    935.3 -170271    28037

$`Eigen Values`
 [1] 0.000252 0.009673 0.010836 0.023318 0.052073 0.298238 0.504778 0.911470 1.208805 3.208238
[11] 4.772319

$`R Matrix`
        [,1]     [,2]     [,3]     [,4]     [,5]    [,6]    [,7]    [,8]     [,9]    [,10]
 [1,]  17.92   -1.334  -162.77   -4.131    21.55    10.2  -11.02    52.3     7.04    248.5
 [2,]  -1.33    0.551    -7.67    0.112    -1.46   -16.5    2.98   -18.2    -2.23   -120.8
 [3,] -162.77  -7.672 34333.36   86.027   433.96    13.4  -90.74   956.5 -1350.94  -7033.2
 [4,]  -4.13    0.112    86.03   28.626  -177.27   272.9  -52.93   164.3    24.45     50.2
 [5,]  21.55   -1.463   433.96 -177.270  1930.45 -4270.9  210.71 -1422.0   -43.76  -1013.9
 [6,]  10.23  -16.521    13.39  272.937 -4270.88 16610.4 -139.81  1113.6    18.73   4680.6
 [7,] -11.02    2.985   -90.74  -52.926   210.71  -139.8  213.23  -556.0  -151.08     96.3
 [8,]  52.30  -18.246   956.48  164.316 -1421.96  1113.6 -555.99  4043.5   130.79   -555.8
 [9,]   7.04   -2.234 -1350.94   24.454   -43.76    18.7 -151.08   130.8   236.88    -20.4
[10,] 248.46 -120.799 -7033.21   50.233 -1013.86  4680.6   96.26  -555.8   -20.43 192857.1
[11,]  -1.75   -5.205 -1992.41    6.012   124.42   -46.0  -62.94  -201.3    92.66   6568.9

# Column 11 not shown

$`S Matrix`
         [,1]    [,2]     [,3]    [,4]    [,5]    [,6]     [,7]     [,8]     [,9] [,10]
[1,]    78.32  -4.647  -1295.1  -11.87   142.7  -145.8  -26.707     44.4    13.95  2040
[2,]    -4.65   0.765     64.4    2.62   -28.6    29.5    0.239     10.8    -4.40  -397
[3,] -1295.13  64.366 183632.4 -230.64   840.4  9000.1 3794.277 -10813.7 -6396.75 -4148
[4,]   -11.87   2.624   -230.6   18.37  -171.7   291.8  -19.687     84.8     3.48 -1170
[5,]   142.72 -28.619    840.4 -171.72  2005.8 -3810.0   51.761   -765.2    87.90  8917
[6,]  -145.84  29.491   9000.1  291.78 -3810.0 12023.3  188.569    667.6  -711.89 -3829
[7,]   -26.71   0.239   3794.3  -19.69    51.8   188.6  129.335   -292.7  -155.76  1797
```

```
 [8,]    44.38   10.761  -10813.7    84.84  -765.2    667.6  -292.664   1121.0    294.25 -10632
 [9,]    13.95   -4.404   -6396.8     3.48    87.9   -711.9  -155.764    294.2    327.28   1812
[10,]  2039.65 -397.475   -4148.0 -1170.28  8916.8  -3829.1  1796.971 -10631.9   1812.21 419518
[11,]   279.50  -47.311  -60483.5   -22.73   670.8  -3489.0 -1105.923   2773.7   2358.45  18067

# Column 11 not shown
```

이 단계의 첫 번째 부분(section)은 추정치의 표준오차로 이전 단계의 FINAL PARAMETER ESTIMATE와 배치 형태가 동일하다. 이후의 출력들은 대개 이것을 구하는 데 필요한 중간 계산 결과들이다.

두 번째 부분은 추정값(estimate)의 분산-공분산 행렬(variance-covariance matrix)이다. 이 행렬의 대각원소에 제곱근을 취한 것이 추정값의 표준오차이다. 이는 뒤에 나오는 R matrix와 S matrix를 사용하여 $R^{-1}SR^{-1}$를 계산한 것이다.

세 번째 부분은 직전 부분인 분산-공분산 행렬을 상관 행렬(correlation matrix)로 변환한 것이다. NONMEM의 경우에는 대각원소에 제곱근을 취하여 표준 편차(standard deviation, 여기서는 standard error가 됨)를 표시하고 있다.

네 번째 부분은 분산-공분산 행렬의 역행렬이다. 내부적으로는 이 행렬을 먼저 구한 뒤, 이것의 역행렬을 분산-공분산 행렬로 삼는다. 이것의 의미는 Fisher's Information Matrix(NONMEM에서의 R matrix)의 추정량과 유사하지만 계산법은 더 보수적이어서 다르다.

다섯 번째 부분은 추정값들의 상관 행렬(correlation matrix of estimates)로부터 구한 고유치(eigenvalue)들을 작은 것부터 순서대로 나열한 것이다. 이런 상관 행렬은 양정치(positive definite)이기 때문에 고유값들이 모두 양의 실수(positive real values)이다. 또한 이 행렬은 실수 대칭 행렬(real symmetric matrix)이므로 실수인 고유값(real eigenvalues)을 갖는다. 추정된 상관계수들도 거의 항상 서로 다르다. 정리하자면 추정값들의 상관 행렬은 full rank, 실수 대칭, 양정치 행렬(full-rank real symmetric positive definite matrix)이다. 만약 그렇지 않다면 NONMEM 등이 사용하는 BFGS 같은 계산 알고리듬(computation algorithm)상 최소화 실패(minimization failure)가 발생하게 된다. 따라서 이 상관 행렬은 대각원소의 개수만큼 서로 다른 양의 실수 고유값(distinct positive real eigenvalues of rank)을 갖는다.

여섯 번째 부분은 R matrix이다. 이는 log likelihood를 parameter들로 이계 미분한 것(Hessian matrix)으로 Fisher's Information Matrix(FIM)(의 추정량)이라고도 한다. 일반적인 최대우도추정법(maximum likelihood estimation, MLE)에서는 R matrix의 역행렬을 추정치의 분산-공분산 행렬로 사용하지만 NONMEM에서는 다음에 나오는 S matrix를 함께 사용한다.

마지막 부분은 S matrix이다. 이는 개별 대상자의 log likelihood를 parameter들로, 일계 미분값(gradient vector)에 대한 cross product(n by 1 열벡터를 그것의 transpose(1 by n vector)와 곱한 것으로 n by n matrix가 된다.)들을 모두 합한 것이다. MLE 이론에 따르면, 이상적인 상황에서 S matrix와 R matrix의 기대값은 같다. 하지만 실제로는 상당히 다를 수 있고, 정규분포 가정도 어긋날 수 있으므로 NONMEM은 $R^{-1}SR^{-1}$를 추정값의 분산-공분산 행렬로 사용한다.

만약 어떤 원인(예를 들어, R이 numerically singular)에 의해 분산-공분산 행렬을 구할 수 없고, 따라서 표준오차를 구할 수 없다면 `$COV`에서 `MATRIX=R` 또는 `MATRIX=S` 옵션으로 단순화하여 표준오차를 구할 수 있다. 이 경우에는 대개 표준오차가 더 작게 나온다. 어떤 행렬이 singular(비정칙)이어서 역행렬을 구할 수 없다면 NONMEM은 pseudo-inverse matrix를 구하게 되는데, 이는 유일한(unique) 해는 아니므로 해석에 유의해야 한다.

공분산 단계(covariance step)가 실패하는 경우에는 먼저 parameter 추정값에 이상이 없는지 살펴보고, 이상이 없어 보이면 bootstrap이나 profile-likelihood 등의 다른 방법을 이용하여 신뢰구간을 구하면 된다. 이때 신뢰구간이 비대칭일 가능성이 크므로 표준오차를 (산출하였다 하더라도) 제시하지 않는 경우가 많다. 혹자는 covariance step에 의한 표준오차보다 bootstrap에 의한 신뢰구간이 (시간은 훨씬 많이 걸리지만) 더 좋다고 한다. bootstrap을 할 때는 공분산 단계(covariance step)와 표 단계(table step)를 삭제하면 실행 시간이 절약된다.

MLE 이론에 따르면, log likelihood를 parameter 추정값에서 1계 편미분한 것의 제곱과 2계 편미분한 것의 기대값은 부호만 반대이면서 크기가 같다.

지금까지의 설명을 다시 정리하면 다음과 같다.

아주 이상적인 (그러나 극히 드문) 상황에서는 목적함수의 1계 미분의 제곱(S matrix)과 2계 미분(R matrix)이 같겠지만 (기대값은 같을 수도 있다.), 실제 관찰값으로 계산하면 다르다. NONMEM에서는 1계 미분의 제곱 행렬(cross product)을 S matrix, 2계 미분 행렬(Hessian)을 R matrix라고 부른다. 대부분의 MLE 소프트웨어에서는 R matrix의 inverse만으로 estimate의 분산-공분산 행렬로 삼고 표준오차를 산출한다. 반면, NONMEM에서는 $R^{-1}SR^{-1}$을 estimate의 분산-공분산 행렬로 삼는다. 이것은 더 보수적인 방법이어서 잔차($\epsilon$)와 interindividual random variability($\eta$)의 정규분포 가정을 완화했다고 볼 수 있으며, 신뢰구간은 더 넓게 나온다.

수식으로 표현하자면 다음과 같다. 여기에서 $O_i$는 개인(i)의 목적함수 값이며, $O$는 전체 목적함수 값이다.

$$O = \sum_i O_i$$

$$S = \sum_i \nabla_{O_i} \nabla_{O_i}^T = \sum_i \frac{\partial O_i}{\partial \theta} \frac{\partial O_i}{\partial \theta}^T$$

$$R = \frac{\partial^2 O}{\partial \theta^2}$$

위의 설명은 가톨릭대학교 계량약리학연구소(PIPET) 대표저자 임동석의 『계량약리학 워크샵 초급과정』(2020, 주식회사 부크크)'의 14장에도 나와 있다.

### 16.1.4. Post Hoc Eta

FO method는 추정 과정(estimation step)에서는 모든 $\eta$를 0으로 고정하기 때문에 Empirical Bayes Estimate(EBE, 또는 realized eta, maximum a posteriori, post hoc eta)를 따로 구해 주어야 한다. 반면 FOCE나 LAPL에서는 매 iteration마다 EBE를 추정하기 때문에 나중에 따로 EBE를 추정할 필요는 없다. 추정 단계(estimation step)에서 "HESSIAN OF POSTERIOR DENSITY IS NON-POSITIVE-DEFINITE DURING SEARCH"라는 error message를 보는 경우가 있는데, 이는 특정 대상자(subject)에서 EBE 추정에 실패했다는 뜻이다.

```
(EBE = PostHocEta())   # Using e$FinalPara from EstStep()
```

```
     ID   ETA1     ETA2    ETA3
 [1,]  1 -0.637 -0.23226 -0.7365
 [2,]  2 -0.590 -0.15334 -0.0662
 [3,]  3 -0.308 -0.12482 -0.2101
 [4,]  4 -1.031 -0.18682 -0.2120
 [5,]  5 -0.824 -0.30235 -0.2445
 [6,]  6 -1.003  0.06818 -0.0875
 [7,]  7 -1.432 -0.09790 -0.1380
 [8,]  8 -0.754 -0.03924 -0.1962
 [9,]  9  0.788  0.01076 -0.1994
[10,] 10 -1.456 -0.36906 -0.4006
[11,] 11  0.154 -0.00506 -0.0801
[12,] 12 -1.286 -0.38886 -0.1013
```

EBE를 얻기 위한 objective function은 별도로 있는데, 다음에서 확인할 수 있다.

```
ObjEta = function(ETAi)
{
# External Variable : e$INTER, e$DATAi, e$THETA, e$invOM, e$SG, e$nEta, e$HNames
# External Function : e$PRED
  FGHDi = e$PRED(e$THETA, ETAi, e$DATAi)
  Ri    = e$DATAi[,"DV"] - FGHDi[,"F"]

  if (e$INTER == TRUE) {
    Hi = FGHDi[, e$HNames, drop=FALSE]
  } else {
    FGHD0 = e$PRED(e$THETA, rep(0, e$nEta), e$DATAi)
    Hi = FGHD0[, e$HNames, drop=FALSE]
  }

  Vi    = diag(Hi %*% e$SG %*% t(Hi))
  return(sum(log(Vi) + Ri*Ri/Vi) + t(ETAi) %*% e$invOM %*% ETAi)
}
```

INTER option에 따라 V(Y)의 추정이 어떻게 달라지는지 주목해야 한다.

일반적으로 (적어도 NONMEM에서는) $\theta, \Omega, \Sigma$를 추정하기 위한 목적함수(objective function)와 EBE를 추정하기 목적함수(objective function)를 별도로 두고 매 iteration마다 각각 최소화하는데, Youngjo Lee, Yudi Pawitan 등은 이 둘을 합해(likelihood 기준으로는 곱해) 하나의 목적함수(objective function)를 구성하고 h-likelihood(extended likelihood의 특별한 case)라 하였다[Pawitan, Y. (2001). In All Likelihood. Oxford University Press].

하나의 objective function으로 구성하면 최적화 시간이 단축된다. 하지만 (연속형 Y 변수를 다루는 실제 자료에서는 일어날 것 같지 않지만) 일부 적용할 수 없는 경우들이 있어 완벽히 일반화할 수는 없다(Lee, Y., Nelder, J. A., & Pawitan, Y. (2017). Generalized Linear Models with Random Effects. 2e. Chapman & Hall/CRC).

### 16.1.5. Table Step

```
(sdtab = TabStep())
```

```
   ID  TIME    DV  PRED     RES    WRES      G1     G2      G3    H1 H2
1   1  0.00  0.74 0.000  0.7400  3.1764  0.0000  0.000  0.0000 0.000  1
2   1  0.25  2.84 4.511 -1.6705 -0.1411  2.9495 -4.511 -0.0667 4.511  1
3   1  0.57  6.57 6.729 -0.1587  0.4537  2.3362 -6.729 -0.2572 6.729  1
4   1  1.12 10.50 7.444  3.0565  1.9984  0.6273 -7.444 -0.6497 7.444  1
5   1  2.02  9.66 6.984  2.6759  0.3614 -0.1475 -6.984 -1.2453 6.984  1
6   1  3.82  8.58 5.793  2.7871 -0.2128 -0.1979 -5.793 -2.1254 5.793  1
7   1  5.10  8.36 5.064  3.2957  0.2574 -0.1735 -5.064 -2.5389 5.064  1
8   1  7.03  7.47 4.135  3.3348  0.0668 -0.1417 -4.135 -2.9112 4.135  1
9   1  9.05  6.89 3.345  3.5452  0.5296 -0.1146 -3.345 -3.0643 3.345  1
10  1 12.12  5.94 2.423  3.5170  1.0898 -0.0830 -2.423 -3.0010 2.423  1

# Mid-Lines are not shown here.
```

```
123 12  0.25  1.25 4.511 -3.2605 -0.2523  2.9495 -4.511 -0.0667 4.511  1
124 12  0.50  3.96 6.436 -2.4759 -0.6134  2.5903 -6.436 -0.2105 6.436  1
125 12  1.00  7.82 7.426  0.3939 -0.3457  0.8980 -7.426 -0.5636 7.426  1
126 12  2.00  9.72 6.998  2.7222  0.4872 -0.1429 -6.998 -1.2332 6.998  1
127 12  3.52  9.75 5.978  3.7717  1.7048 -0.2035 -5.978 -2.0051 5.978  1
128 12  5.07  8.57 5.080  3.4897  1.4530 -0.1741 -5.080 -2.5309 5.080  1
129 12  7.07  6.59 4.118  2.4721 -0.1349 -0.1411 -4.118 -2.9163 4.118  1
130 12  9.03  6.11 3.352  2.7582  0.8253 -0.1149 -3.352 -3.0637 3.352  1
131 12 12.05  4.57 2.441  2.1291  0.0660 -0.0836 -2.441 -3.0052 2.441  1
132 12 24.15  1.17 0.685  0.4850 -1.9998 -0.0235 -0.685 -1.7138 0.685  1
```

위의 각 단계(step)를 이루는 함수의 내용은 CRAN의 source나 R Console에서 함수 이름으로 살펴보면 알 수 있다.

더 자세하게 FO, FOCE, LAPL method 간에 목적함수(objective function)의 차이는 다음의 두 논문을 참고한다.

- Kim, M. G., Yim, D. S., & Bae, K. S. (2015). R-based reproduction of the estimation process hidden behind NONMEM® Part 1: first-order approximation method. *Transl Clin Pharmacol, 23*(1), 01–07.
- Bae, K. S., & Yim, D. S. (2016). R-based reproduction of the estimation process hidden behind NONMEM® Part 2: First-order conditional estimation. *Transl Clin Pharmacol*, 24(4), 161–168.

## 16.2 First Order Conditional Estimation(FOCE) Method

FOCE with INTER 방법으로 추정하기 위해서는 다음과 같이 실행한다.

```
InitStep(DataAll, THETAinit=THETAinit, OMinit=OMinit, SGinit=SGinit, LB=LB, UB=UB,
         Pred=PRED, METHOD="COND")
(EstRes = EstStep()) # This might take about 2 min.
(CovRes = CovStep()) # This might take about 1 min.
get("EBE", envir=e)
TabStep()
```

InitStep에서 `METHOD="COND"`로 지정하는 것과 `PostHocEta` 함수 대신 `get("EBE", envir=e)` 쓰는 것 외에는 FO와 동일하다.

한 가지 유념할 것은 FOCE without INTER는 FO와 유사한 반면에 FOCE with INTER는 LAPL과 유사하다는 것이다.

즉, FO와 FOCE without INTER 방법은 prediction function을 Taylor series 전개 후 1차 미분까지만 사용하여 approximation을 구성하는 반면에 FOCE with INTER와 LAPL 방법은 prediction function이 아니라, objective function(−2 log likelihood function에서 상수항을 제외한 것)을 Laplacian approximation($e^{f(x)}$ 형태의 함수를 Taylor series 전개 후 2차 미분까지 사용)을 사용한다.

# 16.3 Laplacian(LAPL) Method

```
InitStep(DataAll, THETAinit=THETAinit, OMinit=OMinit, SGinit=SGinit, LB=LB, UB=UB,
         Pred=PRED, METHOD="LAPL")
(EstRes = EstStep()) # This might take about 4 min.
(CovRes = CovStep()) # This might take about 1 min.
get("EBE", envir=e)
TabStep()
```

InitStep에서 `METHOD="LAPL"`로 지정하는 것 외에는 동일하다.

## 16.4 Minimization Failure를 줄이기 위한 변수 변환

임의의 함수를 최적화(여기서는 minimization)하는 과정에서 적합 실패(fitting failure)가 잘 나타난다. 이를 줄이기 위해 많은 노력이 있었는데, NONMEM에서는 다음과 같이 한다.

1. unconstrained minimization을 사용하되 모든 parameter들의 초기값(initial value)을 모두 0.1에서 시작한다.
2. 주어진 초기값과 한계값(boundary)을 위의 값이 되도록 변환하는 factor를 구한다.

위의 일을 하기 위하여 $\theta$의 경우와 분산인 $\Omega$와 $\Sigma$ 경우에 다른 변환 방법을 사용한다. $\theta$의 경우에 먼저 다음과 같은 $\alpha$라 불리는 변환 factor를 구한다.

$$\alpha = 0.1 - \log\left(\frac{(IE - LB)/(UB - LB)}{(1 - (IE - LB)/(UB - LB))}\right)$$

위에서 IE는 initial estimate, LB는 lower bound, UB는 upper bound를 의미한다. 이후 다음 식에 의해 original scale에서의 parameter 값을 구하게 된다.

```
p1 = exp(STP - alpha)
p2 = p1/(p1 + 1)*(UB - LB) + LB
```

위에서 p2가 original scale에서의 parameter인데, STP는 scaled and transformed parameter의 약어이며, 요즘은 UCP(Unconstrained Parameter)라고 불린다.

분산들의 경우에는 좀 더 복잡한데, 우선 다음과 같이 scale factor를 구한다.

```
ScaleVar = function(VarMat, dim1)
{
  M1 = chol(VarMat)
  V1 = diag(M1)
  M2 = abs(10 * (M1 - diag(V1, nrow=dim1))) + diag(V1/exp(0.1), nrow=dim1)
  return(t(M2))
}
```

위와 같이 VarScale을 구한 뒤에 매 iteration에서 original scale에서의 값으로 변환하여 목적함수(objective function) 값을 구하게 된다.

```
DesclVar = function(mUCP, mSCL)
{
  nRow = dim(mUCP)[1]
  maT = matrix(nrow=nRow, ncol=nRow)

  for (i in 1:nRow) {
    for (j in 1:nRow) {
      if (i==j) {
        maT[i,j] = exp(mUCP[i,j]) * mSCL[i,j]
      } else if(i > j) {
        maT[i,j] = mUCP[i,j] * mSCL[i,j]
      } else {
        maT[i,j] = 0
    }
    }
  }
  return(maT %*% t(maT))
}
```

분산항(variance term)들의 변환은 기본적으로 Cholesky decomposition을 사용하며,

대각원소에 대해서는 약간 다르게 계산한다.

## 16.5 미분 방정식 형태로 주어진 모형의 적합

미분 형태로 주어진 모형에서 수치 적분(numerical integration)을 하면서 목적함수의 필수 요소인 $\frac{\partial F}{\partial \eta_i}$ 를 구하는 것은 상당히 번거롭다. 하지만 Leibniz integral rule이라고도 불리는 differentiaion under the integral sign을 활용하면 시간이 상당히 단축된다.

즉, 적분 기호 밖의 미분 기호가 적분 기호 안으로 들어갈 때 편미분 기호로 바뀌어야 하는데, 의학에서의 문제들은 다행히 적분 구간($t_1$에서 $t_2$)이 적분 변수(time t)에 무관한 것이어서 상대적으로 단순한 형태이다.

좀 더 구체적으로 설명하면 다음과 같다.

관찰 구획(observation compartment)에서 약물(drug, substance)의 양(amount)을 A라 하고, 그 농도를 F라 하면(즉, $A = F \cdot V$) 다음과 같은 관계를 유도할 수 있다.

$$\frac{\partial F}{\partial \eta_i} = \left( \frac{dA}{d\eta_i} - F \frac{\partial V}{\partial \eta_i} \right) / V$$

여기에서 $\frac{dA}{d\eta_i}$ 를 얻는 것이 일견 쉽지 않아 보이는데, 이것은 주어진 연립 미분 방정식(coupled differential equation)을 먼저 $\eta$들로 편미분(partial differentiation)한 뒤에 이를 다른 $\frac{dA}{dt}$ 들과 함께 시간에 대해 수치 적분(numerical integration)을 하면 된다.

저장 구획(depot compartment)의 양(amount)을 $A_1$ 이라 하고, 중심 구획(central compartment)의 양(amount)을 $A_2$라 하면 다음과 같은 미분 방정식을 세울 수 있다.

$$\frac{dA_1}{dt} = -k_a A_1$$

$$\frac{dA_2}{dt} = k_a A_1 - k A_2$$

$A_2$부분에 대한 것만 나타내면 다음과 같다.

$$\frac{dA_2}{d\eta_i} = \frac{d}{d\eta_i}\int \frac{dA_2}{dt}dt = \int \frac{d}{dt}\left(\frac{\partial A_2}{\partial \eta_i}\right)dt$$

$$\frac{d}{dt}\left(\frac{\partial A_2}{\partial \eta_i}\right) = \frac{\partial k_a}{\partial \eta_i}A_i + k_a\frac{\partial A_1}{\partial \eta_i} - \frac{\partial k}{\partial \eta_i}A_2 - k\frac{\partial A_2}{\partial \eta_i}$$

$\frac{\partial A_1}{\partial \eta_i}$를 $B_{1i}$라 하고, $\frac{\partial A_2}{\partial \eta_i}$를 $B_{2i}$라 하면 다음과 같이 식을 단순화할 수 있다.

$$\frac{dB_{2i}}{dt} = \frac{\partial k_a}{\partial \eta_i}A_1 + k_a B_{1i} - \frac{\partial k}{\partial \eta_i}A_2 - kB_{2i}$$

위에서 $\frac{\partial k_a}{\partial \eta_i}$, $\frac{\partial k}{\partial \eta_i}$ 등은 다음의 식을 편미분(partial differentiation)해서 구할 수 있다.

$$k_a = \theta_1 e^{\eta_1}$$

$$V = \theta_2 e^{\eta_2}$$

$$k = \theta_3 e^{\eta_3}$$

만약 구획(compartment)이 2개이고, $\eta$가 3개라면 위와 같은 식이 6개가 나온다. 이것을 원래 주어진 식 2개와 함께, 즉 8개를 한꺼번에 수치 적분하면 원하는 것(특정 시간에서 각 구획의 약물 양과 그것의 $\eta$에 대한 derivative)을 빠르게 구할 수 있다.

아래는 일구획 모형(one-compartment model)이 미분 방정식으로 주어졌을 때, 시간(time) t에서의 양(amount) ($A_i$)뿐 아니라, $\frac{dA}{d\eta_i}$도 함께 구하기 위한 수치 적분(numerical integration)의 예이다. 아래에서 앞의 두 개가 주어진 미분 방정식(differential equation)이며, 뒤의 6개는 앞의 2개 식을 3개의 $\eta$로 편미분(partial differentiation)해서 나온 방정식이다.

```
PKo1c = function(t, y, p)
{
  dy1dt = -p["ka"] * y[1]
  dy2dt = p["ka"] * y[1] - p["k"] * y[2]
  dy3dt = -p["ka"] * y[1] - p["ka"] * y[3]
```

```
    dy4dt = -p["ka"] * y[4]
    dy5dt = -p["ka"] * y[5]
    dy6dt = p["ka"] * y[1] + p["ka"] * y[3] - p["k"] * y[6]
    dy7dt = -p["k"] * y[7]
    dy8dt = -p["k"] * y[2] - p["k"] * y[8]

    return(list(c(dy1dt, dy2dt, dy3dt, dy4dt, dy5dt, dy6dt, dy7dt, dy8dt)))
}

V = EstRes[[4]][2]
Para = c(ka = EstRes[[4]][1], k = EstRes[[4]][3])
Times = DATA[DATA$ID == 1, "TIME"]
InitVal = c(320, 0, 0, 0, 0, 0, 0, 0)

require(deSolve)                                    # require(odesolve)
PRED = lsoda(y=InitVal, times=Times, func=PKo1c, parms=Para)

PRED = cbind(PRED, F=PRED[,"2"]/V)                  # F = A2/V
PRED = cbind(PRED,
             G1 = (PRED[,"6"] - PRED[,"F"]*0)/V,    # round F/ round eta1
             G2 = (PRED[,"7"] - PRED[,"F"]*V)/V,    # round F/ round eta2
             G3 = (PRED[,"8"] - PRED[,"F"]*0)/V,    # round F/ round eta3
             H1 = PRED[,"F"],                       # round Y/ round epsilon1
             H2 = 1)                                # round Y/ round epsilon2
PRED[, c("F", "G1", "G2", "G3", "H1", "H2")] # compare with TabStep() result
```

```
         F      G1     G2      G3    H1 H2
[1,] 0.000  0.0000  0.000  0.0000 0.000  1
[2,] 4.511  2.9495 -4.511 -0.0667 4.511  1
[3,] 6.729  2.3362 -6.729 -0.2572 6.729  1
[4,] 7.444  0.6273 -7.444 -0.6497 7.444  1
[5,] 6.984 -0.1475 -6.984 -1.2453 6.984  1
[6,] 5.793 -0.1979 -5.793 -2.1254 5.793  1
[7,] 5.064 -0.1735 -5.064 -2.5389 5.064  1
[8,] 4.135 -0.1417 -4.135 -2.9112 4.135  1
```

```
 [9,] 3.345 -0.1146 -3.345 -3.0643 3.345  1
[10,] 2.423 -0.0830 -2.423 -3.0010 2.423  1
[11,] 0.669 -0.0229 -0.669 -1.6901 0.669  1
```

```
sdtab[sdtab$ID == 1, c("PRED", "G1", "G2", "G3", "H1", "H2")]
```

```
    PRED      G1     G2      G3    H1 H2
 1 0.000  0.0000  0.000  0.0000 0.000  1
 2 4.511  2.9495 -4.511 -0.0667 4.511  1
 3 6.729  2.3362 -6.729 -0.2572 6.729  1
 4 7.444  0.6273  7.444 -0.6497 7.444  1
 5 6.984 -0.1475 -6.984 -1.2453 6.984  1
 6 5.793 -0.1979 -5.793 -2.1254 5.793  1
 7 5.064 -0.1735 -5.064 -2.5389 5.064  1
 8 4.135 -0.1417 -4.135 -2.9112 4.135  1
 9 3.345 -0.1146 -3.345 -3.0643 3.345  1
10 2.423 -0.0830 -2.423 -3.0010 2.423  1
11 0.669 -0.0229 -0.669 -1.6901 0.669  1
```

위에서 $\frac{\partial V}{\partial \eta_1} = 0$, $\frac{\partial V}{\partial \eta_2} = V$, $\frac{\partial V}{\partial \eta_3} = 0$을 대입하였다.

수치 결과의 자리수를 늘리면 끝자리가 약간씩 다른데, 이는 분석적 해(analytic solution)와 수치적 해(numerical solution)의 계산 과정이 다르기 때문이다.

## 16.6 참고문헌


1. Beal, S. L., & Sheiner, L. B. (1989). *NONMEM Users Guide Part I*. NONMEM Project Group.
2. Bae, K. S. (2003). Nonlinear Mixed Effects Modeling and NONMEM®. *Transl Clin Pharmacol, 7*(2), 31–42.
3. Kim, M. G., Yim, D. S., & Bae, K. S. (2015). R–based reproduction of the

estimation process hidden behind NONMEM® Part 1: first-order approximation method. *Transl Clin Pharmacol, 23*(1), 01–07. doi.org/10.12793/tcp. 2015.23.1.1

4. Bae, K. S., & Yim, D. S. (2016). R-based reproduction of the estimation process hidden behind NONMEM® Part 2: First-order conditional estimation. *Transl Clin Pharmacol, 24*(4), 161–168. doi.org/10.12793/tcp.2016.24.4. 161

## 연습문제

1 R의 nlme package에 포함된 `Phenobarb` 자료를 R의 nmw package를 이용하여 nonlinear mixed effects model로 분석해 보시오.

# Appendix 부록

A. R Markdown

B. R Keywords and Basic Functions

C. An Example of Non-parametric Test – Run Test

D. An Example of Meta-Analysis – Relative Risk

E. An Example of Bayesian Concept – Clinical Trial Assurance

# 부록 A R Markdown

## A.1 목적과 사용 방법

R Markdown은 R output이 보고서에 포함되는 경우에 사용을 권장한다.
즉, R로 자료 분석을 하고, 보고서/논문을 작성하는 경우 매우 권장된다.
주요 기능은 다음과 같다.

- R의 script, text output, figure, table 등을 문서에 포함시키기
- 목차 만들기(표 목차, 그림 목차 포함)
- 문서 내 표, 그림, 본문의 위치 등에 대한 상호 참조 만들기
- 참고문헌 만들기
- 색인 만들기

위에서 첫 번째 것을 제외한 것들은 TeX가 잘하는데, 사용법이 복잡한 것이 걸림돌이다.

그런데 R Markdown은 첫 번째 것에다가 TeX에서 주요한 기능만 간단히 쓸 수 있게 만든 셈이다.

R Markdown file은 simple ASCII text file이다. 따라서 AcroEdit 등의 editor를 사용하여 작성한다.

이 파일의 확장자는 주로 .Rmd이다.

Rmd file을 compile하여 pdf, html 등의 output을 만들 수 있다. MS Word file 형식(.docx, .rtf)으로 만들 수도 있으나 아직 완성도가 높지는 않다.

Compile하려면 rmarkdown package와 pandoc을 설치하여야 한다.

PDF output을 만드려면 TeX가 있어야 하는데, 같은 저자가 만든 TinyTeX를 사용하

면 편리하다(설치방법은 1장 참고).

한글이 포함되는 경우 utf-8 코딩 형식으로 저장한다.

이 장에서는 주로 pdf output을 만들기 위한 과정을 설명한다.

이 장에서는 RStudio를 사용하지 않으며, Rmd file 내에 YAML header를 최소한 사용하여 작업하는 방법을 설명한다.

한글이 포함된 pdf output을 만들기 위해서는 xelatex engine을 사용하는 것이 좋다.

R Markdown 관련 자세한 정보는 홈페이지(rmarkdown.rstudio.com)에서 볼 수 있다.

R Markdown 저자의 책은 R Markdown: The Definitive Guide[1])에서도 볼 수 있다.

기본적인 사용법은 R Markdown cheetsheet 또는 R Markdown reference guide를 참고할 수 있다.

예들 들어, 다음과 같은 text file을 utf-8 format으로 저장한 후,

```
Hello, World!
안녕, 세상!
```

다음과 같은 R script를 실행해 보면 output file이 생성되는 것을 볼 수 있다.

```
setwd("C:/Rmd/Hello")
require(rmarkdown)
render("Hello.Rmd") # to HTML
render("Hello.Rmd", output_format=word_document()) # to docx
render("Hello.Rmd",
       pdf_document(latex_engine='xelatex', toc=F, number_section=T,
                    pandoc_args=c("--variable", "mainfont=KoPubWorldBatang Medium",
                                  "--variable", "sansfont=KoPubWorldDotum Medium",
                                  "--variable", "monofont=NanumGothicCoding",
                                  "--variable", "linkcolor=cyan"))) # to PDF
```

1) https://bookdown.org/yihui/rmarkdown/

위의 내용을 text editor로부터 복사하고 R Console 창에 paste하여 실행할 수도 있지만, 위의 `pandoc_args`는 `render` 함수에서 지정해 주지 않으면 Rmd file 내에 YAML header로 써 주어야 하는데, 저자는 `pandoc_args` 형태로 쓰는 것을 선호한다.

위 파일을 text file로 (예를 들어, Compile.R) 저장 후 도스 명령어 창에서 다음과 같이 하여 실행할 수도 있다.

```
Rscript Compile.R
```

만약 어떤 LaTeX package를 포함시켜 작업하고 싶다면 `render` 함수에 다음과 같이 "`header-includes=`"에 해당하는 부분을 필요한 만큼 더하면 된다.

```
render("Hello.Rmd",
       output_file=paste0("Hello", substr(gsub('-|:| ', '', Sys.time()), 1, 12), ".pdf"),
       output_format=pdf_document(latex_engine='xelatex', toc=F, number_section=T,
                      pandoc_args=c("--variable", "mainfont=KoPubWorldBatang Medium",
                                    "--variable", "sansfont=KoPubWorldDotum Medium",
                                    "--variable", "monofont=NanumGothicCoding",
                                    "--variable", "header-includes=\\usepackage{tcolorbox}",
                                    "--variable", "linkcolor=cyan"))) # to PDF
```

`pandoc_args`로 넘기기에는 양이 너무 많으면 다음과 같이 필요한 TeX file을 추가해 줄 수 있다.

```
render("Hello.Rmd",
       output_file=paste0("Hello", substr(gsub('-|:| ', '', Sys.time()), 1, 12), ".pdf"),
       output_format=pdf_document(latex_engine='xelatex', toc=F, number_section=T,
                                  pandoc_args=c("--variable", "linkcolor=cyan"),
                                  includes=includes(in_header="preamble.tex",
                                                    before_body="before_body.tex",
                                                    after_body="after_body.tex")))
```

## A.2 기본 문법

위에서 말한 사항(simple text, utf-8 coding)만으로도 pdf, html output이 만들어진다.
Rmd file은 HTML 또는 TeX 문서와 유사한 면이 많다.
Output에서 줄 바꾸기를 하려면 빈 줄을 사이에 넣는다.
#, ##, ### 등을 써서 장, 절 등의 제목을 표시한다.
새로운 페이지로 넘어가고 싶으면 `\newpage` 명령어를 쓴다.
행간 간격은 다음과 같은 두 줄의 명령어를 사용한다.

```
\linespread{1.2}
\selectfont
```

위에서 1.6 정도가 double space이고, 1.2 정도는 그보다 좀 작다.
한 줄을 띄우기 위해서는 다음과 같이 쓸 수 있다.

```
 
```

글자체(폰트)를 바꾸기 위해서는 다음의 세 명령어 중 하나를 사용할 수 있다.

```
\rmfamily
```

This is roman font characters. 이것은 명조체입니다.

```
\sffamily
```

This is gothic font characters. 이것은 고딕체입니다.

```
\ttfamily
```

`This is monospace (typewriter) font characters. Default monospace font cannot express Korean characters (Hangeul).`

`\rmfamily` 는 로만(명조) 글자체

`\sffamily` 는 고딕 글자체

`\ttfamily` 는 타자체(monospace, 고정폭) 글자체를 의미한다.

고정폭에 대해서는 예쁜 한글 글자체를 발견하지 못하여 추천하지 않지만, 불가피하게 쓰고 싶을 때는 Nanum Gothic Coding font를 사용할 수 있다.

## A.3 시작 부분

시작 부분에 최소한의 YAML을 쓴다면 다음과 유사하다.

```
---
title: "Basic Example"
author: "Kyun-Seop Bae"
date: "`r Sys.time()`"
---
```

## A.4 R script 부분

실행할 R script는 다음의 가운데 부분에 쓰면 된다.

````
```{r}
# R script here
```
````

그러면 사이에 있는 R script가 실행된다.

만약 실행하고 싶지 않으면 `eval=F` 옵션을 사용한다.

```
```{r eval=F}
# R script here
```
```

만약 실행은 하되, R script는 보여 주고 싶지 않으면 `echo=F` 옵션을 사용한다.

```
```{r echo=F}
# R script here
```
```

여러 옵션을 동시에 사용할 때는 옵션 사이에 쉼표(,)로 구분해 준다.

```
```{r echo=F, fig.align='center', fig.height=6}
# R script here
```
```

## A.5 한 줄 안의 R script 실행

다음과 같이 backtick r과 backtick 사이에 써 준다.

```
`r aFunction()`
```

## A.6 수식의 사용

한 줄 안에 수식을 쓰고 싶으면 $로 시작하고 $로 끝내되, 사이에 TeX 문법의 수식을 쓰면 된다. 주의할 점은 시작 $ 기호 뒤나, 끝 $ 기호 바로 앞에 공백이 있어서는 안 된다는 것이다.

만약 한 줄을 차지하는 수식을 쓰고 싶으면 $$로 시작하고, LaTeX 문법의 수식을 쓴 뒤에 $$로 끝내면 된다.

수식 내에서 줄바꿈을 원할 때는 \\ (backslash 두 개 연속)를 쓰면 된다.

수식과 관련된 TeX 문법은 양이 많기 때문에 다른 자료를 참고한다. (예: lshort-ko.pdf[2])

## A.7 표 넣기

### A.7.1. 직접 써서 넣기

다음과 같은 형식으로 입력하면

```
| Group   | MI occured |  No MI | Total  |
|:------:|----------:|-------:|-------:|
|Placebo | 189         | 108,45 | 11,034 |
|Aspirin | 104         | 10,933 | 11,037 |
```

결과는

| Group | MI occured | No MI | Total |
|:---:|---:|:---:|---:|
| Placebo | 189 | 108,45 | 11,034 |
| Aspirin | 104 | 10,933 | 11,037 |

2) http://mirrors.ibiblio.org/CTAN/info/lshort/korean/lshort-ko.pdf

처럼 보이게 된다.

위에서 콜론 기호로 좌우 정렬상태를 조절할 수 있다.

R Markdown에는 아래쪽에 합계 등을 표시하기 위한 줄 긋기나 대각선 긋기를 지원하고 있지 않으므로 이런 경우에는 LaTeX 문법을 써서 표를 만들어야 한다.

### A.7.2. R의 data.frame을 표로 넣기

R script 내에서 knitr package의 `kable` 또는 `kbl` 함수를 많이 사용한다.

kableExtra package를 사용하면 더 다양한 형식의 표를 넣을 수 있다.

## A.8 그림 넣기

### A.8.1. 외부 그림 직접 넣기

다음과 같은 형식으로 넣을 수 있다.

```
![](URL)
```

또는 R script를 써서 knitr package의 `include_graphics` 함수를 사용할 수 있다.

```
include_graphics(path, ...)
```

후자가 조정할 수 있는 옵션이 더 많다.

### A.8.2. R의 결과 그림 넣기

R script에서 `plot` 함수 등을 사용하면 결과가 pdf 등에 포함되게 된다. 크기나 위치는 R script의 chunk 옵션으로 조정할 수 있다.

```
```{r echo=F, fig.cap='Larger engine has lower fuel efficiency.', fig.height=5}
plot(mpg ~ disp, mtcars)
```
```

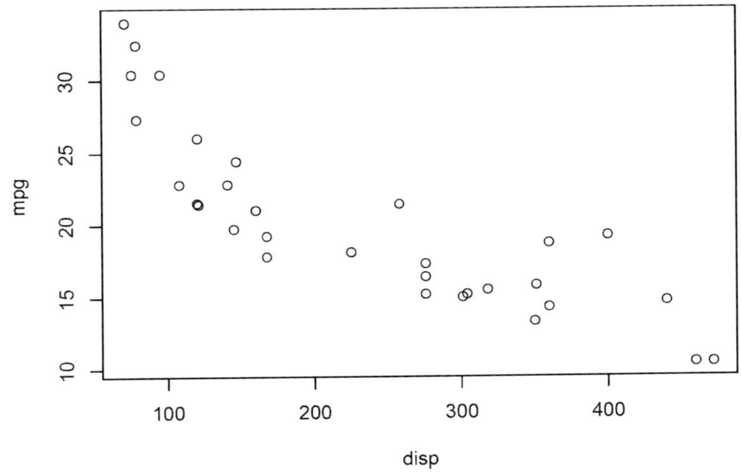


**[그림 A.1]** Larger engine has lower fuel efficiency.

## A.9 참고문헌 넣기

참고문헌을 넣으려면 참고문헌이 담긴 파일 이름을 YAML에서 지정해야 한다. YAML은 .Rmd file의 앞부분(header)에 둘 수도 있고, 별개의 파일로 만들 수도 있다.

참고문헌의 정보는 bib 형식의 파일에 담겨 있는데, 먼저 MS Excel 등으로 csv file로 저장한 후 이것을 data.frame으로 읽어들인 후, 약간의 프로그래밍을 통해서 bib 파일로 전환할 수 있다.

또한 RefManageR package의 `ReadPubMed` 함수나 `WriteBib` 함수를 활용하면 좋다.

R에서는 아직 일반적인 의학학술잡지의 참고문헌 형태는 잘 지원하지 못하고 있는 상태이다.

즉, 참고문헌을 R만으로 완벽히 다루려면 상당히 복잡한 프로그래밍 작업이 요구된다.

R package를 참조할 때는 knitr package의 `write_bib` 함수가 유용하다.

## A.10 마지막 부분

마지막 부분에는 다음과 같은 R 함수를 실행하여 보고서에 실행 환경 정보를 넣어 주면 좋다.

````
# Session Information
```{r}
Sys.info()
sessionInfo()
```
````

## A.11 연습문제

1. LaTeX에서 수식을 어떻게 쓰는지 조사해 보고 연습해 보시오.

# 부록 B R Keywords and Basic Functions

## B.1 Computer Language를 배우려면

기본적으로

- Keyword (reserved word)
- Basic data type
- Basic operator
- Flow control
- Basic functions
- Basic libraries

들에 대해서 알아야 한다.

## B.2 Token 구분자

Token이란 의미의 최소 단위(minimal chunk)를 의미한다.

다음의 문자들은 token에 쓸 수 없는 문자들이며, 이런 문자들이 있으면 앞뒤가 구분된 token들로 본다.

```
white spaces(space, tab, vertical tab, line feed, carriage return)

# comment

: from:to
```

```
:: package::function
; line separator
, argument separator
= or <- or -> assignment operator
= argument name=value pairing
~ formula constructor (See chapter 10 to see how to use)
$ container$element
() binding/evaluation order separator
{} block of statements
[] index container
[[]] inner object
|> pipe operator. since R 4.1
```

식(expression)은 evaluation(평가, 값 계산)의 대상이고, 문장(statement)은 execution(실행)의 대상이다.

하나의 식(expression)이 하나의 문장(statement)이 될 수도 있다. 문장(statement)은 Enter 문자로 끝나거나 세미콜론(;)으로 끝나거나 {}로 구분된다.

## B.3 R Keywords

R의 keyword에는 다음과 같은 것들이 있다.

```
if
else
function
for             # for Loop
in              # each one in right ones
next            # continue to next iteration
```

```
break            # exit current loop
...              # other arguments
```

마지막 것은 받은 인자를 그대로 다른 함수에 넘겨줄 때 쓴다. 그런데 생각보다 keyword의 수가 매우 적다. Keyword라고 생각했던 것이 사실은 대부분 함수이기 때문이다. 각종 수학, 논리 연산자뿐 아니라 심지어는 indexing에 사용하는 bracket '['도 함수이다. 다음은 모두 bracket 함수를 부르는 것이며 같은 결과를 낸다.

```
x = 1:3

# Pick the third element: 3
x[3]                        # 3
`[`(x, 3)                   # 3
do.call('[', list(x, 3))    # 3

# Pick the fourth element: Not Available
x[4]                        # NA
`[`(x, 4)                   # NA
do.call('[', list(x, 4))    # NA
```

함수들은 재정의가 가능하므로 연산자들도 재정의하거나 새로 만드는 것이 가능하다.

## B.3.1. if ... else ...

`if`는 `else` 없이 쓰일 수도 있고, `else if`의 형태로 여러 번 나올 수도 있으나 대체로 다음과 같다.

```
if (condition) {
  # statements for the case of TRUE condition
```

```
} else {
  # statements for the case of FALSE condition
```

condition은 evaluation 결과가 TRUE 또는 FALSE이어야 한다. 좀 더 많은 경우로 분기할 때는 `switch`라는 함수를 쓸 수도 있다. 하지만 C 언어의 switch만큼 편하지 않아서 생각보다 많이 쓰이지 않는다.

### B.3.2. function

R에서 함수(function)는 대체로 다음과 같이 생성한다.

```
myFunctionName = function(argument1, arugment2, arugment3 = defaultValue, ...)
{
 # Check if the input arguments are OK.

  on.exit(An expression to be executed) # see help
  # Process the input and make the result to be returned
  return(Result)
}
```

함수의 내용이 간단히 한 줄로 나타낼 수 있으면 {}를 생략할 수 있다. 인자(arguments)가 없어도 함수를 만들 때나 부를 때는 ()를 써 주어야 한다.

`on.exit` 함수는 함수가 정상적 또는 비정상적으로 종료할 때 실행해야 하는 것을 넣으면 된다.

### B.3.3. for loop

for loop의 형태는 대체로 다음과 같다.

```
for (i in 1:10) {
  # R statements
  if (condition == 1) next
  # R statements
  if (condition == 2) break
  # R statements
}
```

i값을 1에서부터 10까지 1씩 증가시키면서 brace 내부를 실행하게 된다. 만약 어떤 조건이 맞아 next를 만나게 되면 이후 문장을 실행하지 않고 next iteration으로 넘어간다. 만약 break문을 만나게 되면 for loop를 벗어난다.

## B.4 기정의 상수(Predefined Constant)

R에는 다음과 같은 상수들(constants)이 있다.

```
TRUE              # true, 1 as.numeric
FALSE             # false, 0 as.numeric
NULL              # no element
Inf               # +Infinity
-Inf              # -Infinity
NaN               # Not a Number
NA                # Not Available
NA_integer_       # integer type NA
NA_real_          # real type NA
NA_complex_       # complex type NA
NA_character_     # character type NA
```

```
LETTERS                 # A to Z
letters                 # a to z
month.abb               # Jan to Dec
month.name              # January to December
pi                      # 3.14159...
```

## B.5 기본 연산자(Basic Operator)

이것이 전부는 아니며 아래 일부는 사실 함수이다.

```
+               # add
-               # substract
*               # multiply
/               # divide
%*%             # matrix multiplication, 행렬곱
%in%            # test if left set is a subset of the right set
^               # power
%%              # modulus, 나머지 연산자
&               # logical and
|               # logical or
!               # logical not
<<-             # assignment outside
length          # element count
intersect       # 교집합
union           # 합집합
setdiff         # 차집합
t               # transpose of a matrix or a similar one, 전치
```

```
order          # 순서
rank           # 순위
```

더 자세한 것은 R Language Definition을 본다.

## B.6 사용자의 연산자 정의(User Defined Operator)

다음과 같이 사용자가 operator를 정의할 수도 있다. 아래의 예는 spectral decomposition 하는 함수를 operator처럼 만든 것이다.

```
"%^%" = function(M, x) with(eigen(M), vectors %*% (abs(values)^x * t(vectors)))
m0 = matrix(rnorm(9), ncol=3) ; m1 = crossprod(m0) ; m1
```

```
      [,1]   [,2]   [,3]
[1,]  5.92  -1.77   2.16
[2,] -1.77   2.04  -2.97
[3,]  2.16  -2.97   4.70
```

```
A = m1 %^% (1/3) ; A %*% A %*% A
```

```
      [,1]   [,2]   [,3]
[1,]  5.92  -1.77   2.16
[2,] -1.77   2.04  -2.97
[3,]  2.16  -2.97   4.70
```

```
A %^% 3
```

```
      [,1]   [,2]   [,3]
[1,]  5.92  -1.77   2.16
```

```
[2,]  -1.77   2.04  -2.97
[3,]   2.16  -2.97   4.70
```

```
A %^% 1.5 %^% 2
```

```
       [,1]   [,2]   [,3]
[1,]   5.92  -1.77   2.16
[2,]  -1.77   2.04  -2.97
[3,]   2.16  -2.97   4.70
```

```
(A %^% 2) %^% 1.5
```

```
       [,1]   [,2]   [,3]
[1,]   5.92  -1.77   2.16
[2,]  -1.77   2.04  -2.97
[3,]   2.16  -2.97   4.70
```

```
B = m1 %^% -0.5 ; solve(B %*% B)
```

```
       [,1]   [,2]   [,3]
[1,]   5.92  -1.77   2.16
[2,]  -1.77   2.04  -2.97
[3,]   2.16  -2.97   4.70
```

## B.7 Data Type

R에서는 다음과 같은 data type들이 많이 사용된다.

### B.7.1. Types of elements of arrays

```
logical        # TRUE or FALSE, 논리형
integer        # 정수형, not much used
numeric        # 숫자형
character      # 문자형
complex        # complex number, 복소수형
raw            # machine code style (rarely used), 기계어형
```

위의 것들을 element로 하여 다음과 같은 좀 더 복잡한 data type이 있다.

```
vector         # 1 dimensional array, homogenous
matrix         # 2 dimensional array, homogenous
array          # 3 or more dimensions, homogenous
list           # of heterogenous elements
data.frame     # a kind of list
```

위의 것은 data type 이름이기도 하지만, 해당 data type을 생성하는 함수(constructor) 이름이기도 하다.

R에서 따로 scalar type이 없다. 즉, 숫자 하나는 길이가 1인 `vector`로 간주한다.

R에서 `vector`, `matrix`, `array`는 element들이 homogenous하고, `list`는 homogenous 할 필요가 없다.

범주형 자료는 다음과 같이 factor type으로 표현한다.

```
factor         # including ordered
```

factor type은 겉으로는 character type처럼 보이지만, 내부적으로 integer type으로 저장되어 있다.

순서형 자료는 factor type(기본적으로는 명목형 범주형 변수)에 ordered 속성이 부가된 것이지만, 개념적으로는 ordered(순서형 범주형 변수)도 하나의 type처럼 볼 수 있다.

factor type을 생성하는 `factor` 또는 `ordered`라는 함수도 있다.

Data object가 어떤 type인지 확인하는 다음과 같은 함수들이 있다.

```
is                       # What is it?
is.na                    # is NA?
is.nan                   # is NaN?
is.finite                # is finite number?
```

is로 시작하는 많은 함수가 이런 것이다.

Data type을 확인하는 것은 아니고, input vector가 정렬되어 있는지 점검하는 함수가 있다.

```
is.unsorted              # Check if it is not sorted
```

유의할 것은 is.sorted는 없다는 점이다.

Data type을 어떤 경우에는 변환(cast)할 수도 있는데, 다음과 같은 함수들이 많이 쓰인다.

```
as.character             # 문자형으로
as.numeric               # 숫자형(주로 실수형)으로
as.factor                # nominal categorical, 명목형으로
as.ordered               # ordinal categorical, 순서형으로
```

내부적으로 logical – integer – real – complex – character의 순서로 복잡해진다. 단순한 것에서 복잡한 것으로는 항상 변환(cast)이 된다.

반대 방향은 그 값에 따라 가능하기도 하고 불가능하기도 하다. 예를 들어, 문자 "1"은 숫자 1로 변환이 가능하다. 하지만 문자 "L"은 그냥 숫자로 변환이 안 된다[`utf8ToInt("L")`과 같이 하면 숫자로 바뀌는데, 이것은 "L"문자의 utf8 code number이다].

## B.8 속성 (Attribute) 관련 함수

다음과 같은 함수들이 속성을 알아내거나(getting) 설정하는 데(setting) 유용하다.

```
class                    # show or set class (object type)
dim                      # dimension
names                    # names of a list or vector
colnames                 # column names
rownames                 # row names
dimnames                 # dimension names
ncol                     # number of columns
nrow                     # number of rows
NCOL                     # number of columns, primitive function
NROW                     # number of rows, primitive function
attr                     # attributes
attributes               # attributes
```

## B.9 Very Basic Functions

다음은 R을 배울때 가장 먼저 배우는 함수들이다.

```
?                        # help
c                        # concatenate or combine vectors or lists
str                      # show the structure
install.packages         # install packages from a repository
library                  # load package
require                  # load package with returning TRUE or FALSE
rep                      # repeat
```

```
seq                 # sequence
setwd               # set working directory
getwd               # get working directory
print               # has some useful options
expression          # expression constructor
attach              # not recommended to use this function
detach              # make the names no longer available or unload packages
```

## B.10 Environment Settings

다음 함수를 이용해서 R 환경을 알아내거나 설정할 수 있다.

```
options

getOption
```

.Machine이라는 object에서 R의 여러 가지 limit을 알 수 있다. 아래에서는 일부만 보여 주었다.

```
.Machine[c(1:4, 14)]
```

```
$double.eps
[1] 2.22e-16

$double.neg.eps
[1] 1.11e-16

$double.xmin
[1] 2.23e-308

$double.xmax
[1] 1.8e+308

$integer.max
[1] 2147483647
```

`.Machine$double.eps`는 1 + x를 1과 구분해 주는 (거의) 최소값을 알려 주는데, 다음의 script로 확인해 볼 수 있다.

```
1 + .Machine$double.eps == 1          # FALSE
```

```
[1] FALSE
```

```
1 + .Machine$double.eps/2 == 1        # TRUE
```

```
[1] TRUE
```

## B.11 Additional Flow Control Functions

다음의 함수들이 유용하며, 많이 사용된다.

```
ifelse
on.exit
stop
stopifnot
return
```

## B.12 Basic Math Functions

```
abs           # absolute value
round         # 반올림 반버림, round to even number (IMPORTANT !!!)
floor         # 버림
ceiling       # 올림
exp           # exponential
log           # logarithmic
sqrt          # square root
min           # minimum
max           # maximum
mean          # average
median        # median
sum           # summation
cumsum        # cumulative summation
colSums       # sums by columns
colMeans      # means by columns
rowSums       # sums by rows
rowMeans      # means by rows
choose        # combination
scale         # normalize, standardize
crossprod     # cross product of matrix, X'X or X'Y
det           # determinant of a matrix
diag          # diagonal vector of a matrix or construct a diagonal matrix
eigen         # eigenvalues and eigenvectors by spectral decomposition
solve         # inverse of a matrix
qr            # QR decomposition
svd           # singular value decomposition
```

수학적 표현들을 어떻게 R로 표현하는가 하는 것은 1장을 참고한다.

## B.13 Basic File Read/Write Functions

```
read.table          # read a table
read.csv            # read a csv file
write.csv           # write a csv file
```

## B.14 Data Manipulation Functions

```
cbind               # column bind
rbind               # row bind
head                # first some rows
tail                # last some rows
reshape             # reshape data from wide to long format or vice versa
which               # indices of TRUE in a logical vector of TRUE and FALSE
which.max           # index of maximum value
cut                 # cut into intervals
addmargins          # add margins
complete.cases      # index of complete cases
na.omit             # omit NAs
expand.grid         # all combinations of columns
outer               # all combinatorial results of a function
unlist              # reverse of list function
stack               # make a vector from multiple vectors
unstack             # reverse of stack function
```

reshape은 data manipulation에 매우 유용한데, 활용 예는 1장을 참고한다. 유의할 것은 2022년 6월까지도 tibble data frame은 reshape 또는 기본 문법에 의한 subsetting과는

제대로 작동하지 않는다는 점이다.

활용 예는 1장을 참고한다.

## B.15 Data Summarization

```
summary        # descriptive statistics
table          # frequency table of a categorical variable
xtabs          # cross table of count data
stem           # stem-leaf graph
prop.table     # proportions table
```

## B.16 String Manipulation

```
paste          # string paste
paste0         # string paste without space
grep           # find pattern
nchar          # count characters of a string
sprintf        # string print with format, C sprintf like
substr         # substring
trimws         # trim white space
toupper        # to upper case
tolower        # to lower case
```

아래와 같이 쓰면 특정 문자열을 대소문자 구분 없이 비교하고자 할 때 유용하다.

```
toupper(trimws(x)) == "STRING"
```

## B.17 Date, Time Function

```
Sys.time        # sytem time
Sys.Date        # system date
difftime        # difference between times
strptime        # convert string to date-time object
```

strptime과 difftime의 활용 예는 1장을 참고한다.

## B.18 Randomization, Sampling Function

```
sample          # 추출, 뽑기
```

복원, 비복원 추출을 할 수 있다. Default가 비복원이므로 복원 추출 시에는 replace=TRUE라는 option을 추가해 주어야 한다. 비복원 추출은 단순 표본 추출(simple random sampling)에서 사용되는데, 엄밀하게는 단순 표본 추출(비복원)은 기본 확률변수(elementary random variable)들 간에 서로 독립이 아니다. 비복원 추출로 random permutation에 활용할 수 있다.

## B.19 Wrapper Function

하나의 함수를 조건을 약간씩 달리하며 반복적으로 부를 필요가 있을 때 유용하다.

```
with
aggregate
```

```
apply
by
```

## B.20 grDevices Package

그래프 plot을 할 새로운 창을 여는 함수

```
dev.new()
```

예를 들어, 아래와 같이 하면 background color를 노란색으로 하여 plotting할 수 있다.

```
dev.new(bg="yellow")
```

## B.21 graphics Package

다음의 함수들이 흔히 사용된다.

```
par             # graphic option setting
plot            # basic plot function
barplot         # bar chart
hist            # histogram
stripchart      # strip chart
points          # plot points additionally
```

```
lines          # plot lines additionally
abline         # straight line
legend         # add legend
pairs          # pairs plotting
matplot        # matrix plot, multiple lines (y's) for one x
matlines       # plot matrix lines additionally
title          # title of the figure on a device
axis           # axis plot
arrows         # arrows plot
```

ggplot2 package를 사용하면 더 미려한 그래프를 얻을 수 있다.

## B.22 맺음말

이로써 R에서 중요한 150여 개의 R keyword와 기본 함수들을 열거하였다.

이외에도 다국어 문자 처리 함수(`Sys.setlocale` 등)들이 실무에서는 중요하지만 이 책과 수업에서는 잘 다루지 않는다.

stats package도 기본적으로 load되어 사용되나, 이것은 개별 통계분석 장에서 다룬다.

nlme, survival package들도 중요해서 R 설치 시 함께 설치된다.

이외에도 흔히 사용되는 package들이 많이 있으나 이 교재에서는 거의 사용하지 않았다.

모든 함수의 사용법을 외울 수도 없고, 필요도 없다. ?명령어를 이용하여 help를 자주 보면 필요한 것은 자연스럽게 외워진다.

# 부록 C An Example of Non-parametric Test - Run Test

## C.1 Run Test(런 검정)

잔차 같은 어떤 일련의 숫자들이 무작위(random)인지 아닌지 검정하는 방법의 하나이다. 잔차의 경우 양수와 음수가 무작위적으로 나와야 한다. 동일한 부호가 연속적으로 나오는 경우, 그들을 묶어서 하나의 run이라고 한다. 잔차의 개수와 run의 개수를 비교해 보면 무작위성(randomness)을 어느 정도 판정할 수 있다. 잔차의 개수가 run의 개수와 같다는 것은 잔차의 부호가 번갈아가면서(alternative하게) 나온다는 것(즉, 매번 부호가 바뀐다는 것)을 의미하므로 무작위(random)가 아니다. 반면에 run의 개수가 적다는 것은 부호가 변하지 않고 같은 부호가 연속해서 많이 나온다는 것을 의미하므로 이것 역시 무작위가 아니다. 즉, run의 개수가 너무 적거나 너무 많으면 무작위적이라고 할 수 없다.

$$P(u \le u') = \sum_{u=2}^{u'} fu \div \binom{m+n}{m}$$

where

$$f_u = 2\binom{m-1}{k-1}\binom{n-1}{k-1}, \quad k = \frac{u}{2}, \quad when\ u\ is\ even;$$

and

$$f_u = \binom{m-1}{k-1}\binom{n-1}{k-2} + \binom{m-1}{k-2}\binom{n-1}{k-1}, \quad k = \frac{u+1}{2}, \quad when\ u\ is\ odd$$

위의 수식을 이용하여 R 함수를 만들면 다음과 유사하다.

```
run.p = function(m, n, r)
{
```

```
# INPUT
# m : count of fewer species (minimum value = 0)
# n : count of more frequent species (minimum value = 1)
# r : count of run (minimum value = 1)
# RETURNS probability of run count to be less than or equal to r with m and n
# P(Run count <= r | m, n)

  if (m==0 & r==1) {
  return(1)
  } else if (m > n | m < 1 | n < 1 | r < 2 | (r > min(m + n, 2 * m + 1))) {
    return(0);
  }

  sumfu = 0
  for (u in 2:r) {
    if (u %% 2 == 0) {
      k = u / 2
      fu = 2 * choose(m-1, k-1) * choose(n-1, k-1)
    } else {
      k = (u + 1) / 2
      fu = choose(m-1, k-1) * choose(n-1, k-2) + choose(m-1, k-2) * choose(n-1, k-1)
    }
    sumfu = sumfu + fu
  }
  return(sumfu / choose(m+n, m))
}
```

```
Run.test = function(RES)
{
  RES = RES[RES != 0] # Zeros are omitted.
  t = length(RES)
  r = RES > 0
  m = sum(r)
  if (t > 1) {
    j = 2:t
    run = sum(abs(r[j] - r[j-1])) + 1
  } else {
```

```
    run = 1
  }
  m = min(m, t-m)
  n = max(m, t-m)
  if (run > 1) {
    p = run.p(m, n, run)
    if (p > 0.5) {
      p = 1 - run.p(m, n, run-1)
    }
  } else {
    p = 0.5^(t-1)
  }
  return(p)
}
```

## C.2 참고문헌

1. Dorothy, K. (1968). Reviewed Work: Run Test for Randomness. *Mathematics of Computation. Vol. 22*, No. 102 (Apr., 1968), p. 468.

## C.3 연습문제

1. Compare run.p results with other books or software.

# 부록 D An Example of Meta-Analysis - Relative Risk

## D.1 예제 배경

Double Blind Randomized Controlled Trial(DBRCT)의 경우에는 Risk Difference(RD), Relative Risk(RR), Odds Ratio(OR)를 모두 구할 수 있다. 이번 장에서는 meta-analysis 중에 Relative Risk(RR)를 병합 추정하는 방법에 대해 설명하고자 한다.

meta-analysis는 원래 신약개발용 단일 임상시험의 분석에는 많이 사용되지 않았으나, 비열등성 시험(non-inferiority trial) 계획 시에 과거 임상시험들에서 활성대조군(active control)의 효과 크기(effect size)를 추정하거나, 다지역 시험(multi-regional trial)에서 각 지역(region) 간의 차이를 극복하여 병합 분석하고자 할 때 사용된다.

이 예제는 "Canner, P. L. (1987). An overview of six clinical trials of aspirin in coronary heart disease. *Statistics in medicine, 6*, 255-263"에 실려있는 유명한 것으로서 US FDA Guidance for Industry 'Non-Inferiority Clinical Trials to Establish Effectiveness (2016 Nov)'에도 (숫자는 틀렸지만) 실려 있다.

## D.2 Using meta Package

R에서는 meta package가 meta-analysis에 많이 사용된다.

다음과 같이 예제의 자료를 분석할 수 있다.

```
require(meta)
```

```
e.t = c(49, 44, 27, 102, 85, 246)        # number of death in the treatment group
n.t = c(615, 758, 317, 832, 810, 2267)  # total subjects of the treatment group
e.c = c(67, 64, 32, 126, 52, 219)       # number of detath in the control group
n.c = c(624, 771, 309, 850, 406, 2257)  # total subjects of the control group
r6 = metabin(e.t, n.t, e.c, n.c)
summary(r6)
```

```
      RR            95%-CI   W%(common)   %W(random)
1  0.7420   [0.5223; 1.0543]       11.6         14.3
2  0.6993   [0.4828; 1.0129]       11.0         13.4
3  0.8225   [0.5051; 1.3393]        5.6          9.2
4  0.8270   [0.6487; 1.0545]       21.6         20.9
5  0.8193   [0.5927; 1.1326]       12.0         15.7
6  1.1183   [0.9411; 1.3289]       38.1         26.5

Number of studies combined: k = 6
Number of observations: o = 10816
Number of events: e = 1113

                           RR             95%-CI       z  p-value
Common effect model    0.9130     [0.8166; 1.0208]   -1.60   0.1099
Random effects model   0.8607   7 [0.7257; 1.0209]   -1.72   0.0851

Quantifying heterogeneity:
 tau^2 = 0.0209 [0.0000; 0.1419]; tau = 0.1446 [0.0000; 0.3767]
 I^2 = 49.4% [0.0%; 79.9%]; H = 1.41 [1.00; 2.23]

Test of heterogeneity:
    Q d.f.  p-value
9.88    5   0.0786

Details on meta-analytical method:
-   Mantel-Haenszel method
-   Restricted maximum-likelihood estimator for tau^2
-   Q-Profile method for confidence interval of tau^2 and tau
```

# D.3 Reproducing the Output

이제 위의 결과가 어떻게 나왔는지 중간 과정을 재현해 보면 다음과 같다.

## D.3.1. Relative Risk and Its Confidence Limit

먼저 RR과 그것의 신뢰구간을 구하는 함수는 8장의 함수를 그대로 사용한다. 이제 RR 함수로 자료를 일차적으로 분석(각 study의 RR과 SE, 신뢰구간)하면 다음과 같다.

```
r9 = sasLM::RR(e.t, n.t, e.c, n.c) ; r9
```

```
      p1     p2    RR SElog lower  upper
1 0.0797 0.107 0.742 0.179 0.522   1.05
2 0.0580 0.083 0.699 0.189 0.483   1.01
3 0.0852 0.104 0.822 0.249 0.505   1.34
4 0.1226 0.148 0.827 0.124 0.649   1.05
5 0.1049 0.128 0.819 0.165 0.593   1.13
6 0.1085 0.097 1.118 0.088 0.941   1.33
```

RR들을 병합하려면 log 변환하여야 한다(SE도 log 변환 상태에서의 SE이다). 그것들을 thi라 하면 다음과 같다.

```
thi = log(r9$RR) ; thi
```

```
[1] -0.298 -0.358 -0.195 -0.190 -0.199 0.112
```

## D.3.2. Fixed Effect Model

Mantel-Haenszel method에 의한 fixed effect들의 weight는 다음과 같이 계산된다.

```
wi0 = e.c*n.t/(n.t + n.c)       # Mantel-Haenszel method
pwi = wi0/sum(wi0)*100 ; pwi   # percent w_i. compare with the metabin output
```

```
[1] 11.55 11.02 5.63 21.65 12.03 38.12
```

하지만 우리는 다음과 같이 inverse variance로 weight를 줄 것이다.

```
Vi = r9$SElog^2
wi = 1/Vi ; wi                 # inverse variance method
```

```
[1]   31.1  28.0  16.2  65.1  36.6  129.1
```

다음은 계산의 효율성을 위해 `sum(wi)`를 미리 계산한다.

```
sumwi = sum(wi) ; sumwi
```

```
[1] 306
```

이제 fixed effect model로 병합(합동) 추정한 RR의 점추정치(PE)와 표준오차(SE)는 다음과 같다.

```
th.hat = sum(wi*thi)/sumwi ; th.hat   # TE.fixed in str(r6)
```

```
[1] -0.090447
```

```
seth.hat = sqrt(1/sumwi) ; seth.hat   # seTE.fixed in str(r6)
```

```
[1] 0.0571572
```

이것을 다음과 같이 원척도(original scale)로 변환하고 신뢰구간으로 표시해야 알아보기가 쉽다.

```
exp(th.hat)
```

```
[1] 0.914
```

```
exp(th.hat + c(-1, 1)*1.96*seth.hat)
```

```
[1] 0.817 1.022
```

inverse variance method를 썼기 때문에 `metabin` 함수와 약간 차이가 있다. 하지만 이 방법도 잘못된 것은 아니다.

다음은 연구(study, 시험) 간의 이질성(heterogeneity)을 보기 위한 Q를 계산하면 다음과 같다.

```
Q = sum(wi*(thi - th.hat)^2) ; Q       # 9.88
```

```
[1] 9.88
```

이것의 자유도와 카이제곱 분포를 이용하여 다음과 같이 p-value를 구할 수 있다.

```
k = length(e.t) ; k                   # 6
```

```
[1] 6
```

```
1 - pchisq(Q, k - 1)                  # p-value
```

```
[1] 0.0786
```

### D.3.3. Random Effect Model

inter-study variability($\tau^2$)를 추정하는 방법은 여러 가지가 있는데, `metabin` 함수는 기본적(default)으로 REML 방법을 사용한다.

우선 가장 단순한 method of moment로 구한 $\tau^2$에 대한 추정값은 다음과 같다.

```
(Q - (k - 1))/(sumwi - sum(wi^2)/sumwi)          # method of moment, not by REML nor ML
```

```
[1] 0.0215
```

여기에는 위에서 구한 Q가 사용되었다.

`metabin`의 결과인 `r6`에서 `tau2`를 찾아보면 0.021로 비슷하다. 이제 이것으로 계속 계산하면 다음과 같다.

```
tau2 = r6$tau2                                    # tau2 by REML
```

Random effect method에서 각 study의 weight는 `summary(r6)`의 첫 번째 부분 마지막 열에 나와 있다. 이것을 수작업으로 구해 보면 다음과 같다. `sum(wsi)`는 계산의 효율성을 위해 `sumwsi`로 미리 계산해 두었다.

```
wsi = 1/(Vi + tau2) ; wsi
```

```
[1] 18.9 17.7 12.1 27.6 20.7 34.9
```

```
sumwsi = sum(wsi)
pwsi = wsi/sumwsi*100 ; pwsi                      # percent w star i
```

```
[1] 14.31 13.39 9.16 20.92 15.74 26.48
```

이를 이용하여 구한 log scale에서의 점추정치와 표준오차는 다음과 같다.

```
th.hat.ran = sum(wsi*thi)/sumwsi ; th.hat.ran # TE.ran in str(r6)
```

```
[1] -0.15
```

```
seth.hat.ran = sqrt(1/sumwsi) ; seth.hat.ran       # seTE.ran in str(r6)
```

```
[1] 0.0871
```

원래 scale에서의 RR과 그 신뢰구간은 다음과 같다.

```
exp(th.hat.ran)
```

```
[1] 0.861
```

```
exp(th.hat.ran + c(-1, 1)*1.96*seth.hat.ran)
```

```
[1] 0.726 1.021
```

이로써 meta-analysis의 한 가지 예로서 그 계산 과정을 살펴보았다.

다음은 위의 과정을 하나의 함수로 만든 예시이다. risk difference와 odds ratio의 경우에도 제시하였다.

```
require(sasLM)
metaRR = function(e.t, n.t, e.c, n.c, conf.level=0.95)
{
  r1 = RR(e.t, n.t, e.c, n.c, conf.level=conf.level)
  thi = log(r1$RR)
  wi = 1/(r1$SElog)^2
  wi0 = e.c*n.t/(n.t + n.c)
  pwi = wi0/sum(wi0)*100
  r1$pwi = pwi
  sumwi = sum(wi) ; sumwi

  th.hat = sum(wi*thi)/sumwi
  seth.hat = sqrt(1/sumwi)
  z.crit = qnorm(0.5 + conf.level/2)
  ci.lower = exp(th.hat - z.crit*seth.hat)
```

```
  ci.upper = exp(th.hat + z.crit*seth.hat)

  r2 = data.frame(RR = exp(th.hat), CI.lower = ci.lower, CI.upper = ci.upper)

  Q = sum(wi*(thi - th.hat)^2)
  k = length(e.t)
  pQ = 1 - pchisq(Q, k - 1)
  r3 = data.frame(Q=Q, prob=pQ)

  tau2 = (Q - (k - 1))/(sumwi - sum(wi^2)/sumwi) # method of moment
  wsi = 1/(1/wi + tau2)
  sumwsi = sum(wsi)
  pwsi = wsi/sumwsi*100
  r1$pwsi = pwsi

  th.hat.ran = sum(wsi*thi)/sumwsi
  se2 = sqrt(1/sumwsi)
  ci.lower2 = exp(th.hat.ran - z.crit*se2)
  ci.upper2 = exp(th.hat.ran + z.crit*se2)
  r4 = data.frame(RR = exp(th.hat.ran), CI.lower = ci.lower2, CI.upper = ci.upper2)
  Res = list(RelRisk = r1, Heterogeneity = r3, tau2 = tau2, Fixed = r2, Random = r4)
  return(Res)
}
metaRR(e.t, n.t, e.c, n.c)
```

```
$RelRisk
      p1    p2    RR SElog lower upper   pwi  pwsi
1 0.0797 0.107 0.742 0.179 0.522  1.05 11.55 14.36
2 0.0580 0.083 0.699 0.189 0.483  1.01 11.02 13.45
3 0.0852 0.104 0.822 0.249 0.505  1.34  5.63  9.23
4 0.1226 0.148 0.827 0.124 0.649  1.05 21.65 20.88
5 0.1049 0.128 0.819 0.165 0.593  1.13 12.03 15.77
6 0.1085 0.097 1.118 0.088 0.941  1.33 38.12 26.31

$Heterogeneity
     Q   prob
```

```
1 9.88 0.0786


$tau2
[1] 0.0215


$Fixed
     RR CI.lower  CI.upper
1  0.914    0.817      1.02
$Random
     RR CI.lower  CI.upper
1   0.86    0.724      1.02
```

```
metaRD = function(e.t, n.t, e.c, n.c, conf.level=0.95)
{
   r1 = RD(e.t, n.t, e.c, n.c, conf.level=conf.level)
   wi = 1/(r1$SE)^2
   sumwi = sum(wi)
   pe = sum(wi*r1$RD)/sumwi
   se = sqrt(1/sumwi)
   z.crit = qnorm(0.5 + conf.level/2)
   ci.lower = pe - z.crit*se
   ci.upper = pe + z.crit*se
   r2 = data.frame(PE=pe, SE=se, CI.lower=ci.lower, CI.upper=ci.upper)
   Q = sum(wi*(r1$RD - pe)^2)

   k = length(wi)
   pQ = 1 - pchisq(Q, k - 1)
   r3 = data.frame(Q=Q, prob=pQ)

   tau2 = max(0, (Q - (k - 1))/(sumwi - sum(wi^2)/sumwi))
   wsi = 1/(1/wi + tau2)
   sumwsi = sum(wsi)
   pe2 =sum(wsi*r1$RD)/sumwsi
   se2 = sqrt(1/sumwsi)
   ci.lower2 = pe2 - z.crit*se2
   ci.upper2 = pe2 + z.crit*se2
```

```
    r4 = data.frame(PE=pe2, SE=se2, CI.lower=ci.lower2, CI.upper=ci.upper2)

    Res = list(RiskDiff = r1, Heterogeneity = r3, tau2 = tau2, Fixed = r2, Random = r4)
    return(Res)
  }
 metaRD(e.t, n.t, e.c, n.c)
```

```
$RiskDiff
       p1     p2       RD       SE     lower     upper
1 0.0797  0.107  -0.0277  0.01652  -0.06007  0.004677
2 0.0580  0.083  -0.0250  0.01307  -0.05058  0.000658
3 0.0852  0.104  -0.0184  0.02337  -0.06419  0.027421
4 0.1226  0.148  -0.0256  0.01667  -0.05831  0.007030
5 0.1049  0.128  -0.0231  0.01977  -0.06190  0.015616
6 0.1085  0.097   0.0115  0.00903  -0.00621  0.029175

$Heterogeneity
       Q     prob
1    9.57   0.0884

$tau2
[1] 0.000204

$Fixed
          PE        SE   CI.lower   CI.uppwer
1    -0.0098    0.0058    -0.0212     0.00156

$Random
          PE        SE   CI.lower   CI.uppwer
1    -0.0151   0.00866     -0.032     0.00191
```

```
metaOR = function(e.t, n.t, e.c, n.c, method="MH", conf.level=0.95)
{
  Res1 = OR(e.t, n.t, e.c, n.c, conf.level)

  ai = e.t
  bi = n.t - e.t
  ci = e.c
  di = n.c - e.c
  ni = ai + bi + ci + di

  if (method == "MH") {
    pe = sum(ai*di/ni)/sum(bi*ci/ni)
    Ri = ai*di/ni
    Si = bi*ci/ni
    Pi = (ai + di)/ni
    Qi = (bi + ci)/ni
    Rsum=sum(Ri)
    Ssum = sum(Si)
    selog = sqrt(sum(Pi*Ri/(2*Rsum^2) + (Pi*Si + Qi*Ri)/(2*Rsum*Ssum) + Qi*Si/(2*Ssum^2)))
  } else {
    method = "Inverse Variance"
    thi = log(Res1$OR)
    vi = Res1$SElog^2
    wi = 1/vi
    sumwi = sum(wi)
    pe = exp(sum(wi*thi)/sumwi)
    selog = sqrt(1/sumwi)
  }

  z.crit = qnorm(0.5 + conf.level/2)
  ci.lower = exp(log(pe) - z.crit*selog)
  ci.upper = exp(log(pe) + z.crit*selog)
  Res2 = data.frame(OR=pe, SElog=selog, CI.lower=ci.lower, CI.upper=ci.upper)
  return(list(OR=Res1, Method=method, Fixed=Res2))
}
metaOR(e.t, n.t, e.c, n.c)
```

```
$OR
    odd1   odd2    OR  SElog lower upper
1 0.0866 0.1203 0.720 0.1972 0.489  1.06
2 0.0616 0.0905 0.681 0.2029 0.457  1.01
3 0.0931 0.1155 0.806 0.2745 0.471  1.38
4 0.1397 0.1740 0.803 0.1431 0.606  1.06
5 0.1172 0.1469 0.798 0.1876 0.553  1.15
6 0.1217 0.1075 1.133 0.0981 0.935  1.37

$Method
[1] "MH"

$Fixed
        OR     SElog  CI.lower   CI.uppwer
1    0.903    0.0637    0.0797        1.02
```

단순한 2 × 2 표로 나타나는 자료의 경우에 meta-analysis나 strata로 구분된 경우의 분석법이 개념적으로는 동일하다. 따라서 2 × 2 표로 결과가 제시된 여러 연구를 병합 분석할 때는 sasLM의 `RDmn`, `RRmn`, `ORmn`, `ORcmh`, `RDinv`, `RRinv`, `ORinv` 등의 함수를 활용할 수 있다.

## D.4 참고문헌

1. 송혜향(2011). 의학, 간호학, 사회과학 연구의 메타분석법. 청문각.

# 부록 E An Example of Bayesian Concept-Clinical Trial Assurance

## E.1 예제 배경

이 예제는 "Based on Anthony O'Hagan, John W. Stvens, Michael J. Campbell. Assurance in Clinical Trial Design. Pharmaceut. Statist. 2005;4:187–201"에 있는 것이다.

임상시험에서 표본 크기(sample size)를 계산할 때, 표본 크기(sample size)를 크게 하면 검정력이 계속 증가하여 1에 도달할 것이라고 생각하는 경우가 많다.

하지만 우리가 가정한 효과 크기(effect size)나 오차(error) 또는 잡음(noise)의 크기가 생각과 다르다면 문제가 커진다. 이 예제는 이러한 효과 크기(effect size)나 오차 크기(error size)가 어떤 고정된 숫자가 아닌 분포를 따르는 확률변수로 간주하고 계산하는 예이다.

다음과 같이 하나의 임상시험 결과를 시뮬레이션(모의 실험, 모사)하는 함수를 생각해 보자.

```
require(sasLM)
Sim = function(n, alpha=0.05)
{
  SigSq = exp(rnorm(1, -2.77, 1.42857))
  Delta = rbinom(1, 1, 0.5)*rnorm(1, 0.4, sqrt(SigSq))
  XBarDiff = rnorm(1, Delta, sqrt(SigSq*2/n))
  Var1 = SigSq/(n - 1)*rchisq(1, n -1)
  Var2 = SigSq/(n - 1)*rchisq(1, n -1)
  t.val = XBarDiff/sqrt(Var1/n + Var2/n)
  t0 = qt(1 - alpha/2, satt(c(Var1, Var2), c(n - 1, n - 1))[[2]])
```

```
  return(abs(t.val) > t0) # two-sided Welch t-test
}
```

표본분산은 SigSq를 계수로 하는 카이제곱 분포를 따르는데, SigSq는 평균이 −2.77, 표준편차가 1.42857인 로그정규분포를 따른다고 추정되었다. 또한 효과 크기는 평균이 0.4이고, 분산이 SigSq인 정규분포를 따르지만, 50%의 확률로 효과가 전혀 없을 수도 있다. 이런 경우에 Welch t-test를 한다면 검정력은 얼마나 되는지 다음과 같이 계산하였다.

아래는 기본적(default)으로 10만회를 시뮬레이션하는 함수이다.

```
List = function(N=100000, n, alpha=0.05)
{
  Res = vector(length=N)
  for (i in 1:N) Res[i] = Sim(n, alpha)
  return(sum(Res)/N)
}
```

위의 실행 결과는 다음과 같다.

```
List(n=25)  # 0.44704
List(n=33)  # 0.4576
List(n=35)  # 0.46113
List(n=40)  # 0.46285
List(n=50)  # 0.47301
List(n=100) # 0.48496
```

위 결과를 보면 검정력이 생각보다 크지 않으며, 표본 크기(sample size)를 늘려도 검정력 증가에는 한계(여기에서는 0.525)가 있음을 알 수 있다.

## E.2 Conclusion

신약개발 허가 기관에서는 빈도주의 통계학(frequentist statistics)을 사용하는 것이 일반적이다. 그런데 신약개발 과정에서는 중간 중간에 제품의 소유권자(product owner)로서 go versus no-go decision을 내려야 한다. 이때 내부적 의사결정(internal decision making)을 위해서는 베이지안 통계(Bayesian statistics)가 빈도주의 통계(frequentist statistics)보다 유용하다. 요즘은 Fisherian(또는 likelihoodist)도 주목할 만하다.

# 찾아보기

## D



## E



## F